TRANSLATED
Translated Language Learning

Siddhartha
सिद्धार्थ

An Indian Poem
एक भारतीय कविता

Hermann Hesse
हरमन हेस्से

English / हिंदी

Copyright © 2024 Tranzlaty
All rights reserved
Published by Tranzlaty
Siddhartha – Eine Indische Dichtung
ISBN: 978-1-83566-684-5
Original text by Hermann Hesse
First published in German in 1922
www.tranzlaty.com

The Son of the Brahman
ब्रह्मण का पुत्र

In the shade of the house
घर की छाया में
in the sunshine of the riverbank
नदी के किनारे की धूप में
near the boats
नावों के पास
in the shade of the Sal-wood forest
साल के जंगल की छाया में
in the shade of the fig tree
अंजीर के पेड़ की छाया में
this is where Siddhartha grew up
यहीं पर सिद्धार्थ बड़े हुए
he was the handsome son of a Brahman, the young falcon
वह एक ब्राह्मण का सुंदर पुत्र था, युवा बाज़
he grew up with his friend Govinda
वह अपने दोस्त गोविंदा के साथ बड़ा हुआ
Govinda was also the son of a Brahman
गोविंदा भी एक ब्राह्मण के पुत्र थे
by the banks of the river the sun tanned his light shoulders
नदी के किनारे सूरज ने उसके हल्के कंधों को काला कर दिया
bathing, performing the sacred ablutions, making sacred offerings
स्नान करना, पवित्र स्नान करना, पवित्र प्रसाद चढ़ाना
In the mango garden, shade poured into his black eyes
आम के बगीचे में, छाया उसकी काली आँखों में भर गई
when playing as a boy, when his mother sang
जब वह बालक था और उसकी माँ गाती थी
when the sacred offerings were made

जब पवित्र प्रसाद चढ़ाया गया
when his father, the scholar, taught him
जब उनके विद्वान पिता ने उन्हें पढ़ाया
when the wise men talked
जब बुद्धिमान लोग बात करते थे
For a long time, Siddhartha had been partaking in the discussions of the wise men
सिद्धार्थ बहुत समय से बुद्धिमान लोगों की चर्चाओं में भाग लेते रहे थे।

he practiced debating with Govinda
उन्होंने गोविंदा के साथ शास्त्रार्थ का अभ्यास किया
he practiced the art of reflection with Govinda
उन्होंने गोविंदा के साथ चिंतन की कला का अभ्यास किया
and he practiced meditation
और उन्होंने ध्यान का अभ्यास किया
He already knew how to speak the Om silently
वह पहले से ही जानता था कि ओम को मौन रूप से कैसे बोला जाए
he knew the word of words
वह शब्दों का शब्द जानता था
he spoke it silently into himself while inhaling
उसने साँस लेते हुए चुपचाप अपने आप से कहा
he spoke it silently out of himself while exhaling
उसने साँस छोड़ते हुए चुपचाप अपने आप से यह बात कही
he did this with all the concentration of his soul
उन्होंने यह काम अपनी आत्मा की पूरी एकाग्रता के साथ किया
his forehead was surrounded by the glow of the clear-thinking spirit

उसका माथा स्पष्ट सोच वाली आत्मा की चमक से घिरा हुआ था

He already knew how to feel Atman in the depths of his being

वह पहले से ही जानता था कि अपने अस्तित्व की गहराई में आत्मा को कैसे महसूस किया जाए

he could feel the indestructible

वह अविनाशी को महसूस कर सकता था

he knew what it was to be at one with the universe

वह जानता था कि ब्रह्मांड के साथ एक होना क्या होता है

Joy leapt in his father's heart

उसके पिता के दिल में खुशी की लहर दौड़ गई

because his son was quick to learn

क्योंकि उसका बेटा जल्दी सीखता था

he was thirsty for knowledge

वह ज्ञान के लिए प्यासा था

his father could see him growing up to become a great wise man

उसके पिता उसे बड़ा होकर एक महान बुद्धिमान व्यक्ति बनते हुए देख सकते थे

he could see him becoming a priest

वह उसे पुजारी बनते देख सकता था

he could see him becoming a prince among the Brahmans

वह उसे ब्राह्मणों के बीच राजकुमार बनते देख सकता था

Bliss leapt in his mother's breast when she saw him walking

ब्लिस अपनी माँ की छाती में उछल पड़ा जब उसने उसे चलते देखा

Bliss leapt in her heart when she saw him sit down and get up

जब उसने उसे बैठते और उठते देखा तो उसके दिल में खुशी की लहर दौड़ गई

Siddhartha was strong and handsome
सिद्धार्थ बलवान और सुन्दर थे

he, who was walking on slender legs
वह, जो पतले पैरों पर चल रहा था

he greeted her with perfect respect
उसने उसे पूर्ण सम्मान के साथ अभिवादन किया

Love touched the hearts of the Brahmans' young daughters
प्रेम ने ब्राह्मणों की युवा बेटियों के दिलों को छू लिया

they were charmed when Siddhartha walked through the lanes of the town
जब सिद्धार्थ शहर की गलियों से गुजरे तो वे मंत्रमुग्ध हो गए

his luminous forehead, his eyes of a king, his slim hips
उसका चमकता माथा, उसकी राजा जैसी आँखें, उसकी पतली कमर

But most of all he was loved by Govinda
लेकिन सबसे ज्यादा गोविंदा उन्हें प्यार करते थे.

Govinda, his friend, the son of a Brahman
गोविंदा, उनके मित्र, एक ब्राह्मण के पुत्र

He loved Siddhartha's eye and sweet voice
उन्हें सिद्धार्थ की आंखें और मीठी आवाज बहुत पसंद थी

he loved the way he walked
उसे अपने चलने का तरीका बहुत पसंद था

and he loved the perfect decency of his movements
और उसे अपनी हरकतों की संपूर्ण शालीनता पसंद थी

he loved everything Siddhartha did and said
उन्हें सिद्धार्थ की हर बात और हर काम पसंद आया

but what he loved most was his spirit
लेकिन उसे सबसे ज्यादा प्यार उसकी आत्मा से था

he loved his transcendent, fiery thoughts

वह अपने उत्कृष्ट, ज्वलंत विचारों से प्यार करता था
he loved his ardent will and high calling
वह अपनी उत्कट इच्छा और उच्च बुलाहट से प्रेम करता था
Govinda knew he would not become a common Brahman
गोविंदा जानते थे कि वे सामान्य ब्राह्मण नहीं बन पाएंगे
no, he would not become a lazy official
नहीं, वह आलसी अधिकारी नहीं बनेगा
no, he would not become a greedy merchant
नहीं, वह लालची व्यापारी नहीं बनेगा
not a vain, vacuous speaker
व्यर्थ, खोखला वक्ता नहीं
nor a mean, deceitful priest
न ही कोई मतलबी, धोखेबाज पुजारी
and he also would not become a decent, stupid sheep
और वह एक सभ्य, मूर्ख भेड़ भी नहीं बनेगा
a sheep in the herd of the many
अनेक भेड़ों के झुंड में एक भेड़
and he did not want to become one of those things
और वह उन चीजों में से एक नहीं बनना चाहता था
he did not want to be one of those tens of thousands of Brahmans
वह उन हजारों ब्राह्मणों में से एक नहीं बनना चाहता था
He wanted to follow Siddhartha; the beloved, the splendid
वह सिद्धार्थ का अनुसरण करना चाहता था; प्रिय, शानदार
in days to come, when Siddhartha would become a god, he would be there
आने वाले दिनों में जब सिद्धार्थ भगवान बन जाएंगे, तब वह वहां होंगे
when he would join the glorious, he would be there
जब वह गौरवशाली में शामिल होगा, वह वहां होगा
Govinda wanted to follow him as his friend

गोविंदा उन्हें अपना मित्र बनाना चाहते थे
he was his companion and his servant
वह उसका साथी और उसका सेवक था
he was his spear-carrier and his shadow
वह उसका भाला-वाहक और उसकी छाया था
Siddhartha was loved by everyone
सिद्धार्थ को सभी प्यार करते थे
He was a source of joy for everybody
वह हर किसी के लिए खुशी का स्रोत थे
he was a delight for them all
वह उन सभी के लिए खुशी की बात थी
But he, Siddhartha, was not a source of joy for himself
लेकिन वह, सिद्धार्थ, अपने लिए खुशी का स्रोत नहीं था
he found no delight in himself
उसे अपने आप में कोई खुशी नहीं मिली
he walked the rosy paths of the fig tree garden
वह अंजीर के पेड़ के बगीचे के गुलाबी रास्तों पर चला
he sat in the bluish shade in the garden of contemplation
वह चिंतन के बगीचे में नीली छाया में बैठा था
he washed his limbs daily in the bath of repentance
वह प्रतिदिन पश्चाताप के स्नान में अपने अंगों को धोता था
he made sacrifices in the dim shade of the mango forest
उसने आम के जंगल की धुंधली छाया में बलिदान दिया
his gestures were of perfect decency
उनके हाव-भाव पूर्णतः शालीन थे
he was everyone's love and joy
वह हर किसी का प्यार और खुशी थे
but he still lacked all joy in his heart
लेकिन उसके दिल में अभी भी कोई खुशी नहीं थी
Dreams and restless thoughts came into his mind
उसके मन में सपने और बेचैन विचार आने लगे

his dreams flowed from the water of the river
उसके सपने नदी के पानी से बहते थे
his dreams sparked from the stars of the night
उसके सपने रात के तारों से चमकते थे
his dreams melted from the beams of the sun
उसके सपने सूरज की किरणों से पिघल गए
dreams came to him, and a restlessness of the soul came to him
उसे स्वप्न आने लगे, और आत्मा में बेचैनी होने लगी
his soul was fuming from the sacrifices
उसकी आत्मा बलिदान से धुँआ उठ रही थी
he breathed forth from the verses of the Rig-Veda
उन्होंने ऋग्वेद की ऋचाओं से प्राण फूँके
the verses were infused into him, drop by drop
छंद उसमें बूंद-बूंद करके समाहित हो गए
the verses from the teachings of the old Brahmans
पुराने ब्राह्मणों की शिक्षाओं के श्लोक
Siddhartha had started to nurse discontent in himself
सिद्धार्थ ने अपने अंदर असंतोष पालना शुरू कर दिया था
he had started to feel doubt about the love of his father
उसे अपने पिता के प्यार पर संदेह होने लगा था
he doubted the love of his mother
उसे अपनी माँ के प्यार पर शक था
and he doubted the love of his friend, Govinda
और उसे अपने मित्र गोविंदा के प्रेम पर संदेह था
he doubted if their love could bring him joy forever and ever
उसे संदेह था कि क्या उनका प्यार उसे हमेशा के लिए खुशी दे पाएगा
their love could not nurse him
उनका प्यार उसे संभाल नहीं सका

their love could not feed him
उनका प्यार उसे खिला नहीं सका
their love could not satisfy him
उनका प्यार उसे संतुष्ट नहीं कर सका
he had started to suspect his father's teachings
उसे अपने पिता की शिक्षाओं पर संदेह होने लगा था
perhaps he had shown him everything he knew
शायद उसने उसे वह सब कुछ दिखा दिया था जो वह जानता था

there were his other teachers, the wise Brahmans
उनके अन्य शिक्षक भी थे, बुद्धिमान ब्राह्मण
perhaps they had already revealed to him the best of their wisdom
शायद उन्होंने पहले ही उसे अपनी सबसे अच्छी बुद्धि बता दी थी
he feared that they had already filled his expecting vessel
उसे डर था कि कहीं वे पहले ही उसके अपेक्षित बर्तन को भर न चुके हों
despite the richness of their teachings, the vessel was not full
उनकी शिक्षाओं की समृद्धि के बावजूद, बर्तन भरा नहीं था
the spirit was not content
आत्मा संतुष्ट नहीं थी
the soul was not calm
आत्मा शांत नहीं थी
the heart was not satisfied
दिल संतुष्ट नहीं था
the ablutions were good, but they were water
स्नान तो अच्छे थे, लेकिन वे पानी थे
the ablutions did not wash off the sin
वज़ू करने से पाप नहीं धुलता

they did not heal the spirit's thirst
उन्होंने आत्मा की प्यास को ठीक नहीं किया
they did not relieve the fear in his heart
उन्होंने उसके दिल में डर को दूर नहीं किया
The sacrifices and the invocation of the gods were excellent
देवताओं का बलिदान और आह्वान उत्कृष्ट था
but was that all there was?
लेकिन क्या बस इतना ही था?
did the sacrifices give a happy fortune?
क्या बलिदान से सौभाग्य प्राप्त हुआ?
and what about the gods?
और देवताओं के विषय में क्या?
Was it really Prajapati who had created the world?
क्या वास्तव में प्रजापति ने ही संसार की रचना की थी?
Was it not the Atman who had created the world?
क्या आत्मा ने ही संसार का निर्माण नहीं किया है?
Atman, the only one, the singular one
आत्मा, एकमात्र, विलक्षण
Were the gods not creations?
क्या देवता सृष्टि नहीं थे?
were they not created like me and you?
क्या वे मेरे और आपके समान नहीं बनाए गए थे?
were the Gods not subject to time?
क्या देवता समय के अधीन नहीं थे?
were the Gods mortal? Was it good?
क्या देवता नश्वर थे? क्या यह अच्छा था?
was it right? was it meaningful?
क्या यह सही था? क्या यह सार्थक था?
was it the highest occupation to make offerings to the gods?
क्या देवताओं को प्रसाद चढ़ाना सबसे बड़ा व्यवसाय था?
For whom else were offerings to be made?

और किसके लिए भेंट चढ़ाई जानी थी?
who else was to be worshipped?
और किसकी पूजा की जानी थी?
who else was there, but Him?
वहाँ उसके अलावा और कौन था?
The only one, the Atman
एकमात्र, आत्मा
And where was Atman to be found?
और आत्मा कहाँ मिलेगी?
where did He reside?
वह कहां रहता था?
where did His eternal heart beat?
उसका शाश्वत हृदय कहाँ धड़कता था?
where else but in one's own self?
और कहाँ, सिवाय अपने आप में?
in its innermost indestructible part
इसके अंतरतम अविनाशी भाग में
could he be that which everyone had in himself?
क्या वह वह हो सकता है जो हर किसी में होता है?
But where was this self?
लेकिन यह आत्मा कहां थी?
where was this innermost part?
यह अंतरतम भाग कहां था?
where was this ultimate part?
यह अंतिम भाग कहां था?
It was not flesh and bone
यह मांस और हड्डी नहीं था
it was neither thought nor consciousness
यह न तो विचार था और न ही चेतना
this is what the wisest ones taught
यही बात सबसे बुद्धिमान लोगों ने सिखाई है

So where was it?
तो फिर वह कहां था?
the self, myself, the Atman
स्वयं, मैं, आत्मा
To reach this place, there was another way
इस स्थान तक पहुंचने के लिए एक और रास्ता था
was this other way worth looking for?
क्या यह कोई अन्य रास्ता खोजने लायक था?
Alas, nobody showed him this way
अफ़सोस, किसी ने उसे यह रास्ता नहीं दिखाया
nobody knew this other way
कोई भी इस अन्य तरीके को नहीं जानता था
his father did not know it
उसके पिता को यह पता नहीं था
and the teachers and wise men did not know it
और शिक्षकों और बुद्धिमान लोगों को यह पता नहीं था
They knew everything, the Brahmans
वे सब कुछ जानते थे, ब्राह्मण
and their holy books knew everything
और उनकी पवित्र पुस्तकें सब कुछ जानती थीं
they had taken care of everything
उन्होंने हर चीज़ का ध्यान रखा था
they took care of the creation of the world
उन्होंने दुनिया के निर्माण का ध्यान रखा
they described origin of speech, food, inhaling, exhaling
उन्होंने वाणी, भोजन, श्वास लेने, छोड़ने की उत्पत्ति का वर्णन किया
they described the arrangement of the senses
उन्होंने इंद्रियों की व्यवस्था का वर्णन किया
they described the acts of the gods
उन्होंने देवताओं के कृत्यों का वर्णन किया

their books knew infinitely much
उनकी किताबें असीम रूप से बहुत कुछ जानती थीं
but was it valuable to know all of this?
लेकिन क्या यह सब जानना मूल्यवान था?
was there not only one thing to be known?
क्या जानने योग्य केवल एक ही बात नहीं थी?
was there still not the most important thing to know?
क्या अब भी जानने योग्य सबसे महत्वपूर्ण बात नहीं है?
many verses of the holy books spoke of this innermost, ultimate thing
पवित्र पुस्तकों के कई श्लोकों में इस अंतरतम, परम बात की बात कही गई है
it was spoken of particularly in the Upanishades of Samaveda
सामवेद के उपनिषदों में इसका विशेष उल्लेख किया गया है
they were wonderful verses
वे अद्भुत छंद थे
"Your soul is the whole world", this was written there
"आपकी आत्मा ही सम्पूर्ण विश्व है", यह वहाँ लिखा था
and it was written that man in deep sleep would meet with his innermost part
और यह लिखा गया था कि गहरी नींद में आदमी अपने अंतरतम भाग से मिलेगा
and he would reside in the Atman
और वह आत्मा में निवास करेगा
Marvellous wisdom was in these verses
इन श्लोकों में अद्भुत ज्ञान था
all knowledge of the wisest ones had been collected here in magic words
बुद्धिमान लोगों का सारा ज्ञान जादुई शब्दों में यहाँ एकत्रित किया गया था

it was as pure as honey collected by bees
यह मधुमक्खियों द्वारा एकत्रित शहद जितना शुद्ध था
No, the verses were not to be looked down upon
नहीं, इन आयतों को तुच्छ नहीं समझा जाना चाहिए
they contained tremendous amounts of enlightenment
उनमें प्रचुर मात्रा में ज्ञान निहित था
they contained wisdom which lay collected and preserved
उनमें ज्ञान समाहित था जो एकत्रित और संरक्षित था
wisdom collected by innumerable generations of wise Brahmans
बुद्धिमान ब्राह्मणों की असंख्य पीढ़ियों द्वारा एकत्रित ज्ञान
But where were the Brahmans?
लेकिन ब्राह्मण कहां थे?
where were the priests?
पुजारी कहाँ थे?
where the wise men or penitents?
कहाँ हैं बुद्धिमान लोग या पश्चातापी लोग?
where were those that had succeeded?
जो सफल हुए थे वे कहां हैं?
where were those who knew more than deepest of all knowledge?
वे लोग कहाँ थे जो सभी गहनतम ज्ञान से भी अधिक जानते थे?
where were those that also lived out the enlightened wisdom?
वे लोग कहाँ थे जो प्रबुद्ध ज्ञान के अनुसार जीवन जीते थे?
Where was the knowledgeable one who brought Atman out of his sleep?
वह ज्ञानी कहाँ था जिसने आत्मा को नींद से बाहर निकाला था?
who had brought this knowledge into the day?

यह ज्ञान आज के समय में किसने लाया था?
who had taken this knowledge into their life?
जिन्होंने इस ज्ञान को अपने जीवन में अपनाया?
who carried this knowledge with every step they took?
जो इस ज्ञान को अपने हर कदम पर साथ लेकर चलते थे?
who had married their words with their deeds?
जिन्होंने अपने शब्दों को अपने कार्यों से जोड़ा था?
Siddhartha knew many venerable Brahmans
सिद्धार्थ कई आदरणीय ब्राह्मणों को जानते थे
his father, the pure one
उसके पिता, पवित्र
the scholar, the most venerable one
विद्वान, सबसे आदरणीय
His father was worthy of admiration
उनके पिता प्रशंसा के पात्र थे
quiet and noble were his manners
शांत और महान थे उनके आचरण
pure was his life, wise were his words
पवित्र था उसका जीवन, बुद्धिमान थे उसके शब्द
delicate and noble thoughts lived behind his brow
उसके माथे के पीछे नाजुक और महान विचार रहते थे
but even though he knew so much, did he live in blissfulness?
परन्तु इतना कुछ जानने के बावजूद भी क्या वह आनंद में रहता था?
despite all his knowledge, did he have peace?
अपने सारे ज्ञान के बावजूद, क्या उसे शांति मिली?
was he not also just a searching man?
क्या वह भी एक खोजी व्यक्ति नहीं था?
was he still not a thirsty man?
क्या वह अभी भी प्यासा आदमी नहीं था?

Did he not have to drink from holy sources again and again?
क्या उसे बार-बार पवित्र स्रोतों से पानी पीना नहीं पड़ता था?

did he not drink from the offerings?
क्या उसने भेंट में से नहीं पिया?

did he not drink from the books?
क्या उसने किताबों से पानी नहीं पिया?

did he not drink from the disputes of the Brahmans?
क्या उसने ब्राह्मणों के विवादों से पानी नहीं पिया?

Why did he have to wash off sins every day?
उसे हर दिन अपने पाप क्यों धोने पड़ते थे?

must he strive for a cleansing every day?
क्या उसे हर दिन शुद्धिकरण के लिए प्रयास करना चाहिए?

over and over again, every day
बार-बार, हर दिन

Was Atman not in him?
क्या आत्मा उसमें नहीं थी?

did not the pristine source spring from his heart?
क्या वह आदिम स्रोत उसके हृदय से नहीं निकला था?

the pristine source had to be found in one's own self
प्राचीन स्रोत को स्वयं में ही खोजना होगा

the pristine source had to be possessed!
प्राचीन स्रोत पर कब्ज़ा करना ही था!

doing anything else else was searching
कुछ और कर रहा था और खोज रहा था

taking any other pass is a detour
कोई अन्य मार्ग लेना एक चक्कर है

going any other way leads to getting lost
किसी अन्य रास्ते पर जाने से रास्ता भटक जाना पड़ता है

These were Siddhartha's thoughts
ये थे सिद्धार्थ के विचार

this was his thirst, and this was his suffering

यही उसकी प्यास थी, और यही उसकी पीड़ा थी
Often he spoke to himself from a Chandogya-Upanishad:
वह अक्सर छान्दोग्य उपनिषद् से स्वयं से बातें करते थे:
"Truly, the name of the Brahman is Satyam"
"सचमुच, ब्रह्म का नाम सत्यम है"
"he who knows such a thing, will enter the heavenly world every day"
"जो ऐसी बात जानता है, वह प्रतिदिन स्वर्गीय संसार में प्रवेश करेगा"
Often the heavenly world seemed near
अक्सर स्वर्गीय दुनिया निकट लगती थी
but he had never reached the heavenly world completely
लेकिन वह कभी भी पूरी तरह से स्वर्गीय दुनिया तक नहीं पहुंचा था
he had never quenched the ultimate thirst
उसने कभी परम प्यास नहीं बुझाई थी
And among all the wise and wisest men, none had reached it
और सभी बुद्धिमान और सबसे बुद्धिमान लोगों में से कोई भी उस तक नहीं पहुंच पाया था
he received instructions from them
उन्होंने उनसे निर्देश प्राप्त किए
but they hadn't completely reached the heavenly world
लेकिन वे पूरी तरह से स्वर्गीय दुनिया तक नहीं पहुंचे थे
they hadn't completely quenched their thirst
उन्होंने अपनी प्यास पूरी तरह से नहीं बुझाई थी
because this thirst is an eternal thirst
क्योंकि यह प्यास शाश्वत प्यास है

"Govinda" Siddhartha spoke to his friend
"गोविंदा" सिद्धार्थ ने अपने दोस्त से कहा

"Govinda, my dear, come with me under the Banyan tree"
"गोविंदा, मेरे प्यारे, मेरे साथ बरगद के पेड़ के नीचे आओ"
"let's practise meditation"
"आइये ध्यान का अभ्यास करें"
They went to the Banyan tree
वे बरगद के पेड़ के पास गए
under the Banyan tree they sat down
वे बरगद के पेड़ के नीचे बैठ गए
Siddhartha was right here
सिद्धार्थ यहीं थे
Govinda was twenty paces away
गोविंदा बीस कदम दूर थे
Siddhartha seated himself and he repeated murmuring the verse
सिद्धार्थ बैठ गए और उन्होंने यह श्लोक दोहराया
Om is the bow, the arrow is the soul
ॐ धनुष है, बाण आत्मा है
The Brahman is the arrow's target
ब्रह्म ही बाण का लक्ष्य है
the target that one should incessantly hit
वह लक्ष्य जिस पर लगातार प्रहार करना चाहिए
the usual time of the exercise in meditation had passed
ध्यान के अभ्यास का सामान्य समय बीत चुका था
Govinda got up, the evening had come
गोविंदा उठे, शाम हो गई थी
it was time to perform the evening's ablution
शाम के स्नान का समय हो गया था
He called Siddhartha's name, but Siddhartha did not answer
उसने सिद्धार्थ का नाम पुकारा, लेकिन सिद्धार्थ ने कोई उत्तर नहीं दिया।
Siddhartha sat there, lost in thought

सिद्धार्थ वहीं बैठे रहे, विचारों में खोए हुए
his eyes were rigidly focused towards a very distant target
उसकी आँखें बहुत दूर के लक्ष्य पर दृढ़तापूर्वक केन्द्रित थीं
the tip of his tongue was protruding a little between the teeth
उसकी जीभ की नोक दांतों के बीच थोड़ी सी बाहर निकली हुई थी
he seemed not to breathe
ऐसा लग रहा था कि वह साँस नहीं ले रहा था
Thus sat he, wrapped up in contemplation
इस प्रकार वह चिंतन में डूबा बैठा था
he was deep in thought of the Om
वह ओम के गहन चिंतन में था
his soul sent after the Brahman like an arrow
उसकी आत्मा एक बाण की तरह ब्रह्म के पीछे चली गयी
Once, Samanas had travelled through Siddhartha's town
एक बार, समाना लोग सिद्धार्थ के नगर से होकर गुजरे थे।
they were ascetics on a pilgrimage
वे तीर्थ यात्रा पर गए तपस्वी थे
three skinny, withered men, neither old nor young
तीन दुबले-पतले, मुरझाए हुए आदमी, न बूढ़े, न जवान
dusty and bloody were their shoulders
उनके कंधे धूल और खून से सने थे
almost naked, scorched by the sun, surrounded by loneliness
लगभग नग्न, धूप से झुलसा हुआ, अकेलेपन से घिरा हुआ
strangers and enemies to the world
दुनिया के लिए अजनबी और दुश्मन
strangers and jackals in the realm of humans
मानव के दायरे में अजनबी और गीदड़
Behind them blew a hot scent of quiet passion

उनके पीछे शांत जुनून की गर्म सुगंध उड़ रही थी
a scent of destructive service
विनाशकारी सेवा की गंध
a scent of merciless self-denial
निर्दयी आत्म-त्याग की गंध
the evening had come
शाम हो गई थी
after the hour of contemplation, Siddhartha spoke to Govinda
एक घंटे के चिंतन के बाद सिद्धार्थ ने गोविंदा से कहा
"Early tomorrow morning, my friend, Siddhartha will go to the Samanas"
"कल सुबह-सुबह मेरा मित्र सिद्धार्थ समाना जाएगा"
"He will become a Samana"
"वह समाना बन जाएगा"
Govinda turned pale when he heard these words
गोविंदा ये शब्द सुनकर पीले पड़ गए
and he read the decision in the motionless face of his friend
और उसने अपने दोस्त के निश्चल चेहरे पर निर्णय पढ़ लिया
the determination was unstoppable, like the arrow shot from the bow
दृढ़ निश्चय अजेय था, जैसे धनुष से निकला हुआ बाण
Govinda realized at first glance; now it is beginning
गोविंदा को पहली नजर में ही समझ आ गया था, अब हो रही है शुरुआत
now Siddhartha is taking his own way
अब सिद्धार्थ अपना अलग रास्ता अपना रहे हैं
now his fate is beginning to sprout
अब उसका भाग्य उदय होने लगा है
and because of Siddhartha, Govinda's fate is sprouting too
और सिद्धार्थ की वजह से गोविंदा की किस्मत भी चमक रही है

he turned pale like a dry banana-skin
वह सूखे केले के छिलके की तरह पीला पड़ गया
"Oh Siddhartha," he exclaimed
"ओह सिद्धार्थ," उन्होंने कहा
"will your father permit you to do that?"
"क्या आपके पिता आपको ऐसा करने की अनुमति देंगे?"
Siddhartha looked over as if he was just waking up
सिद्धार्थ ने ऐसे देखा जैसे वह अभी जाग रहा हो
like an Arrow he read Govinda's soul
एक तीर की तरह उन्होंने गोविंदा की आत्मा को पढ़ लिया
he could read the fear and the submission in him
वह उसके अंदर के डर और समर्पण को पढ़ सकता था
"Oh Govinda," he spoke quietly, "let's not waste words"
"ओह गोविंदा," उन्होंने धीरे से कहा, "आइए शब्दों को बर्बाद न करें"
"Tomorrow at daybreak I will begin the life of the Samanas"
"कल भोर होते ही मैं समाना का जीवन आरम्भ करूंगा"
"let us speak no more of it"
"आइये हम इस विषय पर और अधिक बात न करें"

Siddhartha entered the chamber where his father was sitting
सिद्धार्थ उस कक्ष में पहुंचे जहां उनके पिता बैठे थे।
his father was was on a mat of bast
उसके पिता एक चटाई पर थे
Siddhartha stepped behind his father
सिद्धार्थ अपने पिता के पीछे चले गए
and he remained standing behind him
और वह उसके पीछे खड़ा रहा
he stood until his father felt that someone was standing behind him

वह तब तक खड़ा रहा जब तक उसके पिता को यह महसूस नहीं हुआ कि कोई उसके पीछे खड़ा है
Spoke the Brahman: "Is that you, Siddhartha?"
ब्राह्मण बोला: "क्या यह तुम हो, सिद्धार्थ?"
"Then say what you came to say"
"तो फिर जो कहने आये हो वही कहो"
Spoke Siddhartha: "With your permission, my father"
सिद्धार्थ बोला: "आपकी अनुमति से, पिताजी"
"I came to tell you that it is my longing to leave your house tomorrow"
"मैं तुम्हें यह बताने आया हूँ कि मैं कल तुम्हारा घर छोड़कर चला जाना चाहता हूँ"
"I wish to go to the ascetics"
"मैं तपस्वियों के पास जाना चाहता हूँ"
"My desire is to become a Samana"
"मेरी इच्छा समाना बनने की है"
"May my father not oppose this"
"मेरे पिता इसका विरोध न करें"
The Brahman fell silent, and he remained so for long
ब्राह्मण चुप हो गया, और वह काफी देर तक चुप रहा।
the stars in the small window wandered
छोटी सी खिड़की में तारे भटक रहे थे
and they changed their relative positions
और उन्होंने अपनी सापेक्ष स्थिति बदल ली
Silent and motionless stood the son with his arms folded
बेटा चुपचाप और निश्चल खड़ा था, दोनों हाथ जोड़े हुए
silent and motionless sat the father on the mat
पिता चुपचाप और निश्चल होकर चटाई पर बैठे थे
and the stars traced their paths in the sky
और तारे आकाश में अपने रास्ते तलाशने लगे
Then spoke the father

तब पिता बोले

"it is not proper for a Brahman to speak harsh and angry words"

"ब्राह्मण के लिए कठोर और क्रोधपूर्ण शब्द बोलना उचित नहीं है"

"But indignation is in my heart"

"लेकिन मेरे दिल में आक्रोश है"

"I wish not to hear this request for a second time"

"मैं यह अनुरोध दूसरी बार नहीं सुनना चाहता"

Slowly, the Brahman rose

धीरे-धीरे ब्राह्मण उठ खड़ा हुआ।

Siddhartha stood silently, his arms folded

सिद्धार्थ चुपचाप हाथ जोड़कर खड़े रहे

"What are you waiting for?" asked the father

"तुम किसका इंतज़ार कर रहे हो?" पिता ने पूछा

Spoke Siddhartha, "You know what I'm waiting for"

सिद्धार्थ बोला, "तुम्हें पता है मैं किसका इंतजार कर रहा हूं"

Indignant, the father left the chamber

पिता क्रोधित होकर कक्ष से बाहर चले गए

indignant, he went to his bed and lay down

क्रोधित होकर वह अपने बिस्तर पर जाकर लेट गया

an hour passed, but no sleep had come over his eyes

एक घंटा बीत गया, लेकिन उसकी आँखों में नींद नहीं आई

the Brahman stood up and he paced to and fro

ब्राह्मण उठ खड़ा हुआ और इधर-उधर टहलने लगा।

and he left the house in the night

और वह रात को घर से निकल गया

Through the small window of the chamber he looked back inside

कक्ष की छोटी सी खिड़की से उसने अन्दर झाँका

and there he saw Siddhartha standing

और वहां उसने सिद्धार्थ को खड़ा देखा
his arms were folded and he had not moved from his spot
उसकी बाहें मुड़ी हुई थीं और वह अपनी जगह से हिला नहीं था
Pale shimmered his bright robe
पीला चमकीला उसका चमकीला लबादा
With anxiety in his heart, the father returned to his bed
अपने दिल में चिंता लिए पिता अपने बिस्तर पर लौट आया
another sleepless hour passed
एक और नींद रहित घंटा बीत गया
since no sleep had come over his eyes, the Brahman stood up again
चूँकि उसकी आँखों में नींद नहीं थी, ब्राह्मण फिर से उठ खड़ा हुआ
he paced to and fro, and he walked out of the house
वह इधर-उधर टहलता रहा और घर से बाहर चला गया
and he saw that the moon had risen
और उसने देखा कि चाँद उग आया है
Through the window of the chamber he looked back inside
कक्ष की खिड़की से उसने अंदर झाँका
there stood Siddhartha, unmoved from his spot
सिद्धार्थ अपनी जगह से अविचलित खड़े थे
his arms were folded, as they had been
उसकी बाहें मुड़ी हुई थीं, जैसे वे थीं
moonlight was reflecting from his bare shins
चाँदनी उसकी नंगी पिंडलियों से परावर्तित हो रही थी
With worry in his heart, the father went back to bed
अपने दिल में चिंता लिए पिता वापस बिस्तर पर चले गए
he came back after an hour
वह एक घंटे बाद वापस आया
and he came back again after two hours

और वह दो घंटे बाद फिर वापस आया
he looked through the small window
उसने छोटी सी खिड़की से देखा
he saw Siddhartha standing in the moon light
उसने सिद्धार्थ को चाँदनी में खड़े देखा
he stood by the light of the stars in the darkness
वह अंधेरे में तारों की रोशनी के पास खड़ा था
And he came back hour after hour
और वह घंटों बाद वापस आया
silently, he looked into the chamber
चुपचाप, उसने कक्ष में देखा
he saw him standing in the same place
उसने उसे उसी जगह खड़ा देखा
it filled his heart with anger
इससे उसका दिल गुस्से से भर गया
it filled his heart with unrest
इससे उसका दिल बेचैनी से भर गया
it filled his heart with anguish
इससे उसका हृदय वेदना से भर गया
it filled his heart with sadness
इससे उसका दिल दुख से भर गया
the night's last hour had come
रात का आखिरी पहर आ गया था
his father returned and stepped into the room
उसके पिता वापस आये और कमरे में चले गए
he saw the young man standing there
उसने देखा कि वह युवक वहाँ खड़ा है
he seemed tall and like a stranger to him
वह उसे लंबा और अजनबी जैसा लग रहा था
"Siddhartha," he spoke, "what are you waiting for?"
"सिद्धार्थ," उन्होंने कहा, "तुम किसका इंतजार कर रहे हो?"

"You know what I'm waiting for"
"तुम्हें पता है मैं किसका इंतज़ार कर रहा हूँ"
"Will you always stand that way and wait?
"क्या तुम हमेशा इसी तरह खड़े होकर इंतजार करोगे?
"I will always stand and wait"
"मैं हमेशा खड़ा रहूंगा और इंतजार करूंगा"
"will you wait until it becomes morning, noon, and evening?"
"क्या आप सुबह, दोपहर और शाम होने तक इंतजार करेंगे?"
"I will wait until it become morning, noon, and evening"
"मैं सुबह, दोपहर और शाम होने तक इंतजार करूंगा"
"You will become tired, Siddhartha"
"तुम थक जाओगे, सिद्धार्थ"
"I will become tired"
"मैं थक जाउंगा"
"You will fall asleep, Siddhartha"
"तुम सो जाओगे, सिद्धार्थ"
"I will not fall asleep"
"मैं सो नहीं पाऊंगा"
"You will die, Siddhartha"
"तुम मर जाओगे, सिद्धार्थ"
"I will die," answered Siddhartha
"मैं मर जाऊंगा," सिद्धार्थ ने उत्तर दिया
"And would you rather die, than obey your father?"
"और क्या तुम अपने पिता की आज्ञा मानने के बजाय मरना पसंद करोगे?"
"Siddhartha has always obeyed his father"
"सिद्धार्थ ने हमेशा अपने पिता की आज्ञा का पालन किया है"
"So will you abandon your plan?"
"तो क्या आप अपनी योजना छोड़ देंगे?"
"Siddhartha will do what his father will tell him to do"

"सिद्धार्थ वही करेगा जो उसके पिता उसे करने को कहेंगे"
The first light of day shone into the room
दिन की पहली रोशनी कमरे में चमक उठी
The Brahman saw that Siddhartha knees were softly trembling
ब्राह्मण ने देखा कि सिद्धार्थ के घुटने धीरे-धीरे कांप रहे थे।
In Siddhartha's face he saw no trembling
सिद्धार्थ के चेहरे पर उसने कोई कांपना नहीं देखा
his eyes were fixed on a distant spot
उसकी नज़रें दूर किसी जगह पर टिकी थीं
This was when his father realized
यह तब हुआ जब उसके पिता को एहसास हुआ
even now Siddhartha no longer dwelt with him in his home
अब भी सिद्धार्थ उनके साथ उनके घर में नहीं रहते थे
he saw that he had already left him
उसने देखा कि वह पहले ही उसे छोड़ चुका था
The Father touched Siddhartha's shoulder
पिता ने सिद्धार्थ के कंधे को छुआ
"You will," he spoke, "go into the forest and be a Samana"
उन्होंने कहा, "तुम जंगल में जाओगे और समाना बनोगे।"
"When you find blissfulness in the forest, come back"
"जब तुम्हें जंगल में आनंद मिले, तो वापस आ जाना"
"come back and teach me to be blissful"
"वापस आओ और मुझे आनंदित रहना सिखाओ"
"If you find disappointment, then return"
"यदि आपको निराशा मिले तो वापस लौट आएं"
"return and let us make offerings to the gods together, again"
"वापस आओ और हम फिर से देवताओं को एक साथ भेंट चढ़ाएं"
"Go now and kiss your mother"
"अब जाओ और अपनी माँ को चूमो"

"tell her where you are going"
"उसे बताओ तुम कहाँ जा रहे हो"
"But for me it is time to go to the river"
"लेकिन मेरे लिए तो नदी पर जाने का समय हो गया है"
"it is my time to perform the first ablution"
"यह मेरा पहला स्नान करने का समय है"
He took his hand from the shoulder of his son, and went outside
उसने अपने बेटे के कंधे से अपना हाथ हटाया और बाहर चला गया।
Siddhartha wavered to the side as he tried to walk
सिद्धार्थ ने चलने की कोशिश करते हुए एक तरफ़ रुख किया
He put his limbs back under control and bowed to his father
उसने अपने अंगों को पुनः नियंत्रण में किया और अपने पिता को प्रणाम किया
he went to his mother to do as his father had said
वह अपनी माँ के पास गया और उसने वैसा ही किया जैसा उसके पिता ने कहा था
As he slowly left on stiff legs a shadow rose near the last hut
जब वह धीरे-धीरे अकड़ते पैरों से चल रहा था तो आखिरी झोपड़ी के पास एक छाया उभरी।
who had crouched there, and joined the pilgrim?
कौन वहाँ बैठा था, और तीर्थयात्री में शामिल हो गया था?
"Govinda, you have come" said Siddhartha and smiled
"गोविंदा, तुम आ गए" सिद्धार्थ ने कहा और मुस्कुराया
"I have come," said Govinda
गोविंदा ने कहा, "मैं आ गया हूं।"

With the Samanas
समानाओं के साथ

In the evening of this day they caught up with the ascetics
इस दिन शाम को वे तपस्वियों के पास पहुँचे
the ascetics; the skinny Samanas
तपस्वी; दुबले-पतले समाना
they offered them their companionship and obedience
उन्होंने उन्हें अपना साथ और आज्ञाकारिता प्रदान की
Their companionship and obedience were accepted
उनका साथ और आज्ञाकारिता स्वीकार की गई
Siddhartha gave his garments to a poor Brahman in the street
सिद्धार्थ ने अपने वस्त्र सड़क पर एक गरीब ब्राह्मण को दे दिए
He wore nothing more than a loincloth and earth-coloured, unsown cloak
उन्होंने एक लंगोटी और मिट्टी के रंग का बिना सिला लबादा के अलावा और कुछ नहीं पहना था
He ate only once a day, and never anything cooked
वह दिन में केवल एक बार ही खाना खाता था, और कभी भी कुछ पका हुआ नहीं खाता था
He fasted for fifteen days, he fasted for twenty-eight days
उसने पंद्रह दिन उपवास किया, उसने अड्ताईस दिन उपवास किया
The flesh waned from his thighs and cheeks
उसकी जांघों और गालों से मांस सूख गया
Feverish dreams flickered from his enlarged eyes
उसकी बड़ी हुई आँखों से ज्वरग्रस्त सपने झिलमिला रहे थे
long nails grew slowly on his parched fingers
उसकी सूखी उंगलियों पर धीरे-धीरे लंबे नाखून उग आए
and a dry, shaggy beard grew on his chin

और उसकी ठोड़ी पर सूखी, झबरीली दाढ़ी उग आई
His glance turned to ice when he encountered women
जब वह महिलाओं से मिलता तो उसकी नज़र बर्फ़ में बदल जाती
he walked through a city of nicely dressed people
वह अच्छे कपड़े पहने लोगों से भरे शहर से गुजरा
his mouth twitched with contempt for them
उनके प्रति घृणा से उसका मुंह फड़क उठा
He saw merchants trading and princes hunting
उसने व्यापारियों को व्यापार करते और राजकुमारों को शिकार करते देखा
he saw mourners wailing for their dead
उसने शोक मनाने वालों को अपने मृतकों के लिए विलाप करते देखा
and he saw whores offering themselves
और उसने वेश्याओं को खुद को अर्पित करते देखा
physicians trying to help the sick
बीमारों की मदद करने की कोशिश कर रहे चिकित्सक
priests determining the most suitable day for seeding
पुजारी बीजारोपण के लिए सबसे उपयुक्त दिन का निर्धारण करते हैं
lovers loving and mothers nursing their children
प्रेमी युगल अपने बच्चों को प्यार करते हैं और माताएं अपने बच्चों को दूध पिलाती हैं
and all of this was not worthy of one look from his eyes
और यह सब उसकी आँखों से एक नज़र के लायक नहीं था
it all lied, it all stank, it all stank of lies
यह सब झूठ था, यह सब बदबूदार था, यह सब झूठ की बदबूदार था
it all pretended to be meaningful and joyful and beautiful

यह सब सार्थक, आनंदमय और सुंदर होने का दिखावा करता है
and it all was just concealed putrefaction
और यह सब बस छुपा हुआ सड़ांध था
the world tasted bitter; life was torture
दुनिया कड़वी लगी, जीवन यातना था

A single goal stood before Siddhartha
सिद्धार्थ के सामने एक ही लक्ष्य बचा था
his goal was to become empty
उसका लक्ष्य खाली हो जाना था
his goal was to be empty of thirst
उसका लक्ष्य प्यास से खाली होना था
empty of wishing and empty of dreams
इच्छाओं से खाली और सपनों से खाली
empty of joy and sorrow
खुशी और गम से खाली
his goal was to be dead to himself
उसका लक्ष्य स्वयं के प्रति मर जाना था
his goal was not to be a self any more
उसका लक्ष्य अब स्वयं बनना नहीं था
his goal was to find tranquillity with an emptied heart
उसका लक्ष्य खाली दिल से शांति पाना था
his goal was to be open to miracles in unselfish thoughts
उनका लक्ष्य निःस्वार्थ विचारों में चमत्कारों के लिए खुला रहना था
to achieve this was his goal
यह हासिल करना उनका लक्ष्य था
when all of his self was overcome and had died
जब उसका सारा आत्मबल नष्ट हो गया और वह मर गया

when every desire and every urge was silent in the heart
जब हर ख्वाहिश हर चाहत दिल में खामोश थी
then the ultimate part of him had to awake
तो उसके परम भाग को जागना पड़ा
the innermost of his being, which is no longer his self
उसके अस्तित्व का अंतरतम, जो अब उसका स्व नहीं है
this was the great secret
यह महान रहस्य था

Silently, Siddhartha exposed himself to the burning rays of the sun
चुपचाप, सिद्धार्थ ने खुद को सूर्य की जलती हुई किरणों के सामने उजागर कर दिया
he was glowing with pain and he was glowing with thirst
वह दर्द से जल रहा था और वह प्यास से जल रहा था
and he stood there until he neither felt pain nor thirst
और वह तब तक वहीं खड़ा रहा जब तक उसे न तो दर्द हुआ और न ही प्यास
Silently, he stood there in the rainy season
चुपचाप, वह बरसात में वहाँ खड़ा था
from his hair the water was dripping over freezing shoulders
उसके बालों से पानी टपक रहा था ठंडे कंधों पर
the water was dripping over his freezing hips and legs
पानी उसके ठंडे कूल्हों और पैरों पर टपक रहा था
and the penitent stood there
और पश्चातापी वहीं खड़ा रहा
he stood there until he could not feel the cold any more
वह तब तक वहीं खड़ा रहा जब तक उसे ठंड का एहसास नहीं हुआ
he stood there until his body was silent

वह तब तक वहीं खड़ा रहा जब तक उसका शरीर शांत नहीं हो गया

he stood there until his body was quiet

वह तब तक वहीं खड़ा रहा जब तक उसका शरीर शांत नहीं हो गया

Silently, he cowered in the thorny bushes

वह चुपचाप कंटीली झाड़ियों में दुबका रहा

blood dripped from the burning skin

जलती हुई त्वचा से खून टपक रहा था

blood dripped from festering wounds

सड़े हुए घावों से खून टपक रहा था

and Siddhartha stayed rigid and motionless

और सिद्धार्थ अडिग और निश्चल रहे

he stood until no blood flowed any more

वह तब तक खड़ा रहा जब तक खून बहना बंद नहीं हो गया

he stood until nothing stung any more

वह तब तक खड़ा रहा जब तक कि उसे कुछ भी चुभन नहीं हुई

he stood until nothing burned any more

वह तब तक खड़ा रहा जब तक कुछ भी नहीं जला

Siddhartha sat upright and learned to breathe sparingly

सिद्धार्थ सीधे बैठे और संयम से सांस लेना सीखा

he learned to get along with few breaths

उसने कुछ साँसों के साथ काम चलाना सीख लिया

he learned to stop breathing

उसने सांस रोकना सीखा

He learned, beginning with the breath, to calm the beating of his heart

उन्होंने सांस से शुरुआत करके अपने दिल की धड़कन को शांत करना सीखा

he learned to reduce the beats of his heart
उसने अपने दिल की धड़कनों को कम करना सीखा
he meditated until his heartbeats were only a few
वह तब तक ध्यान करता रहा जब तक उसकी हृदय की धड़कनें कुछ ही रह गईं
and then his heartbeats were almost none
और फिर उसके दिल की धड़कनें लगभग बंद हो गईं
Instructed by the oldest of the Samanas, Siddhartha practised self-denial
सबसे पुराने समणस द्वारा निर्देशित, सिद्धार्थ ने आत्म-त्याग का अभ्यास किया
he practised meditation, according to the new Samana rules
उन्होंने नए समाना नियमों के अनुसार ध्यान का अभ्यास किया
A heron flew over the bamboo forest
एक बगुला बांस के जंगल के ऊपर से उड़ गया
Siddhartha accepted the heron into his soul
सिद्धार्थ ने बगुले को अपनी आत्मा में स्वीकार कर लिया
he flew over forest and mountains
वह जंगल और पहाड़ों पर उड़ गया
he was a heron, he ate fish
वह बगुला था, वह मछली खाता था
he felt the pangs of a heron's hunger
उसे बगुले की भूख की पीड़ा महसूस हुई
he spoke the heron's croak
वह बगुले की तरह टर्राता हुआ बोला
he died a heron's death
वह बगुले की मौत मरा
A dead jackal was lying on the sandy bank
रेतीले तट पर एक मरा हुआ सियार पड़ा था
Siddhartha's soul slipped inside the body of the dead jackal

सिद्धार्थ की आत्मा मृत सियार के शरीर में चली गई
he was the dead jackal laying on the banks and bloated
वह मरा हुआ सियार था जो किनारे पर पड़ा था और फूला हुआ था
he stank and decayed and was dismembered by hyenas
वह बदबूदार और सड़ चुका था और लकड़बग्घों ने उसे टुकड़े-टुकड़े कर दिया था
he was skinned by vultures and turned into a skeleton
गिद्धों ने उसकी खाल नोच ली और वह कंकाल में बदल गया
he was turned to dust and blown across the fields
वह धूल में बदल गया और खेतों में उड़ गया
And Siddhartha's soul returned
और सिद्धार्थ की आत्मा लौट आई
it had died, decayed, and was scattered as dust
वह मर गया था, सड़ गया था, और धूल के रूप में बिखर गया था
it had tasted the gloomy intoxication of the cycle
उसने चक्र के उदास नशे का स्वाद चखा था
it awaited with a new thirst, like a hunter in the gap
यह एक नई प्यास के साथ प्रतीक्षा कर रहा था, अंतराल में एक शिकारी की तरह
in the gap where he could escape from the cycle
उस अंतराल में जहां वह चक्र से बच सकता था
in the gap where an eternity without suffering began
उस अंतराल में जहाँ पीड़ा रहित अनंत काल शुरू हुआ
he killed his senses and his memory
उसने अपनी इंद्रियों और अपनी याददाश्त को मार डाला
he slipped out of his self into thousands of other forms
वह अपने आप से निकलकर हज़ारों अन्य रूपों में फिसल गया
he was an animal, a carrion, a stone

वह एक जानवर था, एक सड़ा हुआ जानवर था, एक पत्थर था
he was wood and water
वह लकड़ी और पानी था
and he awoke every time to find his old self again
और वह हर बार अपने पुराने स्वरूप को पाने के लिए जागता था
whether sun or moon, he was his self again
चाहे सूर्य हो या चंद्रमा, वह फिर से अपना स्वरूप बन गया
he turned round in the cycle
वह चक्र में घूम गया
he felt thirst, overcame the thirst, felt new thirst
उसे प्यास लगी, प्यास पर काबू पाया, नई प्यास लगी

Siddhartha learned a lot when he was with the Samanas
सिद्धार्थ ने समानाओं के साथ रहते हुए बहुत कुछ सीखा
he learned many ways leading away from the self
उन्होंने स्वयं से दूर जाने के कई तरीके सीखे
he learned how to let go
उसने जाने देना सीख लिया
He went the way of self-denial by means of pain
वह दर्द के माध्यम से आत्म-त्याग के रास्ते पर चला गया
he learned self-denial through voluntarily suffering and overcoming pain
उन्होंने स्वेच्छा से कष्ट सहकर और दर्द पर काबू पाकर आत्म-त्याग करना सीखा
he overcame hunger, thirst, and tiredness
उसने भूख, प्यास और थकान पर काबू पा लिया
He went the way of self-denial by means of meditation
उन्होंने ध्यान के माध्यम से आत्म-त्याग का मार्ग अपनाया
he went the way of self-denial through imagining the mind to be void of all conceptions

उन्होंने मन को सभी अवधारणाओं से रहित मानकर आत्म-त्याग का मार्ग अपनाया
with these and other ways he learned to let go
इन और अन्य तरीकों से उसने जाने देना सीखा
a thousand times he left his self
हज़ार बार उसने खुद को छोड़ा
for hours and days he remained in the non-self
घंटों और दिनों तक वह अ-आत्म में ही रहा
all these ways led away from the self
ये सभी रास्ते हमें स्वयं से दूर ले जाते हैं
but their path always led back to the self
लेकिन उनका रास्ता हमेशा स्वयं की ओर ही जाता था
Siddhartha fled from the self a thousand times
सिद्धार्थ स्वयं से हजार बार भागे
but the return to the self was inevitable
लेकिन स्वयं की ओर लौटना अपरिहार्य था
although he stayed in nothingness, coming back was inevitable
यद्यपि वह शून्य में रहा, फिर भी वापस आना अपरिहार्य था
although he stayed in animals and stones, coming back was inevitable
हालाँकि वह जानवरों और पत्थरों में रहा, लेकिन वापस आना अपरिहार्य था
he found himself in the sunshine or in the moonlight again
उसने खुद को फिर से धूप में या चाँदनी में पाया
he found himself in the shade or in the rain again
वह फिर से खुद को छाया में या बारिश में पाता है
and he was once again his self; Siddhartha
और वह एक बार फिर अपने स्वरूप में आ गया; सिद्धार्थ
and again he felt the agony of the cycle which had been forced upon him

और फिर से उसे उस चक्र की पीड़ा का एहसास हुआ जो उस पर थोपा गया था

by his side lived Govinda, his shadow
उनके साथ उनकी छाया गोविंदा रहती थी
Govinda walked the same path and undertook the same efforts
गोविंदा ने भी वही रास्ता अपनाया और वही प्रयास किए
they spoke to one another no more than the exercises required
वे एक दूसरे से केवल व्यायाम की आवश्यकता के अनुसार ही बात करते थे
occasionally the two of them went through the villages
कभी-कभी वे दोनों गाँवों से होकर जाते थे
they went to beg for food for themselves and their teachers
वे अपने और अपने शिक्षकों के लिए भोजन मांगने गए
"How do you think we have progressed, Govinda" he asked
उन्होंने पूछा, "आपको क्या लगता है कि हमने कितनी प्रगति की है, गोविंदा?"
"Did we reach any goals?" Govinda answered
"क्या हम किसी लक्ष्य तक पहुंचे?" गोविंदा ने उत्तर दिया
"We have learned, and we'll continue learning"
"हमने सीखा है, और हम सीखते रहेंगे"
"You'll be a great Samana, Siddhartha"
"तुम एक महान समाना बनोगे, सिद्धार्थ"
"Quickly, you've learned every exercise"
"जल्दी से, आपने हर अभ्यास सीख लिया है"
"often, the old Samanas have admired you"
"अक्सर, पुराने समाना लोग आपकी प्रशंसा करते हैं"
"One day, you'll be a holy man, oh Siddhartha"

"एक दिन, तुम एक पवित्र व्यक्ति बनोगे, हे सिद्धार्थ"
Spoke Siddhartha, "I can't help but feel that it is not like this, my friend"
सिद्धार्थ बोला, "मैं यह महसूस करने से खुद को नहीं रोक सकता कि ऐसा नहीं है, मेरे दोस्त।"
"What I've learned being among the Samanas could have been learned more quickly"
"समानों के बीच रहकर मैंने जो सीखा है, वह और भी तेजी से सीखा जा सकता था"
"it could have been learned by simpler means"
"इसे सरल तरीकों से सीखा जा सकता था"
"it could have been learned in any tavern"
"यह किसी भी शराबखाने में सीखा जा सकता था"
"it could have been learned where the whorehouses are"
"यह पता लगाया जा सकता था कि वेश्यालय कहाँ हैं"
"I could have learned it among carters and gamblers"
"मैं इसे गाड़ीवानों और जुआरियों के बीच सीख सकता था"
Spoke Govinda, "Siddhartha is joking with me"
गोविंदा बोले, "सिद्धार्थ मेरे साथ मजाक कर रहा है"
"How could you have learned meditation among wretched people?"
"तुमने अभागे लोगों के बीच ध्यान कैसे सीखा होगा?"
"how could whores have taught you about holding your breath?"
"वेश्याओं ने तुम्हें सांस रोकने के बारे में कैसे सिखाया?"
"how could gamblers have taught you insensitivity against pain?"
"जुआरी आपको दर्द के प्रति असंवेदनशीलता कैसे सिखा सकते हैं?"
Siddhartha spoke quietly, as if he was talking to himself
सिद्धार्थ धीरे से बोला, जैसे वह खुद से बात कर रहा हो

"What is meditation?"
"ध्यान क्या है?"
"What is leaving one's body?"
"शरीर छोड़ने से क्या तात्पर्य है?"
"What is fasting?"
"उपवास क्या है?"
"What is holding one's breath?"
"सांस रोकने का क्या मतलब है?"
"It is fleeing from the self"
"यह स्वयं से पलायन है"
"it is a short escape of the agony of being a self"
"यह स्वयं होने की पीड़ा से एक छोटा सा छुटकारा है"
"it is a short numbing of the senses against the pain"
"यह दर्द के विरुद्ध इंद्रियों की एक छोटी सी सुन्नता है"
"it is avoiding the pointlessness of life"
"यह जीवन की व्यर्थता से बचना है"
"The same numbing is what the driver of an ox-cart finds in the inn"
"यही वह स्तब्धता है जो बैलगाड़ी के चालक को सराय में मिलती है"
"drinking a few bowls of rice-wine or fermented coconut-milk"
"चावल-शराब या किण्वित नारियल-दूध के कुछ कटोरे पीना"
"Then he won't feel his self anymore"
"तब उसे अपना आपा महसूस नहीं होगा"
"then he won't feel the pains of life anymore"
"तब उसे जीवन में कोई कष्ट महसूस नहीं होगा"
"then he finds a short numbing of the senses"
"तब उसे कुछ देर के लिए इन्द्रियाँ सुन्न हो जाती हैं"
"When he falls asleep over his bowl of rice-wine, he'll find the same what we find"

"जब वह चावल-शराब के कटोरे पर सो जाएगा, तो उसे वही मिलेगा जो हमें मिलेगा"

"he finds what we find when we escape our bodies through long exercises"

"वह वही पाता है जो हम तब पाते हैं जब हम लंबे अभ्यास के माध्यम से अपने शरीर से बाहर निकलते हैं"

"all of us are staying in the non-self"

"हम सभी अ-स्व में ही रह रहे हैं"

"This is how it is, oh Govinda"

"ऐसा ही है, हे गोविंदा"

Spoke Govinda, "You say so, oh friend"

गोविंदा बोले, "तुम ऐसा कहते हो, हे मित्र"

"and yet you know that Siddhartha is no driver of an ox-cart"

"और फिर भी आप जानते हैं कि सिद्धार्थ कोई बैलगाड़ी चलाने वाला नहीं है"

"and you know a Samana is no drunkard"

"और आप जानते हैं कि समाना कोई शराबी नहीं है"

"it's true that a drinker numbs his senses"

"यह सच है कि शराब पीने वाला अपनी इंद्रियों को सुन्न कर लेता है"

"it's true that he briefly escapes and rests"

"यह सच है कि वह कुछ समय के लिए भाग जाता है और आराम करता है"

"but he'll return from the delusion and finds everything to be unchanged"

"लेकिन वह भ्रम से वापस आ जाएगा और सब कुछ अपरिवर्तित पाएगा"

"he has not become wiser"

"वह समझदार नहीं हुआ है"

"he has gathered any enlightenment"

"उसने कोई ज्ञान प्राप्त कर लिया है"
"he has not risen several steps"
"वह कई कदम भी नहीं बढ़ा है"
And Siddhartha spoke with a smile
और सिद्धार्थ मुस्कुराते हुए बोले
"I do not know, I've never been a drunkard"
"मुझे नहीं मालूम, मैं कभी शराबी नहीं रहा"
"I know that I find only a short numbing of the senses"
"मैं जानता हूँ कि मुझे केवल कुछ समय के लिए ही इन्द्रियाँ सुन्न होती हैं"
"I find it in my exercises and meditations"
"मैं इसे अपने व्यायाम और ध्यान में पाता हूँ"
"and I find I am just as far removed from wisdom as a child in the mother's womb"
"और मैं पाता हूँ कि मैं ज्ञान से उतना ही दूर हूँ जितना कि माँ के गर्भ में पल रहा बच्चा"
"this I know, oh Govinda"
"यह मैं जानता हूँ, हे गोविंदा"

And once again, another time, Siddhartha began to speak
और एक बार फिर, एक और बार, सिद्धार्थ ने बोलना शुरू किया
Siddhartha had left the forest, together with Govinda
सिद्धार्थ गोविंदा के साथ वन से चले गए थे
they left to beg for some food in the village
वे गांव में कुछ भोजन मांगने के लिए चले गए
he said, "What now, oh Govinda?"
उन्होंने कहा, "अब क्या होगा, हे गोविंदा?"
"are we on the right path?"
"क्या हम सही रास्ते पर हैं?"

"are we getting closer to enlightenment?"
"क्या हम आत्मज्ञान के करीब पहुंच रहे हैं?"
"are we getting closer to salvation?"
"क्या हम मोक्ष के करीब पहुंच रहे हैं?"
"Or do we perhaps live in a circle?"
"या फिर हम शायद एक चक्र में रहते हैं?"
"we, who have thought we were escaping the cycle"
"हम, जिन्होंने सोचा था कि हम इस चक्र से बच रहे हैं"
Spoke Govinda, "We have learned a lot"
गोविंदा बोले, "हमने बहुत कुछ सीखा है"
"Siddhartha, there is still much to learn"
"सिद्धार्थ, अभी भी बहुत कुछ सीखना बाकी है"
"We are not going around in circles"
"हम गोल-गोल नहीं घूम रहे हैं"
"we are moving up; the circle is a spiral"
"हम ऊपर की ओर बढ़ रहे हैं; वृत्त एक सर्पिल है"
"we have already ascended many levels"
"हम पहले ही कई स्तरों पर चढ़ चुके हैं"
Siddhartha answered, "How old would you think our oldest Samana is?"
सिद्धार्थ ने उत्तर दिया, "आपके अनुसार हमारे सबसे बड़े समाना की उम्र कितनी है?"
"how old is our venerable teacher?"
"हमारे आदरणीय शिक्षक की आयु कितनी है?"
Spoke Govinda, "Our oldest one might be about sixty years of age"
गोविंदा बोले, "हमारा सबसे बड़ा बेटा शायद साठ साल का होगा"
Spoke Siddhartha, "He has lived for sixty years"
सिद्धार्थ बोले, "वह साठ साल तक जीवित रहे हैं"
"and yet he has not reached the nirvana"

"और अभी तक वह निर्वाण तक नहीं पहुंचा है"
"He'll turn seventy and eighty"
"वह सत्तर और अस्सी साल का हो जाएगा"
"you and me, we will grow just as old as him"
"तुम और मैं, हम भी उसके जैसे ही बूढ़े हो जायेंगे"
"and we will do our exercises"
"और हम अपना अभ्यास करेंगे"
"and we will fast, and we will meditate"
"और हम उपवास करेंगे, और हम ध्यान करेंगे"
"But we will not reach the nirvana"
"लेकिन हम निर्वाण तक नहीं पहुंचेंगे"
"he won't reach nirvana and we won't"
"वह निर्वाण तक नहीं पहुंचेंगे और हम भी नहीं"
"there are uncountable Samanas out there"
"वहाँ अनगिनत समानाएँ हैं"
"perhaps not a single one will reach the nirvana"
"शायद उनमें से एक भी निर्वाण तक नहीं पहुंच पाएगा"
"We find comfort, we find numbness, we learn feats"
"हमें आराम मिलता है, हमें सुन्नता मिलती है, हम करतब सीखते हैं"
"we learn these things to deceive others"
"हम ये बातें दूसरों को धोखा देने के लिए सीखते हैं"
"But the most important thing, the path of paths, we will not find"
"लेकिन सबसे महत्वपूर्ण बात, रास्तों का रास्ता, हमें नहीं मिलेगा"
Spoke Govinda "If you only wouldn't speak such terrible words, Siddhartha!"
गोविंदा बोले, "काश तुम ऐसे भयंकर शब्द न बोलते, सिद्धार्थ!"
"there are so many learned men"
"वहाँ बहुत सारे विद्वान लोग हैं"

"how could not one of them not find the path of paths?"
"उनमें से एक भी पथों का पथ क्यों न खोज सका?"
"how can so many Brahmans not find it?"
"इतने सारे ब्राह्मण इसे कैसे नहीं खोज पाते?"
"how can so many austere and venerable Samanas not find it?"
"इतने सारे तपस्वी और आदरणीय समाना लोग इसे कैसे नहीं पा सकते?"
"how can all those who are searching not find it?"
"वे सभी जो खोज रहे हैं, वे इसे कैसे नहीं पा सकते?"
"how can the holy men not find it?"
"पवित्र लोग इसे कैसे नहीं खोज सकते?"
But Siddhartha spoke with as much sadness as mockery
लेकिन सिद्धार्थ ने उतनी ही उदासी और उपहास के साथ बात की
he spoke with a quiet, a slightly sad, a slightly mocking voice
वह शांत, थोड़ी उदास, थोड़ी उपहासपूर्ण आवाज में बोला
"Soon, Govinda, your friend will leave the path of the Samanas"
"गोविन्द, शीघ्र ही तुम्हारा मित्र समाना का मार्ग छोड़ देगा"
"he has walked along your side for so long"
"वह इतने लंबे समय से आपके साथ चल रहा है"
"I'm suffering of thirst"
"मैं प्यास से पीड़ित हूँ"
"on this long path of a Samana, my thirst has remained as strong as ever"
"समानता के इस लम्बे पथ पर, मेरी प्यास पहले की भाँति प्रबल बनी हुई है"
"I always thirsted for knowledge"
"मुझे हमेशा ज्ञान की प्यास रही है"

"I have always been full of questions"
"मैं हमेशा सवालों से भरा रहा हूँ"
"I have asked the Brahmans, year after year"
"मैंने ब्राह्मणों से वर्षों से यही पूछा है"
"and I have asked the holy Vedas, year after year"
"और मैंने पवित्र वेदों से वर्ष दर वर्ष प्रश्न किया है"
"and I have asked the devoted Samanas, year after year"
"और मैंने प्रतिवर्ष समर्पित समानाओं से यह प्रश्न किया है"
"perhaps I could have learned it from the hornbill bird"
"शायद मैंने यह बात हॉर्नबिल पक्षी से सीखी होगी"
"perhaps I should have asked the chimpanzee"
"शायद मुझे चिम्पांजी से पूछना चाहिए था"
"It took me a long time"
"मुझे बहुत समय लगा"
"and I am not finished learning this yet"
"और मैंने अभी तक यह सीखना समाप्त नहीं किया है"
"oh Govinda, I have learned that there is nothing to be learned!"
"ओह गोविंदा, मैंने सीख लिया है कि सीखने को कुछ भी नहीं है!"
"There is indeed no such thing as learning"
"वास्तव में सीखने जैसी कोई चीज़ नहीं होती"
"There is just one knowledge"
"ज्ञान केवल एक ही है"
"this knowledge is everywhere, this is Atman"
"यह ज्ञान सर्वत्र है, यह आत्मा है"
"this knowledge is within me and within you"
"यह ज्ञान मेरे भीतर है और आपके भीतर है"
"and this knowledge is within every creature"
"और यह ज्ञान प्रत्येक प्राणी के भीतर है"

"this knowledge has no worse enemy than the desire to know it"
"इस ज्ञान का उसे जानने की इच्छा से अधिक बुरा कोई शत्रु नहीं है"
"that is what I believe"
"मैं यही मानता हूं"
At this, Govinda stopped on the path
इस पर गोविंदा रास्ते में ही रुक गए।
he rose his hands, and spoke
उसने अपने हाथ ऊपर उठाए और बोला
"If only you would not bother your friend with this kind of talk"
"काश तुम अपने दोस्त को इस तरह की बातें करके परेशान न करते"
"Truly, your words stir up fear in my heart"
"सचमुच, तुम्हारे शब्द मेरे दिल में डर पैदा कर देते हैं"
"consider, what would become of the sanctity of prayer?"
"विचार करें, प्रार्थना की पवित्रता का क्या होगा?"
"what would become of the venerability of the Brahmans' caste?"
"ब्राह्मण जाति की सम्माननीयता का क्या होगा?"
"what would happen to the holiness of the Samanas?
"सामनाओं की पवित्रता का क्या होगा?
"What would then become of all of that is holy"
"तब इन सबका क्या होगा जो पवित्र है"
"what would still be precious?"
"फिर भी क्या कीमती होगा?"
And Govinda mumbled a verse from an Upanishad to himself
और गोविंदा ने एक उपनिषद का श्लोक अपने आप में बुदबुदाया

"He who ponderingly, of a purified spirit, loses himself in the meditation of Atman"
"वह जो शुद्ध आत्मा वाला चिंतनशील होकर, आत्मा के ध्यान में अपने को खो देता है"
"inexpressible by words is the blissfulness of his heart"
"उसके हृदय का आनन्द शब्दों से अवर्णनीय है"
But Siddhartha remained silent
लेकिन सिद्धार्थ चुप रहे.
He thought about the words which Govinda had said to him
वह उन शब्दों के बारे में सोचने लगा जो गोविंदा ने उससे कहे थे
and he thought the words through to their end
और उसने शब्दों पर अंत तक सोचा
he thought about what would remain of all that which seemed holy
उसने सोचा कि जो कुछ पवित्र लगता है, उसमें से क्या बचेगा
What remains? What can stand the test?
क्या बचा है? क्या परीक्षण में टिक सकता है?
And he shook his head
और उसने अपना सिर हिलाया

the two young men had lived among the Samanas for about three years
दोनों युवक लगभग तीन वर्षों तक समाना लोगों के बीच रहे थे
some news, a rumour, a myth reached them
कुछ खबरें, एक अफ़वाह, एक मिथक उन तक पहुँच गया
the rumour had been retold many times
यह अफ़वाह कई बार दोहराई गई थी
A man had appeared, Gotama by name
एक आदमी प्रकट हुआ था, जिसका नाम गौतम था

the exalted one, the Buddha
सर्वोच्च व्यक्ति, बुद्ध
he had overcome the suffering of the world in himself
उसने संसार के दुखों पर स्वयं विजय पा ली थी
and he had halted the cycle of rebirths
और उन्होंने पुनर्जन्म के चक्र को रोक दिया था
He was said to wander through the land, teaching
कहा जाता है कि वह देश भर में घूमता था और शिक्षा देता था।
he was said to be surrounded by disciples
कहा जाता है कि वह शिष्यों से घिरा हुआ था
he was said to be without possession, home, or wife
कहा जाता है कि उसके पास न तो कोई संपत्ति है, न घर, न पत्नी
he was said to be in just the yellow cloak of an ascetic
कहा जाता है कि वह सिर्फ एक तपस्वी का पीला लबादा पहने हुए थे
but he was with a cheerful brow
लेकिन वह प्रसन्न था
and he was said to be a man of bliss
और कहा जाता है कि वह आनंद का आदमी था
Brahmans and princes bowed down before him
ब्राह्मण और राजकुमार उसके सामने झुके
and they became his students
और वे उनके छात्र बन गए
This myth, this rumour, this legend resounded
यह मिथक, यह अफवाह, यह किंवदंती गूंज उठी
its fragrance rose up, here and there, in the towns
इसकी खुशबू यहाँ वहाँ शहरों में फैल गई
the Brahmans spoke of this legend

ब्राह्मणों ने इस किंवदंती के बारे में बताया
and in the forest, the Samanas spoke of it
और जंगल में, समानाओं ने इसके बारे में बात की
again and again, the name of Gotama the Buddha reached the ears of the young men
बार-बार गौतम बुद्ध का नाम युवकों के कानों तक पहुंचा
there was good and bad talk of Gotama
गौतम के बारे में अच्छी और बुरी बातें होती थीं
some praised Gotama, others defamed him
कुछ लोगों ने गौतम की प्रशंसा की, अन्य ने उनकी निंदा की
It was as if the plague had broken out in a country
ऐसा लग रहा था जैसे देश में प्लेग फैल गया हो
news had been spreading around that in one or another place there was a man
चारों ओर खबर फैल रही थी कि एक या दूसरी जगह एक आदमी था
a wise man, a knowledgeable one
एक बुद्धिमान व्यक्ति, एक जानकार व्यक्ति
a man whose word and breath was enough to heal everyone
एक ऐसा व्यक्ति जिसका शब्द और साँस सभी को ठीक करने के लिए पर्याप्त था
his presence could heal anyone who had been infected with the pestilence
उनकी उपस्थिति महामारी से संक्रमित किसी भी व्यक्ति को ठीक कर सकती थी
such news went through the land, and everyone would talk about it
ऐसी खबर पूरे देश में फैल गई और हर कोई इसके बारे में बात करने लगा
many believed the rumours, many doubted them

कई लोगों ने अफवाहों पर विश्वास किया, कई लोगों ने उन पर संदेह किया
but many got on their way as soon as possible
लेकिन कई लोग जल्द से जल्द अपने रास्ते पर निकल गए
they went to seek the wise man, the helper
वे बुद्धिमान व्यक्ति, सहायक की तलाश में गए
the wise man of the family of Sakya
शाक्य परिवार का बुद्धिमान व्यक्ति
He possessed, so the believers said, the highest enlightenment
विश्वासियों का कहना है कि उनके पास सर्वोच्च ज्ञान था।
he remembered his previous lives; he had reached the nirvana
उसे अपने पिछले जन्म याद आ गए थे; वह निर्वाण तक पहुँच चुका था
and he never returned into the cycle
और वह कभी भी उस चक्र में वापस नहीं आया
he was never again submerged in the murky river of physical forms
वह फिर कभी भौतिक रूपों की गंदी नदी में नहीं डूबा
Many wonderful and unbelievable things were reported of him
उसके बारे में कई अद्भुत और अविश्वसनीय बातें बताई गईं
he had performed miracles
उसने चमत्कार किये थे
he had overcome the devil
उसने शैतान पर विजय पा ली थी
he had spoken to the gods
उसने देवताओं से बात की थी
But his enemies and disbelievers said Gotama was a vain seducer

लेकिन उनके शत्रुओं और अविश्वासियों ने कहा कि गौतम एक व्यर्थ प्रलोभक था
they said he spent his days in luxury
उन्होंने कहा कि उन्होंने अपने दिन विलासिता में बिताए
they said he scorned the offerings
उन्होंने कहा कि उसने प्रसाद का तिरस्कार किया
they said he was without learning
उन्होंने कहा कि वह बिना सीखे था
they said he knew neither meditative exercises nor self-castigation
उन्होंने कहा कि वह न तो ध्यान संबंधी अभ्यास जानता था और न ही आत्म-दंड देना जानता था
The myth of Buddha sounded sweet
बुद्ध का मिथक मधुर लगता था
The scent of magic flowed from these reports
इन खबरों से जादू की खुशबू बहती थी
After all, the world was sick, and life was hard to bear
आखिरकार, दुनिया बीमार थी, और जीवन कठिन था
and behold, here a source of relief seemed to spring forth
और देखो, यहाँ राहत का एक स्रोत फूटता हुआ प्रतीत हुआ
here a messenger seemed to call out
यहाँ एक संदेशवाहक पुकारता हुआ प्रतीत हुआ
comforting, mild, full of noble promises
सांत्वनादायक, सौम्य, महान वादों से भरा हुआ
Everywhere where the rumour of Buddha was heard, the young men listened up
जहाँ कहीं भी बुद्ध की अफवाह फैली, वहाँ युवा लोग ध्यानपूर्वक सुनने लगे।
everywhere in the lands of India they felt a longing
भारत की धरती पर हर जगह उन्हें एक लालसा महसूस हुई
everywhere where the people searched, they felt hope

जहाँ भी लोगों ने खोजा, उन्हें आशा महसूस हुई
every pilgrim and stranger was welcome when he brought news of him
जब वह अपने बारे में समाचार लेकर आता था तो हर तीर्थयात्री और अजनबी का स्वागत किया जाता था
the exalted one, the Sakyamuni
महानतम, शाक्यमुनि
The myth had also reached the Samanas in the forest
यह मिथक जंगल में रहने वाले समानाओं तक भी पहुंच गया था।
and Siddhartha and Govinda heard the myth too
और सिद्धार्थ और गोविंदा ने भी यह मिथक सुना
slowly, drop by drop, they heard the myth
धीरे-धीरे, बूंद-बूंद करके, उन्होंने मिथक सुना
every drop was laden with hope
हर बूंद उम्मीद से भरी थी
every drop was laden with doubt
हर बूंद संदेह से भरी थी
They rarely talked about it
वे शायद ही कभी इसके बारे में बात करते थे
because the oldest one of the Samanas did not like this myth
क्योंकि सबसे पुराने समाना को यह मिथक पसंद नहीं था
he had heard that this alleged Buddha used to be an ascetic
उसने सुना था कि यह कथित बुद्ध एक तपस्वी हुआ करता था
he heard he had lived in the forest
उसने सुना था कि वह जंगल में रहता था
but he had turned back to luxury and worldly pleasures
लेकिन वह फिर से विलासिता और सांसारिक सुखों की ओर मुड़ गया था
and he had no high opinion of this Gotama

और गौतम के बारे में उनकी कोई अच्छी राय नहीं थी

"Oh Siddhartha," Govinda spoke one day to his friend
"ओह सिद्धार्थ," गोविंदा ने एक दिन अपने दोस्त से कहा
"Today, I was in the village"
"आज मैं गाँव में था"
"and a Brahman invited me into his house"
"और एक ब्राह्मण ने मुझे अपने घर आमंत्रित किया"
"and in his house, there was the son of a Brahman from Magadha"
"और उसके घर में मगध का एक ब्राह्मण पुत्र था"
"he has seen the Buddha with his own eyes"
"उसने बुद्ध को अपनी आँखों से देखा है"
"and he has heard him teach"
"और उसने उसे शिक्षा देते हुए सुना है"
"Verily, this made my chest ache when I breathed"
"सचमुच, इससे सांस लेते समय मेरी छाती में दर्द होने लगा"
"and I thought this to myself:"
"और मैंने मन ही मन यह सोचा:"
"if only we heard the teachings from the mouth of this perfected man!"
"काश, हम इस सिद्ध पुरुष के मुख से शिक्षाएं सुन पाते!"
"Speak, friend, wouldn't we want to go there too"
"बोलो दोस्त, क्या हम भी वहाँ नहीं जाना चाहेंगे"
"wouldn't it be good to listen to the teachings from the Buddha's mouth?"
"क्या बुद्ध के मुख से शिक्षा सुनना अच्छा नहीं होगा?"
Spoke Siddhartha, "I had thought you would stay with the Samanas"
सिद्धार्थ बोला, "मैंने सोचा था कि तुम समानाओं के साथ रहोगी।"

"I always had believed your goal was to live to be seventy"
"मैंने हमेशा यह माना था कि आपका लक्ष्य सत्तर साल तक जीना है"
"I thought you would keep practising those feats and exercises"
"मैंने सोचा था कि आप उन करतबों और व्यायामों का अभ्यास करते रहेंगे"
"and I thought you would become a Samana"
"और मैंने सोचा था कि तुम समाना बन जाओगे"
"But behold, I had not known Govinda well enough"
"लेकिन देखो, मैं गोविंदा को अच्छी तरह से नहीं जानता था"
"I knew little of his heart"
"मुझे उसके दिल के बारे में बहुत कम पता था"
"So now you want to take a new path"
"तो अब आप एक नया रास्ता अपनाना चाहते हैं"
"and you want to go there where the Buddha spreads his teachings"
"और आप वहाँ जाना चाहते हैं जहाँ बुद्ध अपनी शिक्षाओं का प्रसार करते हैं"
Spoke Govinda, "You're mocking me"
गोविंदा बोले, "तुम मेरा मजाक उड़ा रहे हो"
"Mock me if you like, Siddhartha!"
"अगर तुम चाहो तो मेरा मजाक उड़ाओ, सिद्धार्थ!"
"But have you not also developed a desire to hear these teachings?"
"परन्तु क्या तुम्हारे मन में भी इन शिक्षाओं को सुनने की इच्छा उत्पन्न नहीं हुई?"
"have you not said you would not walk the path of the Samanas for much longer?"
"क्या आपने यह नहीं कहा था कि आप अधिक समय तक समाना के मार्ग पर नहीं चलेंगे?"

At this, Siddhartha laughed in his very own manner
इस पर सिद्धार्थ अपने ही अंदाज में हंस पड़े।
the manner in which his voice assumed a touch of sadness
जिस तरह से उसकी आवाज़ में उदासी का भाव था
but it still had that touch of mockery
लेकिन इसमें अभी भी मजाक का स्पर्श था
Spoke Siddhartha, "Govinda, you've spoken well"
सिद्धार्थ बोला, "गोविंदा, तुमने ठीक कहा"
"you've remembered correctly what I said"
"आपने सही याद किया है कि मैंने क्या कहा था"
"If only you remembered the other thing you've heard from me"
"काश तुम्हें वह दूसरी बात याद होती जो तुमने मुझसे सुनी थी"
"I have grown distrustful and tired against teachings and learning"
"मैं शिक्षाओं और ज्ञान के प्रति अविश्वासी और थक गया हूँ"
"my faith in words, which are brought to us by teachers, is small"
"शिक्षकों द्वारा हमें दिए गए शब्दों पर मेरा विश्वास बहुत कम है"
"But let's do it, my dear"
"लेकिन चलो यह करते हैं, मेरे प्रिय"
"I am willing to listen to these teachings"
"मैं इन शिक्षाओं को सुनने के लिए तैयार हूं"
"though in my heart I do not have hope"
"यद्यपि मेरे हृदय में आशा नहीं है"
"I believe that we've already tasted the best fruit of these teachings"
"मेरा मानना है कि हम इन शिक्षाओं का सर्वोत्तम फल पहले ही चख चुके हैं"

Spoke Govinda, "Your willingness delights my heart"
गोविंदा बोले, "आपकी इच्छा मेरे हृदय को प्रसन्न करती है"
"But tell me, how should this be possible?"
"लेकिन मुझे बताओ, यह कैसे संभव होगा?"
"How can the Gotama's teachings have already revealed their best fruit to us?"
"गोतम की शिक्षाओं ने अपना सर्वोत्तम फल हमें पहले ही कैसे दे दिया है?"
"we have not heard his words yet"
"हमने अभी तक उनके शब्द नहीं सुने हैं"
Spoke Siddhartha, "Let us eat this fruit"
सिद्धार्थ बोले, "चलो हम यह फल खाते हैं"
"and let us wait for the rest, oh Govinda!"
"और बाकी का इंतज़ार करो, हे गोविंदा!"
"But this fruit consists in him calling us away from the Samanas"
"लेकिन इसका फल यह है कि वह हमें समानाओं से दूर बुलाता है"
"and we have already received it thanks to the Gotama!"
"और गौतम के सौजन्य से हम इसे पहले ही प्राप्त कर चुके हैं!"
"Whether he has more, let us await with calm hearts"
"चाहे उसके पास और कुछ हो, हमें शांत मन से प्रतीक्षा करनी चाहिए"

On this very same day Siddhartha spoke to the oldest Samana
इसी दिन सिद्धार्थ ने सबसे बड़े समाना से बात की
he told him of his decision to leaves the Samanas
उन्होंने उसे समाना छोड़ने के अपने फैसले के बारे में बताया
he informed the oldest one with courtesy and modesty

उन्होंने विनम्रता और विनम्रता के साथ सबसे बुजुर्ग को सूचित किया

but the Samana became angry that the two young men wanted to leave him

लेकिन समाना को गुस्सा आ गया कि दोनों युवक उसे छोड़ना चाहते थे

and he talked loudly and used crude words

और वह ऊंची आवाज में बात करता था और अभद्र शब्दों का प्रयोग करता था

Govinda was startled and became embarrassed

गोविंदा चौंक गए और शर्मिंदा हो गए

But Siddhartha put his mouth close to Govinda's ear

लेकिन सिद्धार्थ ने अपना मुंह गोविंदा के कान के पास ले गया

"Now, I want to show the old man what I've learned from him"

"अब मैं उस बूढ़े आदमी को दिखाना चाहता हूँ कि मैंने उससे क्या सीखा है"

Siddhartha positioned himself closely in front of the Samana

सिद्धार्थ ने स्वयं को समाना के सामने खड़ा कर लिया।

with a concentrated soul, he captured the old man's glance

एकाग्र मन से उसने बूढ़े आदमी की नज़र पर कब्ज़ा कर लिया

he deprived him of his power and made him mute

उसने उसे उसकी शक्ति से वंचित कर दिया और उसे गूंगा बना दिया

he took away his free will

उसने उसकी स्वतंत्र इच्छा छीन ली

he subdued him under his own will, and commanded him

उसने उसे अपनी इच्छा के अधीन कर लिया, और उसे आज्ञा दी

his eyes became motionless, and his will was paralysed
उसकी आँखें गतिहीन हो गईं, और उसकी इच्छाशक्ति लकवाग्रस्त हो गई

his arms were hanging down without power
उसकी भुजाएँ बिना शक्ति के लटक रही थीं

he had fallen victim to Siddhartha's spell
वह सिद्धार्थ के जादू का शिकार हो गया था

Siddhartha's thoughts brought the Samana under their control
सिद्धार्थ के विचारों ने समाना को अपने नियंत्रण में ले लिया

he had to carry out what they commanded
उन्हें जो आदेश दिया गया था उसे पूरा करना था

And thus, the old man made several bows
और इस प्रकार, बूढ़े आदमी ने कई बार प्रणाम किया

he performed gestures of blessing
उन्होंने आशीर्वाद देने के संकेत दिए

he spoke stammeringly a godly wish for a good journey
उन्होंने हकलाते हुए एक अच्छी यात्रा के लिए ईश्वरीय कामना की

the young men returned the good wishes with thanks
युवकों ने शुभकामनाओं के साथ धन्यवाद दिया

they went on their way with salutations
वे अभिवादन करते हुए अपने रास्ते पर चले गए

On the way, Govinda spoke again
रास्ते में गोविंदा फिर बोले

"Oh Siddhartha, you have learned more from the Samanas than I knew"

"ओह सिद्धार्थ, तुमने समानाओं से मुझसे कहीं अधिक सीखा है"
"It is very hard to cast a spell on an old Samana"
"बूढ़े समाना पर जादू करना बहुत कठिन है"
"Truly, if you had stayed there, you would soon have learned to walk on water"
"सचमुच, अगर तुम वहाँ रहते तो जल्द ही पानी पर चलना सीख जाते"
"I do not seek to walk on water" said Siddhartha
सिद्धार्थ ने कहा, "मैं पानी पर चलना नहीं चाहता"
"Let old Samanas be content with such feats!"
"बूढ़े समानाओं को ऐसे कारनामों से संतुष्ट रहना चाहिए!"

Gotama
गौतम

In Savathi, every child knew the name of the exalted Buddha
सावती में, हर बच्चा महान बुद्ध का नाम जानता था
every house was prepared for his coming
हर घर उसके आने के लिए तैयार था
each house filled the alms-dishes of Gotama's disciples
प्रत्येक घर गौतम के शिष्यों के भिक्षापात्रों से भर गया
Gotama's disciples were the silently begging ones
गौतम के शिष्य चुपचाप भीख मांगने वाले थे
Near the town was Gotama's favourite place to stay
शहर के पास ही गौतम का रहने का पसंदीदा स्थान था
he stayed in the garden of Jetavana
वह जेतवन के बगीचे में रहे
the rich merchant Anathapindika had given the garden to Gotama
धनी व्यापारी अनाथपिंडिका ने यह उद्यान गौतम को दे दिया था
he had given it to him as a gift
उसने उसे उपहार के रूप में दिया था
he was an obedient worshipper of the exalted one
वह परमप्रधान का आज्ञाकारी उपासक था
the two young ascetics had received tales and answers
दोनों युवा तपस्वियों को कहानियाँ और उत्तर मिले थे
all these tales and answers pointed them to Gotama's abode
इन सभी कहानियों और उत्तरों ने उन्हें गौतम के निवास की ओर इशारा किया
they arrived in the town of Savathi
वे सावती शहर में पहुंचे

they went to the very first door of the town
वे शहर के पहले दरवाजे पर गए
and they begged for food at the door
और वे दरवाजे पर भोजन की भीख मांगते थे
a woman offered them food
एक महिला ने उन्हें भोजन दिया
and they accepted the food
और उन्होंने भोजन स्वीकार कर लिया
Siddhartha asked the woman
सिद्धार्थ ने महिला से पूछा
"oh charitable one, where does the Buddha dwell?"
"हे दानशील, बुद्ध कहाँ रहते हैं?"
"we are two Samanas from the forest"
"हम जंगल से आये दो समाना हैं"
"we have come to see the perfected one"
"हम सिद्ध को देखने आये हैं"
"we have come to hear the teachings from his mouth"
"हम उसके मुख से शिक्षा सुनने आये हैं"
Spoke the woman, "you Samanas from the forest"
महिला बोली, "तुम जंगल से आए समाना हो"
"you have truly come to the right place"
"आप सचमुच सही जगह पर आये हैं"
"you should know, in Jetavana, there is the garden of Anathapindika"
"तुम्हें पता होना चाहिए, जेतवन में अनाथपिंडिका उद्यान है"
"that is where the exalted one dwells"
"वही वह स्थान है जहाँ महान् व्यक्ति निवास करता है"
"there you pilgrims shall spend the night"
"वहां आप तीर्थयात्री रात बिताएंगे"
"there is enough space for the innumerable, who flock here"

"यहां असंख्य लोगों के लिए पर्याप्त जगह है, जो यहां आते हैं"
"they too come to hear the teachings from his mouth"
"वे भी उसके मुख से शिक्षा सुनने आते हैं"
This made Govinda happy, and full of joy
इससे गोविंदा खुश और आनंद से भर गए
he exclaimed, "we have reached our destination"
उन्होंने कहा, "हम अपने गंतव्य तक पहुंच गए हैं"
"our path has come to an end!"
"हमारा रास्ता समाप्त हो गया है!"
"But tell us, oh mother of the pilgrims"
"लेकिन हमें बताओ, हे तीर्थयात्रियों की माँ"
"do you know him, the Buddha?"
"क्या आप उन्हें, बुद्ध को जानते हैं?"
"have you seen him with your own eyes?"
"क्या तुमने उसे अपनी आँखों से देखा है?"
Spoke the woman, "Many times I have seen him, the exalted one"
स्त्री बोली, "मैंने उस महान् पुरुष को कई बार देखा है।"
"On many days I have seen him"
"कई दिनों से मैं उसे देख रहा हूँ"
"I have seen him walking through the alleys in silence"
"मैंने उसे गलियों में चुपचाप चलते देखा है"
"I have seen him wearing his yellow cloak"
"मैंने उसे पीला लबादा पहने देखा है"
"I have seen him presenting his alms-dish in silence"
"मैंने उसे चुपचाप अपना भिक्षापात्र प्रस्तुत करते देखा है"
"I have seen him at the doors of the houses"
"मैंने उसे घरों के दरवाज़ों पर देखा है"
"and I have seen him leaving with a filled dish"
"और मैंने उसे एक भरी हुई थाली लेकर जाते हुए देखा है"

Delightedly, Govinda listened to the woman
गोविंदा ने प्रसन्नतापूर्वक उस महिला की बात सुनी।
and he wanted to ask and hear much more
और वह और भी बहुत कुछ पूछना और सुनना चाहता था
But Siddhartha urged him to walk on
लेकिन सिद्धार्थ ने उनसे आगे चलने का आग्रह किया
They thanked the woman and left
उन्होंने महिला को धन्यवाद दिया और चले गए
they hardly had to ask for directions
उन्हें शायद ही कभी रास्ता पूछना पड़ता था
many pilgrims and monks were on their way to the Jetavana
कई तीर्थयात्री और भिक्षु जेतवन की ओर जा रहे थे
they reached it at night, so there were constant arrivals
वे रात में वहां पहुंचे, इसलिए वहां लगातार आगमन होता रहा
and those who sought shelter got it
और जिन्होंने शरण मांगी उन्हें मिल गई
The two Samanas were accustomed to life in the forest
दोनों समाना वन में जीवन जीने के आदी थे
so without making any noise they quickly found a place to stay
इसलिए बिना कोई शोर मचाए उन्होंने जल्दी से रहने की जगह ढूंढ ली
and they rested there until the morning
और वे सुबह तक वहीं विश्राम करते रहे

At sunrise, they saw with astonishment the size of the crowd
सूर्योदय के समय, उन्होंने भीड़ का आकार देखकर आश्चर्य व्यक्त किया
a great many number of believers had come
बहुत बड़ी संख्या में विश्वासी आये थे

and a great number of curious people had spent the night here
और बड़ी संख्या में जिज्ञासु लोगों ने यहां रात बिताई थी
On all paths of the marvellous garden, monks walked in yellow robes
अद्भुत उद्यान के सभी रास्तों पर भिक्षु पीले वस्त्र पहने चलते थे
under the trees they sat here and there, in deep contemplation
वे यहां-वहां पेड़ों के नीचे बैठकर गहन चिंतन में लीन थे
or they were in a conversation about spiritual matters
या वे आध्यात्मिक मामलों पर बातचीत कर रहे थे
the shady gardens looked like a city
छायादार बगीचे किसी शहर जैसे लग रहे थे
a city full of people, bustling like bees
लोगों से भरा शहर, मधुमक्खियों की तरह चहल-पहल भरा
The majority of the monks went out with their alms-dish
अधिकांश भिक्षु अपना भिक्षापात्र लेकर बाहर चले गए
they went out to collect food for their lunch
वे अपने दोपहर के भोजन के लिए भोजन इकट्ठा करने के लिए बाहर गए
this would be their only meal of the day
यह उनका दिन का एकमात्र भोजन होगा
The Buddha himself, the enlightened one, also begged in the mornings
स्वयं बुद्ध, जो आत्मज्ञानी थे, भी प्रातःकाल भिक्षा मांगते थे।
Siddhartha saw him, and he instantly recognised him
सिद्धार्थ ने उसे देखा और तुरन्त पहचान लिया।
he recognised him as if a God had pointed him out
उसने उसे ऐसे पहचाना जैसे किसी भगवान ने उसे इशारा किया हो

He saw him, a simple man in a yellow robe
उसने उसे देखा, पीले वस्त्र पहने एक साधारण आदमी
he was bearing the alms-dish in his hand, walking silently
वह हाथ में भिक्षापात्र लिये चुपचाप चल रहा था
"Look here!" Siddhartha said quietly to Govinda
"यह देखो!" सिद्धार्थ ने गोविंदा से धीरे से कहा
"This one is the Buddha"
"यह बुद्ध है"
Attentively, Govinda looked at the monk in the yellow robe
गोविंदा ने ध्यानपूर्वक पीले वस्त्र वाले साधु की ओर देखा।
this monk seemed to be in no way different from any of the others
यह भिक्षु किसी भी तरह से अन्य लोगों से अलग नहीं लग रहा था
but soon, Govinda also realized that this is the one
लेकिन जल्द ही गोविंदा को भी एहसास हो गया कि यही वो शख्स है
And they followed him and observed him
और वे उसके पीछे चले और उसे देखते रहे
The Buddha went on his way, modestly and deep in his thoughts
बुद्ध विनम्रतापूर्वक और गहरे विचारों में डूबे हुए अपने मार्ग पर चले गए।
his calm face was neither happy nor sad
उसका शांत चेहरा न तो खुश था और न ही उदास
his face seemed to smile quietly and inwardly
उसका चेहरा चुपचाप और अंदर से मुस्कुराता हुआ लग रहा था
his smile was hidden, quiet and calm
उसकी मुस्कान छुपी हुई, शांत और स्थिर थी

the way the Buddha walked somewhat resembled a healthy child
बुद्ध की चाल कुछ-कुछ एक स्वस्थ बच्चे जैसी थी
he walked just as all of his monks did
वह वैसे ही चलता था जैसे उसके सभी भिक्षु चलते थे
he placed his feet according to a precise rule
उसने अपने पैर एक निश्चित नियम के अनुसार रखे
his face and his walk, his quietly lowered glance
उसका चेहरा और उसकी चाल, उसकी चुपचाप झुकी हुई नज़र
his quietly dangling hand, every finger of it
उसका चुपचाप झूलता हुआ हाथ, उसकी हर उंगली
all these things expressed peace
ये सभी बातें शांति व्यक्त करती हैं
all these things expressed perfection
ये सभी चीज़ें पूर्णता को व्यक्त करती हैं
he did not search, nor did he imitate
उसने न तो खोज की, न ही उसने नकल की
he softly breathed inwardly an unwhithering calm
उसने धीरे से अंदर एक अविचल शांति की सांस ली
he shone outwardly an unwhithering light
वह बाहर से एक अमिट रोशनी चमकाता था
he had about him an untouchable peace
उसके आस-पास एक अछूती शांति थी
the two Samanas recognised him solely by the perfection of his calm
दोनों समानाओं ने उसे केवल उसकी शांति की पूर्णता से ही पहचान लिया
they recognized him by the quietness of his appearance
उन्होंने उसकी शान्त उपस्थिति से उसे पहचान लिया
the quietness in his appearance in which there was no searching

उसके रूप में शांति थी जिसमें कोई खोज नहीं थी
there was no desire, nor imitation
न कोई इच्छा थी, न ही नकल
there was no effort to be seen
दिखने का कोई प्रयास नहीं किया गया
only light and peace was to be seen in his appearance
उसके स्वरूप में केवल प्रकाश और शांति ही दिखाई दे रही थी
"Today, we'll hear the teachings from his mouth" said Govinda
गोविंदा ने कहा, "आज हम उनके मुख से शिक्षा सुनेंगे।"
Siddhartha did not answer
सिद्धार्थ ने कोई उत्तर नहीं दिया
He felt little curiosity for the teachings
उन्हें शिक्षाओं के प्रति बहुत कम जिज्ञासा थी
he did not believe that they would teach him anything new
उसे विश्वास नहीं था कि वे उसे कुछ नया सिखाएंगे
he had heard the contents of this Buddha's teachings again and again
उसने बुद्ध की शिक्षाओं के सार को बार-बार सुना था
but these reports only represented second hand information
लेकिन ये रिपोर्टें केवल दूसरे हाथ की जानकारी का प्रतिनिधित्व करती हैं
But attentively he looked at Gotama's head
लेकिन उसने ध्यानपूर्वक गौतम के सिर की ओर देखा
his shoulders, his feet, his quietly dangling hand
उसके कंधे, उसके पैर, उसका चुपचाप लटकता हुआ हाथ
it was as if every finger of this hand was of these teachings
ऐसा लग रहा था मानो इस हाथ की हर उंगली इन शिक्षाओं की हो
his fingers spoke of truth
उसकी उंगलियाँ सच बोल रही थीं

his fingers breathed and exhaled the fragrance of truth
उसकी उँगलियाँ साँस लेती थीं और सत्य की सुगंध छोड़ती थीं
his fingers glistened with truth
उसकी उंगलियाँ सच्चाई से चमक उठीं
this Buddha was truthful down to the gesture of his last finger
यह बुद्ध अपनी आखिरी उंगली के इशारे तक सच्चे थे
Siddhartha could see that this man was holy
सिद्धार्थ देख सकते थे कि यह आदमी पवित्र था
Never before, Siddhartha had venerated a person so much
इससे पहले सिद्धार्थ ने कभी किसी व्यक्ति का इतना सम्मान नहीं किया था
he had never before loved a person as much as this one
उसने पहले कभी किसी व्यक्ति से इतना प्यार नहीं किया था जितना इस व्यक्ति से
They both followed the Buddha until they reached the town
वे दोनों बुद्ध के पीछे तब तक चले जब तक वे शहर नहीं पहुंच गए।
and then they returned to their silence
और फिर वे चुप हो गए
they themselves intended to abstain on this day
वे स्वयं इस दिन से दूर रहने का इरादा रखते थे
They saw Gotama returning the food that had been given to him
उन्होंने देखा कि गौतम उन्हें दिया गया भोजन वापस कर रहे हैं।
what he ate could not even have satisfied a bird's appetite
उसने जो खाया उससे किसी पक्षी की भी भूख नहीं मिट सकती थी
and they saw him retiring into the shade of the mango-trees

और उन्होंने उसे आम के पेड़ों की छाया में जाते देखा

in the evening the heat had cooled down
शाम को गर्मी कम हो गई थी
everyone in the camp started to bustle about and gathered around
शिविर में सभी लोग चहल-पहल करने लगे और चारों ओर इकट्ठा हो गए
they heard the Buddha teaching, and his voice
उन्होंने बुद्ध की शिक्षा सुनी, और उनकी आवाज
and his voice was also perfected
और उसकी आवाज़ भी परिपूर्ण हो गई
his voice was of perfect calmness
उसकी आवाज़ एकदम शांत थी
his voice was full of peace
उसकी आवाज़ शांति से भरी थी
Gotama taught the teachings of suffering
गौतम ने दुख सहने की शिक्षा दी
he taught of the origin of suffering
उन्होंने दुख की उत्पत्ति के बारे में सिखाया
he taught of the way to relieve suffering
उन्होंने दुख से मुक्ति का मार्ग बताया
Calmly and clearly his quiet speech flowed on
शांतिपूर्वक और स्पष्ट रूप से उनका शांत भाषण जारी रहा
Suffering was life, and full of suffering was the world
दुख ही जीवन है और दुख से भरी है यह दुनिया
but salvation from suffering had been found
लेकिन दुख से मुक्ति मिल गई थी
salvation was obtained by him who would walk the path of the Buddha
मोक्ष उसे प्राप्त होता है जो बुद्ध के मार्ग पर चलता है

With a soft, yet firm voice the exalted one spoke
मृदु किन्तु दृढ़ स्वर में उस महान् पुरुष ने कहा
he taught the four main doctrines
उन्होंने चार मुख्य सिद्धांत सिखाए
he taught the eight-fold path
उन्होंने अष्टांगिक मार्ग की शिक्षा दी
patiently he went the usual path of the teachings
धैर्यपूर्वक वह शिक्षाओं के सामान्य मार्ग पर चला
his teachings contained the examples
उनकी शिक्षाओं में ये उदाहरण शामिल थे
his teaching made use of the repetitions
उनके शिक्षण में दोहराव का उपयोग किया गया
brightly and quietly his voice hovered over the listeners
चमकीली और शांत आवाज़ में उनकी आवाज़ श्रोताओं के ऊपर मँडरा रही थी
his voice was like a light
उसकी आवाज़ रोशनी की तरह थी
his voice was like a starry sky
उसकी आवाज़ तारों भरे आसमान की तरह थी
When the Buddha ended his speech, many pilgrims stepped forward
जब बुद्ध ने अपना भाषण समाप्त किया तो कई तीर्थयात्री आगे बढ़े
they asked to be accepted into the community
उन्होंने समुदाय में स्वीकार किए जाने की मांग की
they sought refuge in the teachings
उन्होंने शिक्षाओं में शरण ली
And Gotama accepted them by speaking
और गौतम ने यह कहकर उन्हें स्वीकार कर लिया
"You have heard the teachings well"
"तुमने शिक्षाएं अच्छी तरह सुनी हैं"

"join us and walk in holiness"
"हमारे साथ जुड़ें और पवित्रता में चलें"
"put an end to all suffering"
"सभी दुखों का अंत करो"
Behold, then Govinda, the shy one, also stepped forward and spoke
तभी शर्मीले गोविंद भी आगे बढ़े और बोले
"I also take my refuge in the exalted one and his teachings"
"मैं भी उस महान् पुरुष और उसकी शिक्षाओं की शरण लेता हूँ"
and he asked to be accepted into the community of his disciples
और उसने अपने शिष्यों के समुदाय में स्वीकार किए जाने के लिए कहा
and he was accepted into the community of Gotama's disciples
और उन्हें गौतम के शिष्यों के समुदाय में स्वीकार कर लिया गया

the Buddha had retired for the night
बुद्ध रात्रि विश्राम के लिए चले गए थे
Govinda turned to Siddhartha and spoke eagerly
गोविंदा सिद्धार्थ की ओर मुड़े और उत्सुकता से बोले
"Siddhartha, it is not my place to scold you"
"सिद्धार्थ, तुम्हें डांटना मेरा काम नहीं है"
"We have both heard the exalted one"
"हम दोनों ने महान् को सुना है"
"we have both perceived the teachings"
"हम दोनों ने शिक्षाओं को समझा है"
"Govinda has heard the teachings"
"गोविंदा ने शिक्षा सुनी है"

"he has taken refuge in the teachings"
"उसने शिक्षाओं की शरण ली है"
"But, my honoured friend, I must ask you"
"लेकिन, मेरे आदरणीय मित्र, मुझे आपसे पूछना होगा"
"don't you also want to walk the path of salvation?"
"क्या तुम भी मोक्ष के मार्ग पर चलना नहीं चाहते?"
"Would you want to hesitate?"
"क्या आप संकोच करना चाहेंगे?"
"do you want to wait any longer?"
"क्या आप अब और इंतजार करना चाहते हैं?"
Siddhartha awakened as if he had been asleep
सिद्धार्थ ऐसे जागा जैसे वह सो रहा था
For a long time, he looked into Govinda's face
वह बहुत देर तक गोविंदा के चेहरे को देखता रहा।
Then he spoke quietly, in a voice without mockery
फिर वह चुपचाप बोला, बिना किसी उपहास के आवाज में
"Govinda, my friend, now you have taken this step"
"गोविंदा, मेरे दोस्त, अब तुमने यह कदम उठा लिया है"
"now you have chosen this path"
"अब आपने यह रास्ता चुन लिया है"
"Always, oh Govinda, you've been my friend"
"हे गोविंदा, तुम सदैव मेरे मित्र रहे हो"
"you've always walked one step behind me"
"तुम हमेशा मुझसे एक कदम पीछे चलते रहे हो"
"Often I have thought about you"
"अक्सर मैंने तुम्हारे बारे में सोचा है"
"'Won't Govinda for once also take a step by himself'"
'क्या गोविंदा एक बार भी खुद से एक कदम नहीं उठाएंगे?'
"'won't Govinda take a step without me?'"
"क्या गोविंदा मेरे बिना एक कदम भी नहीं चलेंगे?"
"'won't he take a step driven by his own soul?'"

"क्या वह अपनी आत्मा से प्रेरित होकर कोई कदम नहीं उठाएगा?"
"Behold, now you've turned into a man"
"देखो, अब तुम एक आदमी में बदल गए हो"
"you are choosing your path for yourself"
"आप अपना रास्ता स्वयं चुन रहे हैं"
"I wish that you would go it up to its end"
"मैं चाहता हूं कि आप इसे अंत तक ले जाएं"
"oh my friend, I hope that you shall find salvation!"
"ओह मेरे दोस्त, मुझे आशा है कि तुम्हें मोक्ष मिलेगा!"
Govinda, did not completely understand it yet
गोविंदा, अभी तक पूरी तरह से समझ नहीं आया
he repeated his question in an impatient tone
उसने अधीर स्वर में अपना प्रश्न दोहराया
"Speak up, I beg you, my dear!"
"बोलो, मैं तुमसे विनती करता हूँ, मेरे प्रिय!"
"Tell me, since it could not be any other way"
"मुझे बताओ, क्योंकि यह किसी और तरह से नहीं हो सकता"
"won't you also take your refuge with the exalted Buddha?"
"क्या तुम भी महान बुद्ध की शरण नहीं लोगे?"
Siddhartha placed his hand on Govinda's shoulder
सिद्धार्थ ने गोविंदा के कंधे पर हाथ रखा
"You failed to hear my good wish for you"
"आप मेरी शुभकामनाएँ सुनने में असफल रहे"
"I'm repeating my wish for you"
"मैं तुम्हारे लिए अपनी इच्छा दोहरा रहा हूँ"
"I wish that you would go this path"
"मैं चाहता हूं कि आप इस रास्ते पर चलें"
"I wish that you would go up to this path's end"
"मैं चाहता हूँ कि आप इस रास्ते के अंत तक जाएँ"
"I wish that you shall find salvation!"

"मैं कामना करता हूँ कि तुम्हें मोक्ष मिले!"
In this moment, Govinda realized that his friend had left him
इस क्षण गोविंदा को एहसास हुआ कि उसका दोस्त उसे छोड़कर चला गया है।
when he realized this he started to weep
जब उसे यह एहसास हुआ तो वह रोने लगा
"Siddhartha!" he exclaimed lamentingly
"सिद्धार्थ!" उन्होंने विलाप करते हुए कहा
Siddhartha kindly spoke to him
सिद्धार्थ ने उनसे विनम्रतापूर्वक बात की
"don't forget, Govinda, who you are"
"मत भूलो गोविंदा, तुम कौन हो"
"you are now one of the Samanas of the Buddha"
"अब आप बुद्ध के समानों में से एक हैं"
"You have renounced your home and your parents"
"तुमने अपना घर और अपने माता-पिता का त्याग कर दिया है"
"you have renounced your birth and possessions"
"तुमने अपना जन्म और सम्पत्ति त्याग दी है"
"you have renounced your free will"
"आपने अपनी स्वतंत्र इच्छा का त्याग कर दिया है"
"you have renounced all friendship"
"तुमने सारी मित्रता त्याग दी है"
"This is what the teachings require"
"शिक्षाओं की यही अपेक्षा है"
"this is what the exalted one wants"
"यही तो महान व्यक्ति चाहता है"
"This is what you wanted for yourself"
"यही तो आप अपने लिए चाहते थे"
"Tomorrow, oh Govinda, I will leave you"

"कल, हे गोविंदा, मैं तुम्हें छोड़ दूंगी"
For a long time, the friends continued walking in the garden
बहुत देर तक दोस्त बगीचे में टहलते रहे।
for a long time, they lay there and found no sleep
वे बहुत देर तक वहीं लेटे रहे और उन्हें नींद नहीं आई
And over and over again, Govinda urged his friend
और गोविंदा ने बार-बार अपने मित्र से आग्रह किया
"why would you not want to seek refuge in Gotama's teachings?"
"आप गौतम की शिक्षाओं में शरण क्यों नहीं लेना चाहते?"
"what fault could you find in these teachings?"
"इन शिक्षाओं में आपको क्या दोष मिला?"
But Siddhartha turned away from his friend
लेकिन सिद्धार्थ अपने मित्र से दूर हो गया
every time he said, "Be content, Govinda!"
हर बार वे कहते थे, "संतुष्ट रहो गोविंदा!"
"Very good are the teachings of the exalted one"
"परमेश्वर की शिक्षाएँ बहुत अच्छी हैं"
"how could I find a fault in his teachings?"
"मैं उनकी शिक्षाओं में गलती कैसे ढूंढ सकता था?"

it was very early in the morning
सुबह का समय बहुत जल्दी था
one of the oldest monks went through the garden
सबसे पुराने भिक्षुओं में से एक बगीचे से गुजरा
he called to those who had taken their refuge in the teachings
उन्होंने उन लोगों को बुलाया जिन्होंने शिक्षाओं में शरण ली थी
he called them to dress them up in the yellow robe
उसने उन्हें पीले वस्त्र पहनाने के लिए बुलाया

and he instruct them in the first teachings and duties of their position
और वह उन्हें उनके पद की पहली शिक्षाओं और कर्तव्यों का निर्देश देता है

Govinda once again embraced his childhood friend
गोविंदा ने एक बार फिर अपने बचपन के दोस्त को गले लगाया

and then he left with the novices
और फिर वह नौसिखियों के साथ चला गया

But Siddhartha walked through the garden, lost in thought
लेकिन सिद्धार्थ बगीचे में घूमते हुए विचारों में खो गए।

Then he happened to meet Gotama, the exalted one
तभी उनकी मुलाकात गौतम से हुई, जो महान थे।

he greeted him with respect
उन्होंने उसका आदरपूर्वक स्वागत किया

the Buddha's glance was full of kindness and calm
बुद्ध की दृष्टि दया और शांति से भरी थी

the young man summoned his courage
युवक ने हिम्मत जुटाई

he asked the venerable one for the permission to talk to him
उन्होंने आदरणीय से बात करने की अनुमति मांगी

Silently, the exalted one nodded his approval
चुपचाप, महान व्यक्ति ने अपनी स्वीकृति में सिर हिलाया

Spoke Siddhartha, "Yesterday, oh exalted one"
सिद्धार्थ बोले, "कल, हे महान्!"

"I had been privileged to hear your wondrous teachings"
"मुझे आपकी अद्भुत शिक्षाएं सुनने का सौभाग्य मिला"

"Together with my friend, I had come from afar, to hear your teachings"
"मैं अपने मित्र के साथ आपकी शिक्षा सुनने के लिए दूर से आया हूँ"

"And now my friend is going to stay with your people"
"और अब मेरा दोस्त आपके लोगों के साथ रहने जा रहा है"
"he has taken his refuge with you"
"उसने तुम्हारे पास शरण ली है"
"But I will again start on my pilgrimage"
"लेकिन मैं फिर से अपनी तीर्थयात्रा पर निकलूंगा"
"As you please," the venerable one spoke politely
"जैसी आपकी इच्छा," पूज्यवर ने विनम्रतापूर्वक कहा।
"Too bold is my speech," Siddhartha continued
सिद्धार्थ ने आगे कहा, "मेरा भाषण बहुत साहसिक है।"
"but I do not want to leave the exalted on this note"
"लेकिन मैं इस नोट पर महान को छोड़ना नहीं चाहता"
"I want to share with the most venerable one my honest thoughts"
"मैं सबसे आदरणीय व्यक्ति के साथ अपने ईमानदार विचार साझा करना चाहता हूँ"
"Does it please the venerable one to listen for one moment longer?"
"क्या आदरणीय महोदय एक क्षण और सुनना चाहेंगे?"
Silently, the Buddha nodded his approval
चुपचाप, बुद्ध ने अपनी स्वीकृति में सिर हिलाया
Spoke Siddhartha, "oh most venerable one"
सिद्धार्थ बोले, "हे परम पूज्यनीय"
"there is one thing I have admired in your teachings most of all"
"आपकी शिक्षाओं में एक बात मुझे सबसे अधिक पसंद आई है"
"Everything in your teachings is perfectly clear"
"आपकी शिक्षाओं में सब कुछ बिल्कुल स्पष्ट है"
"what you speak of is proven"
"आप जो कह रहे हैं वह सिद्ध है"

"you are presenting the world as a perfect chain"
"आप विश्व को एक आदर्श शृंखला के रूप में प्रस्तुत कर रहे हैं"
"a chain which is never and nowhere broken"
"एक शृंखला जो कभी भी और कहीं भी नहीं टूटती"
"an eternal chain the links of which are causes and effects"
"एक शाश्वत शृंखला जिसकी कड़ियाँ कारण और प्रभाव हैं"
"Never before, has this been seen so clearly"
"इससे पहले यह कभी इतना स्पष्ट रूप से नहीं देखा गया"
"never before, has this been presented so irrefutably"
"इससे पहले कभी भी इसे इतनी स्पष्टता से प्रस्तुत नहीं किया गया"
"truly, the heart of every Brahman has to beat stronger with love"
"सचमुच, हर ब्राह्मण का हृदय प्रेम से अधिक प्रबलता से धड़कना चाहिए"
"he has seen the world through your perfectly connected teachings"
"उसने आपकी पूर्णतः जुड़ी हुई शिक्षाओं के माध्यम से दुनिया को देखा है"
"without gaps, clear as a crystal"
"बिना किसी अंतराल के, क्रिस्टल की तरह साफ़"
"not depending on chance, not depending on Gods"
"संयोग पर निर्भर नहीं, भगवान पर निर्भर नहीं"
"he has to accept it whether it may be good or bad"
"उसे इसे स्वीकार करना ही होगा चाहे वह अच्छा हो या बुरा"
"he has to live by it whether it would be suffering or joy"
"उसे इसके अनुसार जीना होगा चाहे वह दुख हो या खुशी"
"but I do not wish to discuss the uniformity of the world"
"लेकिन मैं विश्व की एकरूपता पर चर्चा नहीं करना चाहता"
"it is possible that this is not essential"

"यह संभव है कि यह आवश्यक न हो"
"everything which happens is connected"
"जो कुछ भी घटित होता है वह सब जुड़ा हुआ है"
"the great and the small things are all encompassed"
"बड़ी और छोटी चीजें सभी शामिल हैं"
"they are connected by the same forces of time"
"वे समय की समान शक्तियों से जुड़े हुए हैं"
"they are connected by the same law of causes"
"वे एक ही कारण नियम से जुड़े हुए हैं"
"the causes of coming into being and of dying"
"अस्तित्व में आने और मरने के कारण"
"this is what shines brightly out of your exalted teachings"
"यही आपकी महान शिक्षाओं से चमकता है"
"But, according to your very own teachings, there is a small gap"
"लेकिन, आपकी अपनी शिक्षाओं के अनुसार, इसमें एक छोटा सा अंतर है"
"this unity and necessary sequence of all things is broken in one place"
"सभी चीजों की यह एकता और आवश्यक अनुक्रम एक स्थान पर टूट गया है"
"this world of unity is invaded by something alien"
"एकता की इस दुनिया पर किसी विदेशी चीज़ ने आक्रमण कर दिया है"
"there is something new, which had not been there before"
"कुछ नया है, जो पहले नहीं था"
"there is something which cannot be demonstrated"
"कुछ ऐसा है जिसे प्रदर्शित नहीं किया जा सकता"
"there is something which cannot be proven"
"कुछ ऐसा है जिसे सिद्ध नहीं किया जा सकता"
"these are your teachings of overcoming the world"

"ये संसार पर विजय पाने की आपकी शिक्षाएँ हैं"
"these are your teachings of salvation"
"ये आपकी मुक्ति की शिक्षाएँ हैं"
"But with this small gap, the eternal breaks apart again"
"लेकिन इस छोटे से अंतराल के साथ, शाश्वत फिर से टूट जाता है"
"with this small breach, the law of the world becomes void"
"इस छोटे से उल्लंघन से दुनिया का कानून शून्य हो जाता है"
"Please forgive me for expressing this objection"
"कृपया मुझे इस आपत्ति के लिए क्षमा करें"
Quietly, Gotama had listened to him, unmoved
गौतम चुपचाप अविचलित होकर उनकी बातें सुनते रहे थे।
Now he spoke, the perfected one, with his kind and polite clear voice
अब वह बोला, सिद्ध पुरुष, अपनी दयालु और विनम्र स्पष्ट आवाज में
"You've heard the teachings, oh son of a Brahman"
"हे ब्राह्मणपुत्र, तुमने शिक्षा सुन ली है।"
"and good for you that you've thought about it this deeply"
"और यह आपके लिए अच्छा है कि आपने इस बारे में इतनी गहराई से सोचा"
"You've found a gap in my teachings, an error"
"आपने मेरी शिक्षाओं में एक कमी, एक त्रुटि पाई है"
"You should think about this further"
"आपको इस बारे में और सोचना चाहिए"
"But be warned, oh seeker of knowledge, of the thicket of opinions"
"परन्तु हे ज्ञान के साधक, विचारों के झुरमुट से सावधान रहो"
"be warned of arguing about words"
"शब्दों पर बहस करने से सावधान रहें"
"There is nothing to opinions"

"इसमें राय का कोई महत्व नहीं है"
"they may be beautiful or ugly"
"वे सुन्दर या कुरूप हो सकते हैं"
"opinions may be smart or foolish"
"राय बुद्धिमानीपूर्ण या मूर्खतापूर्ण हो सकती है"
"everyone can support opinions, or discard them"
"हर कोई राय का समर्थन कर सकता है, या उसे खारिज कर सकता है"
"But the teachings, you've heard from me, are no opinion"
"लेकिन आपने मुझसे जो शिक्षाएं सुनी हैं, वे कोई राय नहीं हैं"
"their goal is not to explain the world to those who seek knowledge"
"उनका लक्ष्य ज्ञान चाहने वालों को दुनिया की व्याख्या करना नहीं है"
"They have a different goal"
"उनका लक्ष्य अलग है"
"their goal is salvation from suffering"
"उनका लक्ष्य दुख से मुक्ति है"
"This is what Gotama teaches, nothing else"
"यही गौतम सिखाते हैं, और कुछ नहीं"
"I wish that you, oh exalted one, would not be angry with me" said the young man
"मैं चाहता हूँ कि हे महानुभाव, आप मुझ पर क्रोधित न हों" युवक ने कहा
"I have not spoken to you like this to argue with you"
"मैंने तुमसे बहस करने के लिए इस तरह बात नहीं की है"
"I do not wish to argue about words"
"मैं शब्दों पर बहस नहीं करना चाहता"
"You are truly right, there is little to opinions"
"आप सही कह रहे हैं, राय का कोई महत्व नहीं है"
"But let me say one more thing"

"लेकिन मैं एक बात और कहना चाहता हूँ"
"I have not doubted in you for a single moment"
"मैंने एक क्षण के लिए भी तुम पर संदेह नहीं किया"
"I have not doubted for a single moment that you are Buddha"
"मुझे एक क्षण के लिए भी संदेह नहीं हुआ कि आप बुद्ध हैं"
"I have not doubted that you have reached the highest goal"
"मुझे इसमें कोई संदेह नहीं है कि आप उच्चतम लक्ष्य तक पहुंच गए हैं"
"the highest goal towards which so many Brahmans are on their way"
"वह सर्वोच्च लक्ष्य जिसकी ओर अनेक ब्राह्मण अग्रसर हैं"
"You have found salvation from death"
"तुम्हें मृत्यु से मुक्ति मिल गयी है"
"It has come to you in the course of your own search"
"यह आपकी अपनी खोज के दौरान आपके पास आया है"
"it has come to you on your own path"
"यह आपके अपने रास्ते पर आपके पास आया है"
"it has come to you through thoughts and meditation"
"यह विचार और ध्यान के माध्यम से आपके पास आया है"
"it has come to you through realizations and enlightenment"
"यह तुम्हारे पास अनुभूतियों और आत्मज्ञान के माध्यम से आया है"
"but it has not come to you by means of teachings!"
"परन्तु यह शिक्षा के द्वारा तुम्हारे पास नहीं आया है!"
"And this is my thought"
"और यह मेरा विचार है"
"nobody will obtain salvation by means of teachings!"
"शिक्षाओं के माध्यम से कोई भी मोक्ष प्राप्त नहीं करेगा!"
"You will not be able to convey your hour of enlightenment"
"आप अपने ज्ञानोदय की घड़ी को व्यक्त नहीं कर पाएंगे"

"words of what has happened to you won't convey the moment!"
"आपके साथ जो कुछ हुआ है, उसे शब्दों में बयां नहीं किया जा सकता!"
"The teachings of the enlightened Buddha contain much"
"प्रबुद्ध बुद्ध की शिक्षाओं में बहुत कुछ है"
"it teaches many to live righteously"
"यह कई लोगों को सही तरीके से जीना सिखाता है"
"it teaches many to avoid evil"
"यह कई लोगों को बुराई से बचना सिखाता है"
"But there is one thing which these teachings do not contain"
"लेकिन एक बात ऐसी है जो इन शिक्षाओं में नहीं है"
"they are clear and venerable, but the teachings miss something"
"वे स्पष्ट और आदरणीय हैं, लेकिन शिक्षाओं में कुछ कमी है"
"the teachings do not contain the mystery"
"शिक्षाओं में रहस्य नहीं है"
"the mystery of what the exalted one has experienced for himself"
"उस महान व्यक्ति ने स्वयं क्या अनुभव किया है, इसका रहस्य"
"among hundreds of thousands, only he experienced it"
"लाखों में से केवल उसी ने इसका अनुभव किया"
"This is what I have thought and realized, when I heard the teachings"
"जब मैंने शिक्षाएं सुनीं तो मैंने यही सोचा और यही महसूस किया"
"This is why I am continuing my travels"
"यही कारण है कि मैं अपनी यात्रा जारी रख रहा हूँ"
"this is why I do not to seek other, better teachings"

"यही कारण है कि मैं अन्य, बेहतर शिक्षाओं की तलाश नहीं करता"
"I know there are no better teachings"
"मैं जानता हूं कि इससे बेहतर कोई शिक्षा नहीं है"
"I leave to depart from all teachings and all teachers"
"मैं सभी शिक्षाओं और सभी शिक्षकों से विदा लेता हूँ"
"I leave to reach my goal by myself, or to die"
"मैं या तो अकेले ही अपने लक्ष्य तक पहुंचना चाहता हूँ, या फिर मर जाना चाहता हूँ"
"But often, I'll think of this day, oh exalted one"
"लेकिन अक्सर, मैं इस दिन के बारे में सोचूंगा, हे महान्"
"and I'll think of this hour, when my eyes beheld a holy man"
"और मैं इस घड़ी के बारे में सोचूंगा, जब मेरी आंखों ने एक पवित्र व्यक्ति को देखा था"
The Buddha's eyes quietly looked to the ground
बुद्ध की आँखें चुपचाप ज़मीन की ओर देख रही थीं
quietly, in perfect equanimity, his inscrutable face was smiling
चुपचाप, पूर्ण संतुलन में, उसका रहस्यमय चेहरा मुस्कुरा रहा था
the venerable one spoke slowly
आदरणीय ने धीरे से कहा
"I wish that your thoughts shall not be in error"
"मैं कामना करता हूँ कि आपके विचार ग़लत न हों"
"I wish that you shall reach the goal!"
"मैं कामना करता हूँ कि आप लक्ष्य तक पहुँचें!"
"But there is something I ask you to tell me"
"लेकिन मैं आपसे एक बात पूछना चाहता हूँ"
"Have you seen the multitude of my Samanas?"

"क्या तुमने मेरे समानों की भीड़ देखी है?"
"they have taken refuge in the teachings"
"उन्होंने शिक्षाओं की शरण ली है"
"do you believe it would be better for them to abandon the teachings?"
"क्या आप मानते हैं कि उनके लिए शिक्षाओं को त्याग देना बेहतर होगा?"
"should they to return into the world of desires?"
"क्या उन्हें इच्छाओं की दुनिया में लौट जाना चाहिए?"
"Far is such a thought from my mind" exclaimed Siddhartha
सिद्धार्थ ने कहा, "मेरे दिमाग से ऐसा विचार दूर है!"
"I wish that they shall all stay with the teachings"
"मैं चाहता हूं कि वे सभी शिक्षाओं के साथ बने रहें"
"I wish that they shall reach their goal!"
"मैं कामना करता हूँ कि वे अपने लक्ष्य तक पहुँचें!"
"It is not my place to judge another person's life"
"किसी अन्य व्यक्ति के जीवन का न्याय करना मेरा काम नहीं है"
"I can only judge my own life "
"मैं केवल अपने जीवन का ही न्याय कर सकता हूँ"
"I must decide, I must chose, I must refuse"
"मुझे निर्णय लेना होगा, मुझे चुनना होगा, मुझे मना करना होगा"
"Salvation from the self is what we Samanas search for"
"स्वयं से मुक्ति ही वह है जिसकी हम समाना लोग खोज करते हैं"
"oh exalted one, if only I were one of your disciples"
"हे महान्, काश मैं भी आपका शिष्य होता"
"I'd fear that it might happen to me"
"मुझे डर है कि यह मेरे साथ भी हो सकता है"

"only seemingly, would my self be calm and be redeemed"
"केवल ऐसा प्रतीत होता है कि, मेरा आत्म शांत हो जाएगा और मुक्ति मिलेगी"
"but in truth it would live on and grow"
"लेकिन सच तो यह है कि यह जीवित रहेगा और बढ़ेगा"
"because then I would replace my self with the teachings"
"क्योंकि तब मैं स्वयं को शिक्षाओं से प्रतिस्थापित कर दूँगा"
"my self would be my duty to follow you"
"आपका अनुसरण करना मेरा कर्तव्य होगा"
"my self would be my love for you"
"मेरा आत्म ही तुम्हारे लिए मेरा प्यार होगा"
"and my self would be the community of the monks!"
"और मैं स्वयं भिक्षुओं का समुदाय बन जाऊंगा!"
With half of a smile Gotama looked into the stranger's eyes
गौतम ने आधी मुस्कान के साथ अजनबी की आँखों में देखा
his eyes were unwaveringly open and kind
उसकी आँखें हमेशा खुली और दयालु थीं
he bid him to leave with a hardly noticeable gesture
उसने उसे एक मुश्किल से ध्यान देने योग्य इशारे के साथ छोड़ने के लिए कहा
"You are wise, oh Samana" the venerable one spoke
"हे समाना, आप बुद्धिमान हैं" पूज्यवर बोले
"You know how to talk wisely, my friend"
"तुम बुद्धिमानी से बात करना जानते हो, मेरे दोस्त"
"Be aware of too much wisdom!"
"अत्यधिक बुद्धिमत्ता से सावधान रहें!"
The Buddha turned away
बुद्ध ने मुँह फेर लिया
Siddhartha would never forget his glance
सिद्धार्थ उसकी नज़र कभी नहीं भूलेंगे

his half smile remained forever etched in Siddhartha's memory
उनकी आधी मुस्कान सिद्धार्थ की याद में हमेशा के लिए अंकित हो गई
Siddhartha thought to himself
सिद्धार्थ ने मन ही मन सोचा
"I have never before seen a person glance and smile this way"
"मैंने पहले कभी किसी व्यक्ति को इस तरह देखकर मुस्कुराते नहीं देखा"
"no one else sits and walks like he does"
"कोई भी व्यक्ति उसकी तरह नहीं बैठता और नहीं चलता"
"truly, I wish to be able to glance and smile this way"
"सच में, मैं इस तरह से देखने और मुस्कुराने में सक्षम होना चाहता हूँ"
"I wish to be able to sit and walk this way, too"
"मैं भी इस तरह बैठना और चलना चाहता हूँ"
"liberated, venerable, concealed, open, childlike and mysterious"
"मुक्त, आदरणीय, गुप्त, खुला, बच्चों जैसा और रहस्यमय"
"he must have succeeded in reaching the innermost part of his self"
"वह अवश्य ही अपने अंतरतम भाग तक पहुंचने में सफल हो गया होगा"
"only then can someone glance and walk this way"
"तभी कोई नज़र डालकर इस ओर चल सकेगा"
"I will also seek to reach the innermost part of my self"
"मैं भी अपने अंतरतम भाग तक पहुंचने का प्रयास करूंगा"
"I saw a man" Siddhartha thought
"मैंने एक आदमी को देखा" सिद्धार्थ ने सोचा

"a single man, before whom I would have to lower my glance"

"एक अकेला आदमी, जिसके सामने मुझे अपनी नज़रें झुकानी पड़ेंगी"

"I do not want to lower my glance before anyone else"

"मैं किसी और के सामने अपनी नज़र नीची नहीं करना चाहता"

"No teachings will entice me more anymore"

"अब कोई भी शिक्षा मुझे आकर्षित नहीं कर सकेगी"

"because this man's teachings have not enticed me"

"क्योंकि इस आदमी की शिक्षाएँ मुझे आकर्षित नहीं कर सकीं"

"I am deprived by the Buddha" thought Siddhartha

सिद्धार्थ ने सोचा, "मैं बुद्ध से वंचित हूँ"

"I am deprived, although he has given so much"

"मैं वंचित हूँ, हालाँकि उन्होंने बहुत कुछ दिया है"

"he has deprived me of my friend"

"उसने मुझे मेरे दोस्त से वंचित कर दिया है"

"my friend who had believed in me"

"मेरा दोस्त जिसने मुझ पर विश्वास किया था"

"my friend who now believes in him"

"मेरा मित्र जो अब उस पर विश्वास करता है"

"my friend who had been my shadow"

"मेरा दोस्त जो मेरी परछाई था"

"and now he is Gotama's shadow"

"और अब वह गौतम की छाया है"

"but he has given me Siddhartha"

"लेकिन उसने मुझे सिद्धार्थ दे दिया है"

"he has given me myself"

"उसने मुझे स्वयं दे दिया है"

Awakening
जागृति

Siddhartha left the mango grove behind him
सिद्धार्थ ने आम का बाग छोड़ दिया
but he felt his past life also stayed behind
लेकिन उसे लगा कि उसका पिछला जीवन भी पीछे रह गया है
the Buddha, the perfected one, stayed behind
बुद्ध, सिद्ध, पीछे रह गए
and Govinda stayed behind too
और गोविंदा भी पीछे रह गए
and his past life had parted from him
और उसका पिछला जीवन उससे अलग हो गया था
he pondered as he was walking slowly
वह धीरे-धीरे चलते हुए सोच रहा था
he pondered about this sensation, which filled him completely
वह इस अनुभूति के बारे में सोचने लगा, जिसने उसे पूरी तरह से भर दिया
He pondered deeply, like diving into a deep water
वह गहराई से सोचने लगा, जैसे गहरे पानी में गोता लगा रहा हो
he let himself sink down to the ground of the sensation
उसने खुद को संवेदना की ज़मीन पर डूबने दिया
he let himself sink down to the place where the causes lie
उसने खुद को उस जगह पर गिरा दिया जहां कारण निहित हैं
to identify the causes is the very essence of thinking
कारणों की पहचान करना ही चिंतन का सार है
this was how it seemed to him

उसे ऐसा ही लगा
and by this alone, sensations turn into realizations
और केवल इसी से संवेदनाएं वास्तविकता में बदल जाती हैं
and these sensations are not lost
और ये संवेदनाएं खोई नहीं हैं
but the sensations become entities
लेकिन संवेदनाएं अस्तित्व बन जाती हैं
and the sensations start to emit what is inside of them
और संवेदनाएं उनके अंदर जो है उसे बाहर निकालने लगती हैं
they show their truths like rays of light
वे प्रकाश की किरणों की तरह अपना सत्य दिखाते हैं
Slowly walking along, Siddhartha pondered
धीरे-धीरे चलते हुए सिद्धार्थ ने सोचा
He realized that he was no youth any more
उसे एहसास हुआ कि वह अब युवा नहीं रहा
he realized that he had turned into a man
उसे एहसास हुआ कि वह एक आदमी में बदल गया था
He realized that something had left him
उसे एहसास हुआ कि कुछ उससे दूर चला गया है
the same way a snake is left by its old skin
उसी तरह जैसे साँप को उसकी पुरानी त्वचा से अलग कर दिया जाता है
what he had throughout his youth no longer existed in him
जो कुछ उसके पास युवावस्था में था, वह अब उसमें नहीं रहा
it used to be a part of him; the wish to have teachers
यह उसका एक हिस्सा हुआ करता था; शिक्षकों की चाहत
the wish to listen to teachings
शिक्षाओं को सुनने की इच्छा
He had also left the last teacher who had appeared on his path

उन्होंने अपने मार्ग पर आने वाले अंतिम गुरु को भी छोड़ दिया था
he had even left the highest and wisest teacher
उसने सर्वोच्च और बुद्धिमान शिक्षक को भी छोड़ दिया था
he had left the most holy one, Buddha
उन्होंने सबसे पवित्र व्यक्ति बुद्ध को छोड़ दिया था
he had to part with him, unable to accept his teachings
उन्हें उनसे अलग होना पड़ा, उनकी शिक्षाओं को स्वीकार करने में असमर्थ
Slower, he walked along in his thoughts
धीरे-धीरे, वह अपने विचारों में डूबा हुआ चला गया
and he asked himself, "But what is this?"
और उसने खुद से पूछा, "लेकिन यह क्या है?"
"what have you sought to learn from teachings and from teachers?"
"आपने शिक्षाओं और शिक्षकों से क्या सीखने की कोशिश की है?"
"and what were they, who have taught you so much?"
"और वे कौन थे, जिन्होंने तुम्हें इतना कुछ सिखाया है?"
"what are they if they have been unable to teach you?"
"अगर वे तुम्हें सिखाने में असमर्थ रहे तो वे क्या हैं?"
And he found, "It was the self"
और उसने पाया, "यह स्वयं था"
"it was the purpose and essence of which I sought to learn"
"यही वह उद्देश्य और सार था जिसे मैं जानना चाहता था"
"It was the self I wanted to free myself from"
"यह वह आत्म था जिससे मैं स्वयं को मुक्त करना चाहता था"
"the self which I sought to overcome"
"वह आत्म जिस पर मैं विजय पाना चाहता था"

"But I was not able to overcome it"
"लेकिन मैं इस पर काबू पाने में सक्षम नहीं था"
"I could only deceive it"
"मैं केवल इसे धोखा दे सकता था"
"I could only flee from it"
"मैं तो बस इससे भाग सकता था"
"I could only hide from it"
"मैं तो बस इससे छुप सकता था"
"Truly, no thing in this world has kept my thoughts so busy"
"सचमुच, इस दुनिया में किसी भी चीज़ ने मेरे विचारों को इतना व्यस्त नहीं रखा है"
"I have been kept busy by the mystery of me being alive"
"मैं अपने जीवित होने के रहस्य से ही व्यस्त रहता हूँ"
"the mystery of me being one"
"मेरे एक होने का रहस्य"
"the mystery if being separated and isolated from all others"
"अन्य सभी से अलग और पृथक होने का रहस्य"
"the mystery of me being Siddhartha!"
"मेरे सिद्धार्थ होने का रहस्य!"
"And there is no thing in this world I know less about"
"और इस दुनिया में ऐसी कोई चीज़ नहीं है जिसके बारे में मैं कम जानता हूँ"
he had been pondering while slowly walking along
वह धीरे-धीरे चलते हुए सोच रहा था
he stopped as these thoughts caught hold of him
वह रुक गया क्योंकि इन विचारों ने उसे जकड़ लिया
and right away another thought sprang forth from these thoughts
और तुरंत ही इन विचारों से एक और विचार उभरा
"there's one reason why I know nothing about myself"
"एक कारण है कि मैं अपने बारे में कुछ नहीं जानता"

"there's one reason why Siddhartha has remained alien to me"
"एक कारण है कि सिद्धार्थ मेरे लिए अजनबी बना हुआ है"
"all of this stems from one cause"
"यह सब एक ही कारण से उपजा है"
"I was afraid of myself, and I was fleeing"
"मैं खुद से डर रहा था, और भाग रहा था"
"I have searched for both Atman and Brahman"
"मैंने आत्मा और ब्रह्म दोनों की खोज की है"
"for this I was willing to dissect my self"
"इसके लिए मैं अपना विच्छेदन करने को तैयार था"
"and I was willing to peel off all of its layers"
"और मैं इसकी सभी परतें उतारने को तैयार था"
"I wanted to find the core of all peels in its unknown interior"
"मैं सभी छिलकों के मूल को उसके अज्ञात आंतरिक भाग में खोजना चाहता था"
"the Atman, life, the divine part, the ultimate part"
"आत्मा, जीवन, दिव्य भाग, परम भाग"
"But I have lost myself in the process"
"लेकिन इस प्रक्रिया में मैंने खुद को खो दिया है"
Siddhartha opened his eyes and looked around
सिद्धार्थ ने अपनी आँखें खोली और चारों ओर देखा
looking around, a smile filled his face
चारों ओर देखते हुए उसके चेहरे पर मुस्कान छा गई
a feeling of awakening from long dreams flowed through him
लंबे सपनों से जागने की भावना उसके भीतर बह गई
the feeling flowed from his head down to his toes
यह भावना उसके सिर से लेकर पैर तक बह रही थी
And it was not long before he walked again

और बहुत समय नहीं बीता था कि वह फिर से चलने लगा
he walked quickly, like a man who knows what he has got to do
वह तेजी से चला, ऐसे आदमी की तरह जो जानता है कि उसे क्या करना है
"now I will not let Siddhartha escape from me again!"
"अब मैं सिद्धार्थ को दोबारा अपने पास से भागने नहीं दूंगी!"
"I no longer want to begin my thoughts and my life with Atman"
"मैं अब अपने विचारों और जीवन की शुरुआत आत्मा से नहीं करना चाहता"
"nor do I want to begin my thoughts with the suffering of the world"
"न ही मैं अपने विचारों की शुरुआत दुनिया के दुखों से करना चाहता हूँ"
"I do not want to kill and dissect myself any longer"
"मैं अब और खुद को मारना और विच्छेदन नहीं करना चाहता"
"Yoga-Veda shall not teach me anymore"
"योग-वेद अब मुझे नहीं सिखाएगा"
"nor Atharva-Veda, nor the ascetics"
"न अथर्ववेद, न तपस्वी"
"there will not be any kind of teachings"
"वहां किसी भी प्रकार की शिक्षा नहीं दी जाएगी"
"I want to learn from myself and be my student"
"मैं स्वयं से सीखना चाहता हूँ और स्वयं का छात्र बनना चाहता हूँ"
"I want to get to know myself; the secret of Siddhartha"
"मैं स्वयं को जानना चाहता हूँ; सिद्धार्थ का रहस्य"

He looked around, as if he was seeing the world for the first time
उसने चारों ओर देखा, मानो वह पहली बार दुनिया देख रहा हो।
Beautiful and colourful was the world
सुन्दर और रंगीन थी दुनिया
strange and mysterious was the world
अजीब और रहस्यमय थी दुनिया
Here was blue, there was yellow, here was green
यहाँ नीला था, वहाँ पीला था, यहाँ हरा था
the sky and the river flowed
आकाश और नदी बह गई
the forest and the mountains were rigid
जंगल और पहाड़ कठोर थे
all of the world was beautiful
सारी दुनिया खूबसूरत थी
all of it was mysterious and magical
यह सब रहस्यमय और जादुई था
and in its midst was he, Siddhartha, the awakening one
और उसके बीच में वह, सिद्धार्थ, जागृत व्यक्ति था
and he was on the path to himself
और वह अपने रास्ते पर था
all this yellow and blue and river and forest entered Siddhartha
यह सब पीला और नीला और नदी और जंगल सिद्धार्थ में प्रवेश कर गए
for the first time it entered through the eyes
पहली बार यह आँखों के माध्यम से प्रवेश किया
it was no longer a spell of Mara
यह अब मारा का जादू नहीं था
it was no longer the veil of Maya

अब यह माया का पर्दा नहीं था
it was no longer a pointless and coincidental
यह अब व्यर्थ और संयोग नहीं था
things were not just a diversity of mere appearances
चीज़ें सिर्फ़ दिखावे की विविधता नहीं थीं
appearances despicable to the deeply thinking Brahman
गहन चिंतन करने वाले ब्राह्मण के लिए घृणित प्रतीतियाँ
the thinking Brahman scorns diversity, and seeks unity
विचारशील ब्राह्मण विविधता का तिरस्कार करता है, तथा एकता चाहता है
Blue was blue and river was river
नीला नीला था और नदी नदी थी
the singular and divine lived hidden in Siddhartha
सिद्धार्थ में विलक्षण और दिव्यता छिपी रहती थी
divinity's way and purpose was to be yellow here, and blue there
देवत्व का मार्ग और उद्देश्य यहाँ पीला और वहाँ नीला होना था
there sky, there forest, and here Siddhartha
वहाँ आकाश, वहाँ वन, और यहाँ सिद्धार्थ
The purpose and essential properties was not somewhere behind the things
उद्देश्य और आवश्यक गुण कहीं चीजों के पीछे नहीं थे
the purpose and essential properties was inside of everything
उद्देश्य और आवश्यक गुण हर चीज के अंदर थे
"How deaf and stupid have I been!" he thought
"मैं कितना बहरा और मूर्ख हो गया हूँ!" उसने सोचा
and he walked swiftly along
और वह तेजी से चल पड़ा
"When someone reads a text he will not scorn the symbols and letters"

"जब कोई व्यक्ति कोई पाठ पढ़ता है तो वह प्रतीकों और अक्षरों का तिरस्कार नहीं करेगा"
"he will not call the symbols deceptions or coincidences"
"वह प्रतीकों को धोखा या संयोग नहीं कहेंगे"
"but he will read them as they were written"
"परन्तु वह उन्हें वैसे ही पढ़ेगा जैसे वे लिखे गए थे"
"he will study and love them, letter by letter"
"वह उनका अक्षर-अक्षर अध्ययन करेगा और उनसे प्रेम करेगा"
"I wanted to read the book of the world and scorned the letters"
"मैं दुनिया की किताब पढ़ना चाहता था और अक्षरों का तिरस्कार करता था"
"I wanted to read the book of myself and scorned the symbols"
"मैं अपने बारे में किताब पढ़ना चाहता था और प्रतीकों का तिरस्कार करता था"
"I called my eyes and my tongue coincidental"
"मैंने अपनी आँखों और जीभ को संयोगवश कहा"
"I said they were worthless forms without substance"
"मैंने कहा कि वे बेकार के रूप हैं, जिनमें कोई सार नहीं है"
"No, this is over, I have awakened"
"नहीं, यह ख़त्म हो गया है, मैं जाग गयी हूँ"
"I have indeed awakened"
"मैं सचमुच जाग गया हूँ"
"I had not been born before this very day"
"मैं इस दिन से पहले पैदा नहीं हुआ था"
In thinking these thoughts, Siddhartha suddenly stopped once again
ये विचार सोचते-सोचते सिद्धार्थ एक बार फिर अचानक रुक गए।
he stopped as if there was a snake lying in front of him

वह ऐसे रुक गया जैसे उसके सामने कोई साँप पड़ा हो
suddenly, he had also become aware of something else
अचानक उसे एक और बात का भी अहसास हुआ
He was indeed like someone who had just woken up
वह सचमुच ऐसे थे जैसे कोई अभी-अभी जागा हो
he was like a new-born baby starting life anew
वह एक नवजात शिशु की तरह था जो नए सिरे से जीवन शुरू कर रहा था
and he had to start again at the very beginning
और उसे फिर से शुरू से ही शुरुआत करनी पड़ी
in the morning he had had very different intentions
सुबह उसके इरादे कुछ और ही थे
he had thought to return to his home and his father
उसने अपने घर और अपने पिता के पास लौटने के बारे में सोचा था
But now he stopped as if a snake was lying on his path
पर अब वह ऐसे रुक गया जैसे कोई साँप उसके रास्ते में पड़ा हो
he made a realization of where he was
उसे अहसास हुआ कि वह कहां है
"I am no longer the one I was"
"मैं अब वह नहीं रहा जो पहले था"
"I am no ascetic anymore"
"मैं अब कोई तपस्वी नहीं हूँ"
"I am not a priest anymore"
"मैं अब पुजारी नहीं हूं"
"I am no Brahman anymore"
"मैं अब ब्राह्मण नहीं हूँ"
"Whatever should I do at my father's place?"
"मुझे अपने पिता के घर जाकर क्या करना चाहिए?"

"Study? Make offerings? Practise meditation?"
"अध्ययन करें? अर्पण करें? ध्यान का अभ्यास करें?"
"But all this is over for me"
"लेकिन मेरे लिए यह सब ख़त्म हो गया है"
"all of this is no longer on my path"
"यह सब अब मेरे रास्ते में नहीं है"
Motionless, Siddhartha remained standing there
सिद्धार्थ वहीं खड़े रहे, निश्चल
and for the time of one moment and breath, his heart felt cold
और एक पल और सांस के लिए, उसका दिल ठंडा महसूस हुआ
he felt a coldness in his chest
उसे सीने में ठंडक महसूस हुई
the same feeling a small animal feels when it sees how alone it is
वही भावना जो एक छोटे जानवर को तब होती है जब वह देखता है कि वह कितना अकेला है
For many years, he had been without home and had felt nothing
कई वर्षों से वह बिना घर के था और उसे कुछ भी महसूस नहीं हुआ था
Now, he felt he had been without a home
अब उसे लगा कि वह बिना घर के रह गया है
Still, even in the deepest meditation, he had been his father's son
फिर भी, गहनतम ध्यान में भी वह अपने पिता का पुत्र था
he had been a Brahman, of a high caste
वह एक उच्च जाति का ब्राह्मण था
he had been a cleric
वह एक पादरी था

Now, he was nothing but Siddhartha, the awoken one
अब वह कुछ और नहीं बल्कि सिद्धार्थ था, जागृत व्यक्ति
nothing else was left of him
उसके पास और कुछ नहीं बचा था
Deeply, he inhaled and felt cold
उसने गहरी साँस ली और उसे ठंड महसूस हुई
a shiver ran through his body
उसके शरीर में एक सिहरन सी दौड़ गई
Nobody was as alone as he was
कोई भी उतना अकेला नहीं था जितना वह था
There was no nobleman who did not belong to the noblemen
ऐसा कोई कुलीन व्यक्ति नहीं था जो कुलीन वर्ग से संबंधित न हो
there was no worker that did not belong to the workers
ऐसा कोई भी मजदूर नहीं था जो मजदूरों का न हो
they had all found refuge among themselves
उन सभी को आपस में शरण मिल गई थी
they shared their lives and spoke their languages
उन्होंने अपने जीवन को साझा किया और अपनी भाषाएं बोलीं
there are no Brahman who would not be regarded as Brahmans
ऐसा कोई ब्राह्मण नहीं है जिसे ब्राह्मण न माना जाए
and there are no Brahmans that didn't live as Brahmans
और ऐसा कोई ब्राह्मण नहीं है जो ब्राह्मण के रूप में न रहा हो
there are no ascetic who could not find refuge with the Samanas
ऐसा कोई तपस्वी नहीं है जो समानाओं के पास शरण न पा सका हो
and even the most forlorn hermit in the forest was not alone

और जंगल में सबसे निराश साधु भी अकेला नहीं था
he was also surrounded by a place he belonged to
वह भी उस जगह से घिरा हुआ था जिसका वह हिस्सा था
he also belonged to a caste in which he was at home
वह भी उसी जाति से संबंधित था जिसमें उसका घर था
Govinda had left him and became a monk
गोविंदा उन्हें छोड़कर साधु बन गए थे
and a thousand monks were his brothers
और एक हजार भिक्षु उसके भाई थे
they wore the same robe as him
उन्होंने उसके जैसा ही वस्त्र पहना था
they believed in his faith and spoke his language
वे उसकी आस्था में विश्वास करते थे और उसकी भाषा बोलते थे
But he, Siddhartha, where did he belong to?
लेकिन वह, सिद्धार्थ, वह कहां का था?
With whom would he share his life?
वह अपना जीवन किसके साथ साझा करेगा?
Whose language would he speak?
वह किसकी भाषा बोलेगा?
the world melted away all around him
दुनिया उसके चारों ओर पिघल गई
he stood alone like a star in the sky
वह आकाश में एक तारे की तरह अकेला खड़ा था
cold and despair surrounded him
ठंड और निराशा ने उसे घेर लिया
but Siddhartha emerged out of this moment
लेकिन सिद्धार्थ इस क्षण से उभरे
Siddhartha emerged more his true self than before
सिद्धार्थ पहले से कहीं अधिक अपने वास्तविक रूप में उभरे
he was more firmly concentrated than he had ever been

वह पहले से कहीं अधिक दृढ़ता से एकाग्र था
He felt; "this had been the last tremor of the awakening"
उन्होंने महसूस किया कि, "यह जागृति का अंतिम झटका था"
"the last struggle of this birth"
"इस जन्म का अंतिम संघर्ष"
And it was not long until he walked again in long strides
और बहुत समय नहीं बीता था कि वह फिर से लंबे-लंबे डग भरने लगा
he started to proceed swiftly and impatiently
वह तेजी से और अधीरता से आगे बढ़ने लगा
he was no longer going home
वह अब घर नहीं जा रहा था
he was no longer going to his father
वह अब अपने पिता के पास नहीं जा रहा था

Part Two
भाग दो

***

Kamala
कमला

Siddhartha learned something new on every step of his path
सिद्धार्थ ने अपने जीवन के हर कदम पर कुछ नया सीखा
because the world was transformed and his heart was enchanted
क्योंकि दुनिया बदल गई थी और उसका दिल मंत्रमुग्ध हो गया था
He saw the sun rising over the mountains
उसने पहाड़ों के ऊपर उगते सूरज को देखा
and he saw the sun setting over the distant beach
और उसने दूर समुद्र तट पर सूरज को डूबते देखा
At night, he saw the stars in the sky in their fixed positions
रात में, उसने आकाश में तारों को उनकी निश्चित स्थिति में देखा
and he saw the crescent of the moon floating like a boat in the blue
और उसने चाँद के अर्धचन्द्र को नीले सागर में नाव की तरह तैरते देखा
He saw trees, stars, animals, and clouds
उसने पेड़, तारे, जानवर और बादल देखे
rainbows, rocks, herbs, flowers, streams and rivers
इंद्रधनुष, चट्टानें, जड़ी-बूटियाँ, फूल, नदियाँ और झरने
he saw the glistening dew in the bushes in the morning

उसने सुबह झाड़ियों में चमकती ओस देखी
he saw distant high mountains which were blue
उसने दूर ऊंचे पहाड़ देखे जो नीले थे
wind blew through the rice-field
हवा चावल के खेत से होकर बही
all of this, a thousand-fold and colourful, had always been there
यह सब, हज़ार गुना और रंगीन, हमेशा से वहाँ था
the sun and the moon had always shone
सूरज और चाँद हमेशा चमकते थे
rivers had always roared and bees had always buzzed
नदियाँ हमेशा गरजती थीं और मधुमक्खियाँ हमेशा भिनभिनाती थीं
but in former times all of this had been a deceptive veil
लेकिन पहले के समय में यह सब एक भ्रामक आवरण था
to him it had been nothing more than fleeting
उसके लिए यह क्षणभंगुर से अधिक कुछ नहीं था
it was supposed to be looked upon in distrust
इसे अविश्वास की दृष्टि से देखा जाना चाहिए था
it was destined to be penetrated and destroyed by thought
इसे विचार द्वारा भेदा जाना और नष्ट किया जाना तय था
since it was not the essence of existence
क्योंकि यह अस्तित्व का सार नहीं था
since this essence lay beyond, on the other side of, the visible
चूँकि यह सार दृश्य के परे, दूसरी ओर स्थित है
But now, his liberated eyes stayed on this side
पर अब उसकी मुक्त आँखें इसी ओर टिकी रहीं
he saw and became aware of the visible
उसने देखा और दृश्यमान के प्रति जागरूक हो गया
he sought to be at home in this world

वह इस दुनिया में घर जैसा महसूस करना चाहता था
he did not search for the true essence
उसने सच्चे सार की खोज नहीं की
he did not aim at a world beyond
उसका लक्ष्य दुनिया से परे की कोई चीज़ नहीं थी
this world was beautiful enough for him
यह दुनिया उसके लिए काफी खूबसूरत थी
looking at it like this made everything childlike
इस तरह से देखने पर सब कुछ बच्चों जैसा लगने लगा
Beautiful were the moon and the stars
चाँद और तारे सुन्दर थे
beautiful was the stream and the banks
सुंदर थी नदी और किनारे
the forest and the rocks, the goat and the gold-beetle
जंगल और चट्टानें, बकरी और सोना-भृंग
the flower and the butterfly; beautiful and lovely it was
फूल और तितली; सुंदर और प्यारा था यह
to walk through the world was childlike again
दुनिया भर में घूमना फिर से बचपन जैसा हो गया
this way he was awoken
इस तरह वह जाग गया
this way he was open to what is near
इस तरह वह जो निकट है उसके प्रति खुला था
this way he was without distrust
इस तरह वह अविश्वास से रहित था
differently the sun burnt the head
अलग ढंग से सूरज ने सिर जला दिया
differently the shade of the forest cooled him down
अन्यथा जंगल की छाया उसे शीतलता प्रदान करती थी
differently the pumpkin and the banana tasted
कद्दू और केले का स्वाद अलग-अलग था

Short were the days, short were the nights
दिन छोटे थे, रातें छोटी थीं
every hour sped swiftly away like a sail on the sea
हर घंटा समुद्र पर पाल की तरह तेजी से भागता चला गया
and under the sail was a ship full of treasures, full of joy
और पाल के नीचे खजाने से भरा एक जहाज था, जो खुशी से भरा था
Siddhartha saw a group of apes moving through the high canopy
सिद्धार्थ ने वानरों के एक समूह को ऊंची छतरी के बीच से गुजरते देखा।
they were high in the branches of the trees
वे पेड़ों की ऊंची शाखाओं पर थे
and he heard their savage, greedy song
और उसने उनका क्रूर, लालची गीत सुना
Siddhartha saw a male sheep following a female one and mating with her
सिद्धार्थ ने एक नर भेड़ को एक मादा भेड़ का पीछा करते हुए और उसके साथ संभोग करते हुए देखा
In a lake of reeds, he saw the pike hungrily hunting for its dinner
नरकटों की एक झील में उसने पाईक को भूख से अपने भोजन की तलाश करते देखा।
young fish were propelling themselves away from the pike
युवा मछलियाँ खुद को पाइक से दूर धकेल रही थीं
they were scared, wiggling and sparkling
वे डरे हुए थे, हिल रहे थे और चमक रहे थे
the young fish jumped in droves out of the water
युवा मछलियाँ पानी से बाहर झुंड में कूद गईं
the scent of strength and passion came forcefully out of the water

ताकत और जुनून की खुशबू पानी से जोर से बाहर आ रही थी
and the pike stirred up the scent
और पाईक ने सुगंध फैला दी
All of this had always existed
ये सब तो हमेशा से ही अस्तित्व में था
and he had not seen it, nor had he been with it
और उसने इसे न तो देखा था, न ही वह इसके साथ था
Now he was with it and he was part of it
अब वह इसके साथ था और वह इसका हिस्सा था
Light and shadow ran through his eyes
प्रकाश और छाया उसकी आँखों से होकर गुज़री
stars and moon ran through his heart
सितारे और चाँद उसके दिल से होकर गुज़रे

Siddhartha remembered everything he had experienced in the Garden Jetavana
सिद्धार्थ को जेतवन उद्यान में अनुभव की गई हर बात याद आ गई
he remembered the teaching he had heard there from the divine Buddha
उसे वहां दिव्य बुद्ध से सुनी गई शिक्षा याद आ गई
he remembered the farewell from Govinda
उन्हें गोविंदा से हुई विदाई याद आ गई
he remembered the conversation with the exalted one
उसे उस महान व्यक्ति के साथ हुई बातचीत याद आ गई
Again he remembered his own words that he had spoken to the exalted one
उसे फिर से अपने शब्द याद आए जो उसने महान व्यक्ति से कहे थे
he remembered every word
उसे हर शब्द याद था

he realized he had said things which he had not really known
उसे एहसास हुआ कि उसने ऐसी बातें कह दी थीं जो उसे वास्तव में पता नहीं थीं
he astonished himself with what he had said to Gotama
उसने गौतम से जो कहा था उससे वह स्वयं आश्चर्यचकित था
the Buddha's treasure and secret was not the teachings
बुद्ध का खजाना और रहस्य उनकी शिक्षाएं नहीं थीं
but the secret was the inexpressible and not teachable
लेकिन रहस्य अकथनीय था और सिखाया नहीं जा सकता था
the secret which he had experienced in the hour of his enlightenment
वह रहस्य जो उन्होंने अपने ज्ञानोदय के समय अनुभव किया था
the secret was nothing but this very thing which he had now gone to experience
रहस्य कुछ और नहीं बल्कि यही बात थी जिसे वह अब अनुभव करने गया था
the secret was what he now began to experience
रहस्य यह था कि अब वह अनुभव करने लगा था
Now he had to experience his self
अब उसे स्वयं का अनुभव करना था
he had already known for a long time that his self was Atman
वह बहुत समय से जानता था कि उसका स्व आत्मा है
he knew Atman bore the same eternal characteristics as Brahman
वह जानता था कि आत्मा में ब्रह्म के समान ही शाश्वत गुण हैं
But he had never really found this self

लेकिन उसने कभी भी वास्तव में अपने इस आत्म को नहीं पाया था
because he had wanted to capture the self in the net of thought
क्योंकि वह स्वयं को विचार के जाल में कैद करना चाहता था
but the body was not part of the self
लेकिन शरीर स्वयं का हिस्सा नहीं था
it was not the spectacle of the senses
यह इंद्रियों का तमाशा नहीं था
so it also was not the thought, nor the rational mind
इसलिए यह न तो विचार था, न ही तर्कसंगत मन
it was not the learned wisdom, nor the learned ability
यह न तो सीखा हुआ ज्ञान था, न ही सीखी हुई योग्यता
from these things no conclusions could be drawn
इन बातों से कोई निष्कर्ष नहीं निकाला जा सका
No, the world of thought was also still on this side
नहीं, विचारों की दुनिया भी अभी इसी तरफ थी
Both, the thoughts as well as the senses, were pretty things
विचार और इन्द्रियाँ दोनों ही सुन्दर चीजें थीं
but the ultimate meaning was hidden behind both of them
लेकिन दोनों के पीछे छिपा था परम अर्थ
both had to be listened to and played with
दोनों को सुनना और उनके साथ खेलना था
neither had to be scorned nor overestimated
न तो उसका उपहास किया जाना चाहिए और न ही उसे अधिक महत्व दिया जाना चाहिए
there were secret voices of the innermost truth
अंतरतम सत्य की गुप्त आवाजें थीं
these voices had to be attentively perceived
इन आवाज़ों को ध्यानपूर्वक सुनना होगा
He wanted to strive for nothing else

वह किसी और चीज़ के लिए प्रयास नहीं करना चाहता था
he would do what the voice commanded him to do
वह वही करेगा जो आवाज़ उसे करने का आदेश देगी
he would dwell where the voices advised him to
वह वहीं रहेगा जहां आवाजें उसे सलाह देंगी
Why had Gotama sat down under the Bodhi tree?
गौतम बोधि वृक्ष के नीचे क्यों बैठे थे?
He had heard a voice in his own heart
उसने अपने दिल में एक आवाज़ सुनी थी
a voice which had commanded him to seek rest under this tree
एक आवाज़ जिसने उसे इस पेड़ के नीचे आराम करने का आदेश दिया था
he could have gone on to make offerings
वह आगे जाकर प्रसाद चढ़ा सकता था
he could have performed his ablutions
वह अपना वज़ू कर सकता था
he could have spent that moment in prayer
वह उस पल को प्रार्थना में बिता सकता था
he had chosen not to eat or drink
उसने न खाने का, न पीने का चुनाव किया था
he had chosen not to sleep or dream
उसने न सोने का और न ही सपने देखने का चुनाव किया था
instead, he had obeyed the voice
इसके बजाय, उसने आवाज़ का पालन किया था
To obey like this was good
इस तरह आज्ञा पालन करना अच्छा था
it was good not to obey to an external command
किसी बाहरी आदेश का पालन न करना अच्छा था
it was good to obey only the voice
केवल आवाज़ का पालन करना अच्छा था

to be ready like this was good and necessary
इस तरह से तैयार रहना अच्छा और आवश्यक था
there was nothing else that was necessary
इसके अलावा और कुछ भी ज़रूरी नहीं था

in the night Siddhartha got to a river
रात में सिद्धार्थ एक नदी के किनारे पहुंचे
he slept in the straw hut of a ferryman
वह एक मांझी की झोपड़ी में सोता था
this night Siddhartha had a dream
इस रात सिद्धार्थ ने एक सपना देखा
Govinda was standing in front of him
गोविंदा उनके सामने खड़े थे
he was dressed in the yellow robe of an ascetic
वह एक तपस्वी के पीले वस्त्र पहने हुए थे
Sad was how Govinda looked
गोविंदा का चेहरा देखकर दुख हुआ
sadly he asked, "Why have you forsaken me?"
उसने दुःखी होकर पूछा, "तुमने मुझे क्यों त्याग दिया?"
Siddhartha embraced Govinda, and wrapped his arms around him
सिद्धार्थ ने गोविंदा को गले लगा लिया और अपनी बाहें उनके चारों ओर लपेट लीं
he pulled him close to his chest and kissed him
उसने उसे अपनी छाती के करीब खींच लिया और उसे चूमा
but it was not Govinda anymore, but a woman
लेकिन वह अब गोविंदा नहीं था, बल्कि एक महिला थी
a full breast popped out of the woman's dress
महिला के कपड़े से पूरा स्तन बाहर निकल आया
Siddhartha lay and drank from the breast
सिद्धार्थ लेट गया और स्तन से पीने लगा

sweetly and strongly tasted the milk from this breast
इस स्तन से निकले दूध का मीठा और तीखा स्वाद लिया
It tasted of woman and man
इसका स्वाद औरत और आदमी का था
it tasted of sun and forest
इसमें सूरज और जंगल का स्वाद था
it tasted of animal and flower
इसमें जानवर और फूल का स्वाद था
it tasted of every fruit and every joyful desire
इसने हर फल और हर खुशी की इच्छा का स्वाद लिया
It intoxicated him and rendered him unconscious
इससे वह नशे में हो गया और बेहोश हो गया
Siddhartha woke up from the dream
सिद्धार्थ स्वप्न से जागे

the pale river shimmered through the door of the hut
पीली नदी झोपड़ी के दरवाजे से झिलमिला रही थी
a dark call of an owl resounded deeply through the forest
एक उल्लू की गहरी आवाज जंगल में गूंज उठी
Siddhartha asked the ferryman to get him across the river
सिद्धार्थ ने नाव वाले से नदी पार कराने को कहा

The ferryman got him across the river on his bamboo-raft
मांझी ने उसे बांस की नाव पर बिठाकर नदी पार कराई
the water shimmered reddish in the light of the morning
सुबह की रोशनी में पानी लाल चमक रहा था
"This is a beautiful river," he said to his companion
"यह एक सुंदर नदी है," उसने अपने साथी से कहा
"Yes," said the ferryman, "a very beautiful river"
"हाँ," मांझी ने कहा, "बहुत सुंदर नदी है"
"I love it more than anything"
"मुझे यह किसी भी चीज़ से अधिक प्रिय है"
"Often I have listened to it"

"मैंने अक्सर यह सुना है"
"often I have looked into its eyes"
"अक्सर मैंने उसकी आँखों में देखा है"
"and I have always learned from it"
"और मैंने हमेशा इससे सीखा है"
"Much can be learned from a river"
"नदी से बहुत कुछ सीखा जा सकता है"
"I thank you, my benefactor" spoke Siddhartha
"मैं आपको धन्यवाद देता हूँ, मेरे उपकारकर्ता" सिद्धार्थ बोले
he disembarked on the other side of the river
वह नदी के दूसरी ओर उतर गया
"I have no gift I could give you for your hospitality, my dear"
"मेरे पास आपके आतिथ्य के लिए आपको देने के लिए कोई उपहार नहीं है, प्रिय"
"and I also have no payment for your work"
"और मुझे आपके काम के लिए कोई भुगतान भी नहीं मिला"
"I am a man without a home"
"मैं एक घरविहीन आदमी हूं"
"I am the son of a Brahman and a Samana"
"मैं एक ब्राह्मण और एक समाना का पुत्र हूँ"
"I did see it," spoke the ferryman
"मैंने देखा था," मांझी बोला।
"I did not expect any payment from you"
"मुझे आपसे किसी भुगतान की उम्मीद नहीं थी"
"it is custom for guests to bear a gift"
"मेहमानों के लिए उपहार लाना प्रथा है"
"but I did not expect this from you either"
"लेकिन मुझे भी आपसे ऐसी उम्मीद नहीं थी"
"You will give me the gift another time"
"आप मुझे यह उपहार किसी और समय देंगे"

"Do you think so?" asked Siddhartha, bemusedly
"क्या तुम्हें ऐसा लगता है?" सिद्धार्थ ने हैरानी से पूछा
"I am sure of it," replied the ferryman
"मुझे इस बात का पूरा यकीन है," मांझी ने जवाब दिया
"This too, I have learned from the river"
"यह भी मैंने नदी से सीखा है"
"everything that goes comes back!"
"जो कुछ भी चला जाता है वह वापस आता है!"
"You too, Samana, will come back"
"तुम भी, समाना, वापस आओगे"
"Now farewell! Let your friendship be my reward"
"अब विदा! आपकी दोस्ती ही मेरा इनाम हो"
"Commemorate me, when you make offerings to the gods"
"जब तुम देवताओं को प्रसाद चढ़ाओ तो मेरा स्मरण करो"
Smiling, they parted from each other
मुस्कुराते हुए वे एक दूसरे से अलग हो गए
Smiling, Siddhartha was happy about the friendship
मुस्कुराते हुए सिद्धार्थ दोस्ती से खुश थे
and he was happy about the kindness of the ferryman
और वह मांझी की दयालुता से खुश था
"He is like Govinda," he thought with a smile
"वह गोविंदा जैसा है," उसने मुस्कुराते हुए सोचा
"all I meet on my path are like Govinda"
"मेरे रास्ते में जो भी मिलते हैं वे गोविंदा जैसे हैं"
"All are thankful for what they have"
"उनके पास जो कुछ है उसके लिए सभी आभारी हैं"
"but they are the ones who would have a right to receive thanks"
"लेकिन वे ही हैं जिन्हें धन्यवाद प्राप्त करने का अधिकार होगा"
"all are submissive and would like to be friends"

"सभी विनम्र हैं और मित्र बनना चाहते हैं"
"all like to obey and think little"
"सभी लोग आज्ञा पालन करना पसंद करते हैं और कम सोचते हैं"
"all people are like children"
"सभी लोग बच्चों की तरह हैं"

At about noon, he came through a village
दोपहर के समय वह एक गांव से गुजरा।
In front of the mud cottages, children were rolling about in the street
मिट्टी की झोपड़ियों के सामने, बच्चे सड़क पर लोट रहे थे
they were playing with pumpkin-seeds and sea-shells
वे कद्दू के बीज और समुद्री सीपियों से खेल रहे थे
they screamed and wrestled with each other
वे चिल्लाए और एक दूसरे से कुश्ती लड़ी
but they all timidly fled from the unknown Samana
लेकिन वे सभी अज्ञात समाना से डरते हुए भाग गए
In the end of the village, the path led through a stream
गांव के अंत में रास्ता एक नाले से होकर जाता था
by the side of the stream, a young woman was kneeling
नदी के किनारे एक युवती घुटनों के बल बैठी थी
she was washing clothes in the stream
वह नदी में कपड़े धो रही थी
When Siddhartha greeted her, she lifted her head
जब सिद्धार्थ ने उसका अभिवादन किया तो उसने अपना सिर उठाया
and she looked up to him with a smile
और उसने मुस्कुराते हुए उसकी ओर देखा
he could see the white in her eyes glistening

वह उसकी आँखों में चमकती हुई सफ़ेदी देख सकता था
He called out a blessing to her
उसने उसे आशीर्वाद दिया
this was the custom among travellers
यात्रियों के बीच यह प्रथा थी
and he asked how far it was to the large city
और उसने पूछा कि बड़ा शहर कितनी दूर है
Then she got up and came to him
फिर वह उठकर उसके पास आई।
beautifully her wet mouth was shimmering in her young face
खूबसूरती से उसका गीला मुंह उसके युवा चेहरे पर चमक रहा था
She exchanged humorous banter with him
उसने उसके साथ मज़ाकिया मज़ाक का आदान-प्रदान किया
she asked whether he had eaten already
उसने पूछा कि क्या उसने पहले ही खाना खा लिया है
and she asked curious questions
और उसने उत्सुकता भरे सवाल पूछे
"is it true that the Samanas slept alone in the forest at night?"
"क्या यह सच है कि समाना लोग रात में जंगल में अकेले सोते थे?"
"is it true Samanas are not allowed to have women with them"
"क्या यह सच है कि समानाओं को अपने साथ महिलाओं को रखने की अनुमति नहीं है"
While talking, she put her left foot on his right one
बात करते समय उसने अपना बायां पैर उसके दाहिने पैर पर रख दिया।
the movement of a woman who would want to initiate sexual pleasure

एक महिला की हरकत जो यौन सुख की शुरुआत करना चाहती है
the textbooks call this "climbing a tree"
पाठ्यपुस्तकों में इसे "पेड़ पर चढ़ना" कहा गया है
Siddhartha felt his blood heating up
सिद्धार्थ को लगा कि उसका खून गर्म हो रहा है
he had to think of his dream again
उसे अपने सपने के बारे में फिर से सोचना पड़ा
he bend slightly down to the woman
वह महिला की ओर थोड़ा नीचे झुका
and he kissed with his lips the brown nipple of her breast
और उसने अपने होठों से उसके स्तन के भूरे निप्पल को चूमा
Looking up, he saw her face smiling
ऊपर देखते हुए उसने उसका चेहरा मुस्कुराता हुआ देखा
and her eyes were full of lust
और उसकी आँखें वासना से भरी थीं
Siddhartha also felt desire for her
सिद्धार्थ को भी उसकी चाहत हुई
he felt the source of his sexuality moving
उसे अपनी कामुकता का स्रोत हिलता हुआ महसूस हुआ
but he had never touched a woman before
लेकिन उसने पहले कभी किसी महिला को नहीं छुआ था
so he hesitated for a moment
तो वह एक पल के लिए हिचकिचाया
his hands were already prepared to reach out for her
उसके हाथ पहले से ही उसकी ओर बढ़ने के लिए तैयार थे
but then he heard the voice of his innermost self
लेकिन तभी उसे अपनी अंतरात्मा की आवाज सुनाई दी
he shuddered with awe at his voice
वह उसकी आवाज सुनकर भय से कांप उठा
and this voice told him no

और इस आवाज़ ने उससे कहा कि नहीं
all charms disappeared from the young woman's smiling face
युवती के मुस्कुराते चेहरे से सारा आकर्षण गायब हो गया
he no longer saw anything else but a damp glance
उसे अब कुछ और नज़र नहीं आया सिवाय एक नम नज़र के
all he could see was female animal in heat
वह केवल मादा पशु को ही देख सकता था जो गर्मी में थी
Politely, he petted her cheek
विनम्रता से, उसने उसके गाल को सहलाया
he turned away from her and disappeared away
वह उससे दूर हो गया और गायब हो गया
he left from the disappointed woman with light steps
वह निराश महिला के पास से हल्के कदमों से चला गया
and he disappeared into the bamboo-wood
और वह बांस के जंगल में गायब हो गया

he reached the large city before the evening
वह शाम से पहले बड़े शहर में पहुँच गया
and he was happy to have reached the city
और वह शहर पहुंचकर खुश था
because he felt the need to be among people
क्योंकि उन्हें लोगों के बीच रहने की ज़रूरत महसूस हुई
or a long time, he had lived in the forests
या बहुत समय से वह जंगलों में रहता था
for first time in a long time he slept under a roof
बहुत दिनों बाद पहली बार वह छत के नीचे सोया
Before the city was a beautifully fenced garden
पहले यह शहर एक सुंदर बाड़ से घिरा हुआ बगीचा था
the traveller came across a small group of servants
यात्री को नौकरों का एक छोटा समूह मिला

the servants were carrying baskets of fruit
नौकर फलों की टोकरियाँ ले जा रहे थे
four servants were carrying an ornamental sedan-chair
चार नौकर एक सजावटी पालकी ले जा रहे थे
on this chair sat a woman, the mistress
इस कुर्सी पर एक महिला बैठी थी, मालकिन
she was on red pillows under a colourful canopy
वह एक रंगीन छतरी के नीचे लाल तकियों पर थी
Siddhartha stopped at the entrance to the pleasure-garden
सिद्धार्थ आनंद-उद्यान के प्रवेश द्वार पर रुके
and he watched the parade go by
और वह परेड को गुजरता हुआ देखता रहा
he saw saw the servants and the maids
उसने नौकरों और नौकरानियों को देखा
he saw the baskets and the sedan-chair
उसने टोकरियाँ और पालकी देखी
and he saw the lady on the chair
और उसने कुर्सी पर बैठी महिला को देखा
Under her black hair he saw a very delicate face
उसके काले बालों के नीचे उसने एक बहुत ही नाजुक चेहरा देखा
a bright red mouth, like a freshly cracked fig
एक चमकीला लाल मुंह, एक ताजा तोड़े गए अंजीर की तरह
eyebrows which were well tended and painted in a high arch
भौंहें जो अच्छी तरह से तैयार की गई थीं और एक उच्च चाप में चित्रित की गई थीं
they were smart and watchful dark eyes
वे चतुर और चौकस अंधेरी आँखें थीं
a clear, tall neck rose from a green and golden garment
हरे और सुनहरे वस्त्र से एक स्पष्ट, लंबी गर्दन उभरी

her hands were resting, long and thin
उसके हाथ आराम कर रहे थे, लंबे और पतले
she had wide golden bracelets over her wrists
उसकी कलाइयों पर चौड़े सुनहरे कंगन थे
Siddhartha saw how beautiful she was, and his heart rejoiced
सिद्धार्थ ने देखा कि वह कितनी सुन्दर है, और उसका हृदय प्रसन्न हो गया।
He bowed deeply, when the sedan-chair came closer
जब पालकी करीब आई तो उसने गहराई से सिर झुकाया
straightening up again, he looked at the fair, charming face
फिर से सीधा होकर उसने उस सुन्दर, आकर्षक चेहरे को देखा
he read her smart eyes with the high arcs
उसने उसकी चतुर आँखों को ऊँचे चापों से पढ़ लिया
he breathed in a fragrance of something he did not know
उसने किसी ऐसी चीज़ की खुशबू सूँघी जिसे वह नहीं जानता था
With a smile, the beautiful woman nodded for a moment
एक मुस्कान के साथ, खूबसूरत महिला ने एक पल के लिए सिर हिलाया
then she disappeared into the garden
फिर वह बगीचे में गायब हो गई
and then the servants disappeared as well
और फिर नौकर भी गायब हो गए
"I am entering this city with a charming omen" Siddhartha thought
"मैं एक आकर्षक शगुन के साथ इस शहर में प्रवेश कर रहा हूँ" सिद्धार्थ ने सोचा
He instantly felt drawn into the garden
वह तुरन्त बगीचे की ओर खिंचा चला गया
but he thought about his situation

लेकिन उसने अपनी स्थिति के बारे में सोचा
he became aware of how the servants and maids had looked at him
उसे पता चल गया कि नौकर-चाकर उसे किस नज़र से देखते थे
they thought him despicable, distrustful, and rejected him
उन्होंने उसे तुच्छ, अविश्वासी समझा और उसे अस्वीकार कर दिया
"I am still a Samana" he thought
"मैं अभी भी एक समाना हूँ" उसने सोचा
"I am still an ascetic and beggar"
"मैं अभी भी एक तपस्वी और भिखारी हूँ"
"I must not remain like this"
"मुझे ऐसे नहीं रहना चाहिए"
"I will not be able to enter the garden like this," he laughed
"मैं इस तरह से बगीचे में प्रवेश नहीं कर पाऊंगा," वह हँसा
he asked the next person who came along the path about the garden
उसने रास्ते पर आने वाले अगले व्यक्ति से बगीचे के बारे में पूछा
and he asked for the name of the woman
और उसने उस महिला का नाम पूछा
he was told that this was the garden of Kamala, the famous courtesan
उन्हें बताया गया कि यह प्रसिद्ध वेश्या कमला का बगीचा है
and he was told that she also owned a house in the city
और उसे बताया गया कि शहर में उसका एक घर भी है
Then, he entered the city with a goal
फिर, वह एक लक्ष्य के साथ शहर में प्रवेश किया
Pursuing his goal, he allowed the city to suck him in

अपने लक्ष्य का पीछा करते हुए, उसने शहर को अपने अंदर समा लेने दिया

he drifted through the flow of the streets

वह सड़कों के प्रवाह के साथ बह गया

he stood still on the squares in the city

वह शहर के चौराहों पर स्थिर खड़ा था

he rested on the stairs of stone by the river

वह नदी के किनारे पत्थर की सीढ़ियों पर आराम कर रहा था

When the evening came, he made friends with a barber's assistant

जब शाम हुई तो उसने एक नाई के सहायक से दोस्ती कर ली

he had seen him working in the shade of an arch

उसने उसे एक मेहराब की छाया में काम करते देखा था

and he found him again praying in a temple of Vishnu

और उन्होंने उसे फिर से विष्णु के मंदिर में प्रार्थना करते हुए पाया

he told about stories of Vishnu and the Lakshmi

उन्होंने भगवान विष्णु और लक्ष्मी की कहानियां सुनाईं

Among the boats by the river, he slept this night

नदी किनारे नावों के बीच, वह इस रात सोया

Siddhartha came to him before the first customers came into his shop

सिद्धार्थ उसके पास तब आया जब उसकी दुकान में पहला ग्राहक आया ही नहीं था।

he had the barber's assistant shave his beard and cut his hair

उसने नाई के सहायक से अपनी दाढ़ी बनवाई और बाल कटवाए

he combed his hair and anointed it with fine oil

उसने अपने बालों में कंघी की और उन पर बढ़िया तेल लगाया

Then he went to take his bath in the river

फिर वह नदी में नहाने चला गया

late in the afternoon, beautiful Kamala approached her garden
देर दोपहर में, सुंदर कमला अपने बगीचे में पहुंची
Siddhartha was standing at the entrance again
सिद्धार्थ फिर से प्रवेश द्वार पर खड़ा था
he made a bow and received the courtesan's greeting
उसने झुककर वेश्या का अभिवादन स्वीकार किया
he got the attention of one of the servant
उसने एक नौकर का ध्यान अपनी ओर आकर्षित किया
he asked him to inform his mistress
उसने उसे अपनी मालकिन को सूचित करने के लिए कहा
"a young Brahman wishes to talk to her"
"एक युवा ब्राह्मण उससे बात करना चाहता है"
After a while, the servant returned
थोड़ी देर बाद नौकर वापस आया।
the servant asked Siddhartha to follow him
नौकर ने सिद्धार्थ को अपने पीछे आने को कहा
Siddhartha followed the servant into a pavilion
सिद्धार्थ नौकर के पीछे-पीछे मंडप में चले गए
here Kamala was lying on a couch
यहाँ कमला सोफ़े पर लेटी हुई थी
and the servant left him alone with her
और नौकर ने उसे उसके साथ अकेला छोड़ दिया
"Weren't you also standing out there yesterday, greeting me?" asked Kamala
"क्या तुम भी कल वहाँ खड़े होकर मेरा अभिवादन नहीं कर रहे थे?" कमला ने पूछा
"It's true that I've already seen and greeted you yesterday"

"यह सच है कि मैंने कल ही आपसे मुलाकात की थी और आपका अभिवादन किया था"
"But didn't you yesterday wear a beard, and long hair?"
"लेकिन क्या आपने कल दाढ़ी और लंबे बाल नहीं रखे थे?"
"and was there not dust in your hair?"
"और क्या तुम्हारे बालों में धूल नहीं थी?"
"You have observed well, you have seen everything"
"आपने अच्छी तरह से देखा है, आपने सब कुछ देखा है"
"You have seen Siddhartha, the son of a Brahman"
"आपने ब्राह्मण पुत्र सिद्धार्थ को देखा है"
"the Brahman who has left his home to become a Samana"
"वह ब्राह्मण जो समाना बनने के लिए अपना घर छोड़ चुका है"
"the Brahman who has been a Samana for three years"
"वह ब्राह्मण जो तीन वर्षों तक समाना रहा हो"
"But now, I have left that path and came into this city"
"लेकिन अब मैं वह रास्ता छोड़कर इस शहर में आ गया हूँ"
"and the first one I met, even before I had entered the city, was you"
"और शहर में प्रवेश करने से पहले ही मेरी पहली मुलाकात तुम से हुई थी"
"To say this, I have come to you, oh Kamala!"
"यही कहने के लिए मैं तुम्हारे पास आया हूँ, हे कमला!"
"before, Siddhartha addressed all woman with his eyes to the ground"
"इससे पहले, सिद्धार्थ ने अपनी आँखें ज़मीन पर टिकाकर सभी महिलाओं को संबोधित किया था"
"You are the first woman whom I address otherwise"
"आप पहली महिला हैं जिन्हें मैं अन्यथा संबोधित करता हूं"
"Never again do I want to turn my eyes to the ground"

"मैं फिर कभी अपनी आँखें ज़मीन की ओर नहीं मोड़ना चाहता"
"I won't turn when I'm coming across a beautiful woman"
"जब मैं किसी खूबसूरत महिला के सामने आऊंगा तो मैं पीछे नहीं मुड़ूंगा"
Kamala smiled and played with her fan of peacocks' feathers
कमला मुस्कुराई और मोर के पंखों से बने अपने पंखे से खेलने लगी
"And only to tell me this, Siddhartha has come to me?"
"और सिर्फ यही बताने के लिए सिद्धार्थ मेरे पास आया है?"
"To tell you this and to thank you for being so beautiful"
"आपको यह बताने के लिए और इतनी खूबसूरत होने के लिए धन्यवाद देने के लिए"
"I would like to ask you to be my friend and teacher"
"मैं आपसे अनुरोध करना चाहता हूँ कि आप मेरे मित्र और शिक्षक बनें"
"for I know nothing yet of that art which you have mastered"
"क्योंकि मैं अभी तक उस कला के विषय में कुछ नहीं जानता, जिसमें तुमने महारत हासिल कर ली है"
At this, Kamala laughed aloud
इस पर कमला जोर से हंस पड़ीं।
"Never before this has happened to me, my friend"
"मेरे साथ ऐसा पहले कभी नहीं हुआ, मेरे दोस्त"
"a Samana from the forest came to me and wanted to learn from me!"
"जंगल से एक समाना मेरे पास आया और मुझसे सीखना चाहता था!"
"Never before this has happened to me"
"ऐसा मेरे साथ पहले कभी नहीं हुआ"

"a Samana came to me with long hair and an old, torn loincloth!"

"एक समाना लंबे बालों और एक पुरानी, फटी हुई लंगोटी के साथ मेरे पास आई!"

"Many young men come to me"

"कई युवा मेरे पास आते हैं"

"and there are also sons of Brahmans among them"

"और उनमें ब्राह्मण के पुत्र भी हैं"

"but they come in beautiful clothes"

"लेकिन वे सुंदर कपड़ों में आते हैं"

"they come in fine shoes"

"वे बढ़िया जूते में आते हैं"

"they have perfume in their hair

"उनके बालों में इत्र लगा हुआ है

"and they have money in their pouches"

"और उनकी थैलियों में पैसे हैं"

"This is how the young men are like, who come to me"

"मेरे पास आने वाले युवा ऐसे ही होते हैं"

Spoke Siddhartha, "Already I am starting to learn from you"

सिद्धार्थ बोला, "मैं तो आपसे सीखना शुरू ही कर रहा हूँ।"

"Even yesterday, I was already learning"

"कल भी मैं सीख रहा था"

"I have already taken off my beard"

"मैंने पहले ही अपनी दाढ़ी हटा ली है"

"I have combed the hair"

"मैंने बालों में कंघी कर ली है"

"and I have oil in my hair"

"और मेरे बालों में तेल लगा हुआ है"

"There is little which is still missing in me"

"मुझमें अभी भी कुछ कमी है"

"oh excellent one, fine clothes, fine shoes, money in my pouch"

"ओह बहुत बढ़िया, बढ़िया कपड़े, बढ़िया जूते, मेरी थैली में पैसे"

"You shall know Siddhartha has set harder goals for himself"

"आपको पता चल जाएगा कि सिद्धार्थ ने अपने लिए कठिन लक्ष्य निर्धारित किये हैं"

"and he has reached these goals"

"और वह इन लक्ष्यों तक पहुंच गया है"

"How shouldn't I reach that goal?"

"मैं उस लक्ष्य तक कैसे नहीं पहुंच सकता?"

"the goal which I have set for myself yesterday"

"वह लक्ष्य जो मैंने कल अपने लिए निर्धारित किया था"

"to be your friend and to learn the joys of love from you"

"आपका मित्र बनना और आपसे प्रेम का आनन्द सीखना"

"You'll see that I'll learn quickly, Kamala"

"तुम देखोगे कि मैं जल्दी सीख जाऊंगा, कमला"

"I have already learned harder things than what you're supposed to teach me"

"आप मुझे जो सिखाना चाहते थे, उससे भी कठिन चीजें मैं पहले ही सीख चुका हूँ"

"And now let's get to it"

"और अब हम इस पर आते हैं"

"You aren't satisfied with Siddhartha as he is?"

"आप सिद्धार्थ से संतुष्ट नहीं हैं?"

"with oil in his hair, but without clothes"

"बालों में तेल लगा हुआ, परन्तु वस्त्रहीन"

"Siddhartha without shoes, without money"

"सिद्धार्थ बिना जूते, बिना पैसे"

Laughing, Kamala exclaimed, "No, my dear"

कमला ने हँसते हुए कहा, "नहीं, मेरे प्यारे"
"he doesn't satisfy me, yet"
"वह अभी भी मुझे संतुष्ट नहीं करता"
"Clothes are what he must have"
"कपड़े ही वह चीज है जो उसके पास होनी चाहिए"
"pretty clothes, and shoes is what he needs"
"उसे सुंदर कपड़े और जूते चाहिए"
"pretty shoes, and lots of money in his pouch"
"सुंदर जूते, और थैली में ढेर सारा पैसा"
"and he must have gifts for Kamala"
"और उसके पास कमला के लिए उपहार अवश्य होंगे"
"Do you know it now, Samana from the forest?"
"क्या अब तुम्हें पता चल गया, जंगल से आये समाना?"
"Did you mark my words?"
"क्या तुमने मेरी बातें याद रखीं?"
"Yes, I have marked your words," Siddhartha exclaimed
"हाँ, मैंने आपके शब्द नोट कर लिए हैं," सिद्धार्थ ने कहा।
"How should I not mark words which are coming from such a mouth!"
"ऐसे मुख से निकले शब्दों पर मैं ध्यान कैसे न दूं!"
"Your mouth is like a freshly cracked fig, Kamala"
"तुम्हारा मुँह ताजे तोड़े गए अंजीर जैसा है, कमला"
"My mouth is red and fresh as well"
"मेरा मुंह भी लाल और ताजा है"
"it will be a suitable match for yours, you'll see"
"यह आपके लिए एक उपयुक्त मैच होगा, आप देखेंगे"
"But tell me, beautiful Kamala"
"लेकिन मुझे बताओ, सुंदर कमला"
"aren't you at all afraid of the Samana from the forest"
"क्या तुम्हें जंगल से आए समाना से ज़रा भी डर नहीं लगता?"

"the Samana who has come to learn how to make love"
"वह समाना जो प्रेम करना सीखने आया है"
"Whatever for should I be afraid of a Samana?"
"मुझे समाना से किस बात का डर होना चाहिए?"
"a stupid Samana from the forest"
"जंगल से एक मूर्ख समाना"
"a Samana who is coming from the jackals"
"एक समाना जो गीदड़ों से आ रही है"
"a Samana who doesn't even know yet what women are?"
"एक समाना जो अभी तक यह भी नहीं जानती कि महिलाएं क्या होती हैं?"
"Oh, he's strong, the Samana"
"ओह, वह मजबूत है, समाना"
"and he isn't afraid of anything"
"और वह किसी भी चीज़ से नहीं डरता"
"He could force you, beautiful girl"
"वह तुम्हें मजबूर कर सकता है, सुंदर लड़की"
"He could kidnap you and hurt you"
"वह तुम्हें अगवा कर सकता है और तुम्हें चोट पहुंचा सकता है"
"No, Samana, I am not afraid of this"
"नहीं, समाना, मैं इससे नहीं डरता"
"Did any Samana or Brahman ever fear someone might come and grab him?"
"क्या कभी किसी समाना या ब्राह्मण को यह भय हुआ कि कोई आकर उसे पकड़ लेगा?"
"could he fear someone steals his learning?
"क्या उसे डर है कि कोई उसकी शिक्षा चुरा लेगा?
"could anyone take his religious devotion"
"क्या कोई उसकी धार्मिक भक्ति छीन सकता है"
"is it possible to take his depth of thought?

"क्या उनके विचारों की गहराई को समझना संभव है?
"No, because these things are his very own"
"नहीं, क्योंकि ये चीज़ें उसकी अपनी हैं"
"he would only give away the knowledge he is willing to give"
"वह केवल वही ज्ञान देगा जो वह देने को तैयार है"
"he would only give to those he is willing to give to"
"वह केवल उन्हीं को देगा जिन्हें वह देने को तैयार है"
"precisely like this it is also with Kamala"
"ठीक इसी तरह कमला के साथ भी है"
"and it is the same way with the pleasures of love"
"और प्रेम के सुख के साथ भी यही बात है"
"Beautiful and red is Kamala's mouth," answered Siddhartha
सिद्धार्थ ने उत्तर दिया, "कमला का मुंह सुन्दर और लाल है।"
"but don't try to kiss it against Kamala's will"
"लेकिन कमला की इच्छा के विरुद्ध इसे चूमने की कोशिश मत करो"
"because you will not obtain a single drop of sweetness from it"
"क्योंकि तुम्हें इससे मिठास की एक बूँद भी नहीं मिलेगी"
"You are learning easily, Siddhartha"
"तुम आसानी से सीख रहे हो, सिद्धार्थ"
"you should also learn this"
"तुम्हें भी यह सीखना चाहिए"
"love can be obtained by begging, buying"
"प्यार भीख मांगकर, खरीदकर पाया जा सकता है"
"you can receive it as a gift"
"आप इसे उपहार के रूप में प्राप्त कर सकते हैं"
"or you can find it in the street"
"या आप इसे सड़क पर पा सकते हैं"
"but love cannot be stolen"

"लेकिन प्यार चुराया नहीं जा सकता"
"In this, you have come up with the wrong path"
"इसमें, आप गलत रास्ते पर आ गए हैं"
"it would be a pity if you would want to tackle love in such a wrong manner"
"यह दुख की बात होगी यदि आप प्यार को इस तरह गलत तरीके से निपटाना चाहेंगे"
Siddhartha bowed with a smile
सिद्धार्थ ने मुस्कुराते हुए सिर झुकाया
"It would be a pity, Kamala, you are so right"
"यह दुख की बात होगी, कमला, तुम बिल्कुल सही हो"
"It would be such a great pity"
"यह बहुत दुःख की बात होगी"
"No, I shall not lose a single drop of sweetness from your mouth"
"नहीं, मैं तुम्हारे मुँह से मिठास की एक बूँद भी नहीं खोऊँगा"
"nor shall you lose sweetness from my mouth"
"मेरे मुंह की मिठास कभी न छूटने पाएगी"
"So it is agreed. Siddhartha will return"
"तो यह तय हो गया। सिद्धार्थ वापस आएगा"
"Siddhartha will return once he has what he still lacks"
"सिद्धार्थ तब वापस आएगा जब उसे वह सब मिल जाएगा जिसकी उसे अभी कमी है"
"he will come back with clothes, shoes, and money"
"वह कपड़े, जूते और पैसे लेकर वापस आएगा"
"But speak, lovely Kamala, couldn't you still give me one small advice?"
"लेकिन बोलो, प्यारी कमला, क्या तुम मुझे एक छोटी सी सलाह नहीं दे सकती?"
"Give you an advice? Why not?"
"मैं तुम्हें कोई सलाह दूँ? क्यों नहीं?"

"Who wouldn't like to give advice to a poor, ignorant Samana?"

"कौन एक गरीब, अज्ञानी समाना को सलाह देना पसंद नहीं करेगा?"

"Dear Kamala, where I should go to find these three things most quickly?"

"प्रिय कमला, इन तीन चीजों को शीघ्रता से खोजने के लिए मुझे कहां जाना चाहिए?"

"Friend, many would like to know this"

"मित्र, बहुत से लोग यह जानना चाहेंगे"

"You must do what you've learned and ask for money"

"आपको वही करना चाहिए जो आपने सीखा है और पैसे मांगना चाहिए"

"There is no other way for a poor man to obtain money"

"गरीब आदमी के पास पैसा पाने का कोई और रास्ता नहीं है"

"What might you be able to do?"

"आप क्या कर सकते हैं?"

"I can think. I can wait. I can fast" said Siddhartha

"मैं सोच सकता हूँ। मैं प्रतीक्षा कर सकता हूँ। मैं उपवास कर सकता हूँ" सिद्धार्थ ने कहा

"Nothing else?" asked Kamala

"और कुछ नहीं?" कमला ने पूछा

"yes, I can also write poetry"

"हाँ, मैं कविता भी लिख सकता हूँ"

"Would you like to give me a kiss for a poem?"

"क्या आप मुझे एक कविता के लिए एक चुंबन देना चाहेंगे?"

"I would like to, if I like your poem"

"मैं चाहूँगा, अगर मुझे आपकी कविता पसंद आये"

"What would be its title?"

"इसका शीर्षक क्या होगा?"

Siddhartha spoke, after he had thought about it for a moment

सिद्धार्थ ने कुछ देर सोचने के बाद कहा

"Into her shady garden stepped the pretty Kamala"

"सुन्दर कमला उसके छायादार बगीचे में प्रवेश कर गयी"

"At the garden's entrance stood the brown Samana"

"बगीचे के प्रवेश द्वार पर भूरे रंग का समाना खड़ा था"

"Deeply, seeing the lotus's blossom, Bowed that man"

"गहरी दृष्टि से, कमल का फूल देखकर, उस आदमी ने सिर झुकाया"

"and smiling, Kamala thanked him"

"और मुस्कुराते हुए कमला ने उन्हें धन्यवाद दिया"

"More lovely, thought the young man, than offerings for gods"

"युवक ने सोचा, यह देवताओं को चढ़ाए जाने वाले प्रसाद से भी अधिक सुन्दर है"

Kamala clapped her hands so loud that the golden bracelets clanged

कमला ने इतनी जोर से ताली बजाई कि सोने के कंगन खनक उठे

"Beautiful are your verses, oh brown Samana"

"हे भूरे समाना, तुम्हारी कविताएँ सुन्दर हैं"

"and truly, I'm losing nothing when I'm giving you a kiss for them"

"और सच में, जब मैं तुम्हें उनके लिए चूम रहा हूँ तो मैं कुछ भी नहीं खो रहा हूँ"

She beckoned him with her eyes

उसने अपनी आँखों से उसे इशारा किया

he tilted his head so that his face touched hers

उसने अपना सिर झुकाया ताकि उसका चेहरा उसके चेहरे को छू सके

and he placed his mouth on her mouth
और उसने अपना मुंह उसके मुंह पर रख दिया
the mouth which was like a freshly cracked fig
मुँह जो एक ताजा तोड़े गए अंजीर की तरह था
For a long time, Kamala kissed him
बहुत देर तक कमला उसे चूमती रही
and with a deep astonishment Siddhartha felt how she taught him
और सिद्धार्थ को गहरी हैरानी हुई कि उसने उसे कैसे सिखाया
he felt how wise she was
उसे लगा कि वह कितनी बुद्धिमान थी
he felt how she controlled him
उसे लगा कि वह उसे कैसे नियंत्रित करती है
he felt how she rejected him
उसे लगा कि उसने उसे कैसे अस्वीकार कर दिया
he felt how she lured him
उसे लगा कि उसने उसे कैसे लुभाया
and he felt how there were to be more kisses
और उसे लगा कि और भी चुम्बन होने चाहिए
every kiss was different from the others
हर चुम्बन दूसरे से अलग था
he was still, when he received the kisses
वह शांत था, जब उसे चुम्बन मिले
Breathing deeply, he remained standing where he was
गहरी साँस लेते हुए वह वहीं खड़ा रहा जहाँ था
he was astonished like a child about the things worth learning
वह सीखने लायक चीजों के बारे में एक बच्चे की तरह आश्चर्यचकित था
the knowledge revealed itself before his eyes
ज्ञान उसकी आँखों के सामने प्रकट हुआ

"Very beautiful are your verses" exclaimed Kamala
"आपकी कविताएँ बहुत सुन्दर हैं" कमला ने कहा
"if I were rich, I would give you pieces of gold for them"
"अगर मैं अमीर होता, तो मैं तुम्हें उनके बदले सोने के टुकड़े देता"
"But it will be difficult for you to earn enough money with verses"
"लेकिन आपके लिए छंदों से पर्याप्त धन कमाना कठिन होगा"
"because you need a lot of money, if you want to be Kamala's friend"
"क्योंकि अगर आप कमला के दोस्त बनना चाहते हैं तो आपको बहुत सारा पैसा चाहिए"
"The way you're able to kiss, Kamala!" stammered Siddhartha
"जिस तरह से तुम चूम पाती हो, कमला!" सिद्धार्थ हकलाया
"Yes, this I am able to do"
"हाँ, मैं यह करने में सक्षम हूँ"
"therefore I do not lack clothes, shoes, bracelets"
"इसलिए मुझे कपड़े, जूते, कंगन की कमी नहीं है"
"I have all the beautiful things"
"मेरे पास सभी खूबसूरत चीजें हैं"
"But what will become of you?"
"लेकिन तुम्हारा क्या होगा?"
"Aren't you able to do anything else?"
"क्या आप कुछ और नहीं कर सकते?"
"can you do more than think, fast, and make poetry?"
"क्या आप तेजी से सोचने और कविता लिखने के अलावा कुछ और भी कर सकते हैं?"
"I also know the sacrificial songs" said Siddhartha
सिद्धार्थ ने कहा, "मैं यज्ञ के गीत भी जानता हूं।"
"but I do not want to sing those songs anymore"

"लेकिन मैं अब वे गाने नहीं गाना चाहता"
"I also know how to make magic spells"
"मैं जादू-टोना करना भी जानता हूँ"
"but I do not want to speak them anymore"
"लेकिन मैं अब उन्हें बोलना नहीं चाहता"
"I have read the scriptures"
"मैंने धर्मग्रंथ पढ़े हैं"
"Stop!" Kamala interrupted him
"रुको!" कमला ने उसे टोका
"You're able to read and write?"
"क्या आप पढ़ और लिख सकते हैं?"
"Certainly, I can do this, many people can"
"निश्चित रूप से, मैं यह कर सकता हूँ, बहुत से लोग कर सकते हैं"
"Most people can't," Kamala replied
"अधिकांश लोग नहीं कर सकते," कमला ने उत्तर दिया
"I am also one of those who can't do it"
"मैं भी उनमें से एक हूं जो ऐसा नहीं कर सकता"
"It is very good that you're able to read and write"
"यह बहुत अच्छी बात है कि तुम पढ़ और लिख सकते हो"
"you will also find use for the magic spells"
"आपको जादू मंत्रों का भी उपयोग मिलेगा"
In this moment, a maid came running in
इसी समय एक नौकरानी दौड़ती हुई आई।
she whispered a message into her mistress's ear
उसने अपनी मालकिन के कान में एक संदेश फुसफुसाया
"There's a visitor for me" exclaimed Kamala
"मेरे लिए एक आगंतुक है" कमला ने कहा
"Hurry and get yourself away, Siddhartha"
"जल्दी करो और भाग जाओ, सिद्धार्थ"
"nobody may see you in here, remember this!"

"यहाँ कोई तुम्हें नहीं देख सकता, यह याद रखो!"
"Tomorrow, I'll see you again"
"कल मैं फिर मिलूंगा"
Kamala ordered her maid to give Siddhartha white garments
कमला ने अपनी दासी को सिद्धार्थ को श्वेत वस्त्र देने का आदेश दिया
and then Siddhartha found himself being dragged away by the maid
और फिर सिद्धार्थ ने पाया कि दासी उसे घसीट कर ले जा रही है
he was brought into a garden-house out of sight of any paths
उसे किसी भी रास्ते की नज़र से दूर एक बगीचे वाले घर में ले जाया गया
then he was led into the bushes of the garden
फिर उसे बगीचे की झाड़ियों में ले जाया गया
he was urged to get himself out of the garden as soon as possible
उनसे आग्रह किया गया कि वे जल्द से जल्द बगीचे से बाहर निकल जाएं
and he was told he must not be seen
और उससे कहा गया कि उसे नहीं देखा जाना चाहिए
he did as he had been told
उसने वैसा ही किया जैसा उसे बताया गया था
he was accustomed to the forest
वह जंगल का आदी था
so he managed to get out without making a sound
इसलिए वह बिना कोई आवाज़ किए बाहर निकलने में कामयाब रहा

he returned to the city carrying the rolled up garments under his arm

वह लुढ़का हुआ कपड़ा अपनी बांह के नीचे दबाए हुए शहर लौट आया

At the inn, where travellers stay, he positioned himself by the door

सराय में, जहाँ यात्री ठहरते हैं, वह दरवाजे के पास खड़ा हो गया

without words he asked for food

बिना कुछ कहे उसने खाना माँगा

without a word he accepted a piece of rice-cake

बिना कुछ कहे उसने चावल के केक का एक टुकड़ा स्वीकार कर लिया

he thought about how he had always begged

उसने सोचा कि कैसे वह हमेशा भीख मांगता था

"Perhaps as soon as tomorrow I will ask no one for food anymore"

"शायद कल से मैं किसी से खाना नहीं मांगूंगा"

Suddenly, pride flared up in him

अचानक, उसके अंदर गर्व की भावना जाग उठी

He was no Samana any more

वह अब समाना नहीं रहा

it was no longer appropriate for him to beg for food

अब उसके लिए भोजन की भीख मांगना उचित नहीं था

he gave the rice-cake to a dog

उसने चावल का केक एक कुत्ते को दे दिया

and that night he remained without food

और उस रात वह बिना भोजन के रहा

Siddhartha thought to himself about the city

सिद्धार्थ ने मन ही मन शहर के बारे में सोचा

"Simple is the life which people lead in this world"

"इस दुनिया में लोग सरल जीवन जीते हैं"
"this life presents no difficulties"
"इस जीवन में कोई कठिनाई नहीं है"
"Everything was difficult and toilsome when I was a Samana"
"जब मैं समाना था तो सब कुछ कठिन और कष्टसाध्य था"
"as a Samana everything was hopeless"
"समाना के लिए सब कुछ निराशाजनक था"
"but now everything is easy"
"लेकिन अब सब कुछ आसान है"
"it is easy like the lesson in kissing from Kamala"
"यह कमला से मिले चुंबन के पाठ की तरह आसान है"
"I need clothes and money, nothing else"
"मुझे कपड़े और पैसे चाहिए, और कुछ नहीं"
"these goals are small and achievable"
"ये लक्ष्य छोटे और प्राप्त करने योग्य हैं"
"such goals won't make a person lose any sleep"
"ऐसे लक्ष्य किसी व्यक्ति की नींद नहीं खराब करेंगे"

the next day he returned to Kamala's house
अगले दिन वह कमला के घर वापस आया
"Things are working out well" she called out to him
"चीजें अच्छी चल रही हैं" उसने उसे पुकारा
"They are expecting you at Kamaswami's"
"वे कामस्वामी के यहां तुम्हारा इंतजार कर रहे हैं"
"he is the richest merchant of the city"
"वह शहर का सबसे अमीर व्यापारी है"
"If he likes you, he'll accept you into his service"
"यदि वह तुम्हें पसंद करता है, तो वह तुम्हें अपनी सेवा में स्वीकार कर लेगा"
"but you must be smart, brown Samana"

"लेकिन तुम्हें होशियार होना चाहिए, भूरे समाना"
"I had others tell him about you"
"मैंने दूसरों से उसे तुम्हारे बारे में बताया"
"Be polite towards him, he is very powerful"
"उसके प्रति विनम्र रहें, वह बहुत शक्तिशाली है"
"But I warn you, don't be too modest!"
"लेकिन मैं तुम्हें चेतावनी देता हूं, ज्यादा विनम्र मत बनो!"
"I do not want you to become his servant"
"मैं नहीं चाहता कि तुम उसके नौकर बनो"
"you shall become his equal"
"तुम उसके बराबर हो जाओगे"
"or else I won't be satisfied with you"
"नहीं तो मैं आपसे संतुष्ट नहीं रहूंगी"
"Kamaswami is starting to get old and lazy"
"कामस्वामी बूढ़ा और आलसी होने लगा है"
"If he likes you, he'll entrust you with a lot"
"अगर वह तुम्हें पसंद करता है, तो वह तुम्हें बहुत कुछ सौंप देगा"

Siddhartha thanked her and laughed
सिद्धार्थ ने उसे धन्यवाद दिया और हंस दिया।
she found out that he had not eaten
उसे पता चला कि उसने खाना नहीं खाया था
so she sent him bread and fruits
इसलिए उसने उसे रोटी और फल भेजे
"You've been lucky" she said when they parted
"तुम भाग्यशाली रहे हो" उसने कहा जब वे अलग हुए
"I'm opening one door after another for you"
"मैं आपके लिए एक के बाद एक दरवाज़े खोल रहा हूँ"
"How come? Do you have a spell?"
"कैसे? क्या आपके पास कोई मंत्र है?"
"I told you I knew how to think, to wait, and to fast"

"मैंने तुमसे कहा था कि मैं सोचना, इंतजार करना और उपवास करना जानता हूँ"
"but you thought this was of no use"
"लेकिन आपने सोचा कि यह कोई फायदा नहीं है"
"But it is useful for many things"
"लेकिन यह कई चीजों के लिए उपयोगी है"
"Kamala, you'll see that the stupid Samanas are good at learning"
"कमला, तुम देखोगे कि मूर्ख समाना सीखने में अच्छे हैं"
"you'll see they are able to do many pretty things in the forest"
"आप देखेंगे कि वे जंगल में कई सुंदर चीजें करने में सक्षम हैं"
"things which the likes of you aren't capable of"
"ऐसी चीज़ें जो आप जैसे लोग करने में सक्षम नहीं हैं"
"The day before yesterday, I was still a shaggy beggar"
"परसों तक मैं अभी भी एक झबरा भिखारी था"
"as recently as yesterday I have kissed Kamala"
"अभी कल ही तो मैंने कमला को चूमा है"
"and soon I'll be a merchant and have money"
"और जल्द ही मैं एक व्यापारी बन जाऊंगा और मेरे पास पैसा होगा"
"and I'll have all those things you insist upon"
"और मैं वे सारी चीजें ले लूंगा जिन पर तुम जोर दोगे"
"Well yes," she admitted, "but where would you be without me?"
"हाँ," उसने स्वीकार किया, "लेकिन मेरे बिना तुम कहाँ होते?"
"What would you be, if Kamala wasn't helping you?"
"यदि कमला आपकी मदद नहीं करती तो आप क्या होते?"
"Dear Kamala" said Siddhartha
"प्रिय कमला" सिद्धार्थ ने कहा

and he straightened up to his full height
और वह अपनी पूरी ऊंचाई तक सीधा खड़ा हो गया
"when I came to you into your garden, I did the first step"
"जब मैं तुम्हारे बगीचे में आया, तो मैंने पहला कदम उठाया"
"It was my resolution to learn love from this most beautiful woman"
"इस सबसे खूबसूरत महिला से प्यार सीखना मेरा संकल्प था"
"that moment I had made this resolution"
"उसी क्षण मैंने यह संकल्प लिया था"
"and I knew I would carry it out"
"और मुझे पता था कि मैं इसे पूरा करूंगा"
"I knew that you would help me"
"मुझे पता था कि तुम मेरी मदद करोगे"
"at your first glance at the entrance of the garden I already knew it"
"बगीचे के प्रवेश द्वार पर आपकी पहली नज़र में ही मुझे पता चल गया था"
"But what if I hadn't been willing?" asked Kamala
"लेकिन अगर मैं तैयार न होती तो क्या होता?" कमला ने पूछा
"You were willing" replied Siddhartha
"आप तैयार थे" सिद्धार्थ ने उत्तर दिया
"When you throw a rock into water, it takes the fastest course to the bottom"
"जब आप पानी में पत्थर फेंकते हैं, तो वह सबसे तेजी से नीचे की ओर जाता है"
"This is how it is when Siddhartha has a goal"
"जब सिद्धार्थ के पास कोई लक्ष्य होता है तो ऐसा ही होता है"
"Siddhartha does nothing; he waits, he thinks, he fasts"
"सिद्धार्थ कुछ नहीं करता; वह प्रतीक्षा करता है, वह सोचता है, वह उपवास करता है"

"but he passes through the things of the world like a rock through water"
"परन्तु वह संसार की वस्तुओं में से होकर ऐसे गुज़रता है जैसे चट्टान जल में से होकर गुज़रती है"
"he passed through the water without doing anything"
"वह बिना कुछ किये पानी से गुज़र गया"
"he is drawn to the bottom of the water"
"वह पानी की तह तक खींचा जाता है"
"he lets himself fall to the bottom of the water"
"वह स्वयं को पानी की तह में गिरने देता है"
"His goal attracts him towards it"
"उसका लक्ष्य उसे अपनी ओर आकर्षित करता है"
"he doesn't let anything enter his soul which might oppose the goal"
"वह अपनी आत्मा में ऐसी कोई भी चीज़ प्रवेश नहीं करने देता जो लक्ष्य के विपरीत हो"
"This is what Siddhartha has learned among the Samanas"
"यही वह बात है जो सिद्धार्थ ने समानाओं के बीच सीखी थी"
"This is what fools call magic"
"इसे ही मूर्ख लोग जादू कहते हैं"
"they think it is done by daemons"
"उन्हें लगता है कि यह काम राक्षसों ने किया है"
"but nothing is done by daemons"
"लेकिन डेमॉन द्वारा कुछ नहीं किया गया"
"there are no daemons in this world"
"इस दुनिया में कोई दानव नहीं हैं"
"Everyone can perform magic, should they choose to"
"हर कोई जादू कर सकता है, अगर वे चाहें तो"
"everyone can reach his goals if he is able to think"
"यदि कोई व्यक्ति सोचने में सक्षम हो तो वह अपने लक्ष्य तक पहुंच सकता है"

"everyone can reach his goals if he is able to wait"
"यदि कोई व्यक्ति प्रतीक्षा करने में सक्षम हो तो वह अपने लक्ष्य तक पहुंच सकता है"
"everyone can reach his goals if he is able to fast"
"यदि कोई व्यक्ति उपवास कर सके तो वह अपने लक्ष्य तक पहुंच सकता है"
Kamala listened to him; she loved his voice
कमला ने उसकी बात सुनी; उसे उसकी आवाज़ बहुत पसंद आई
she loved the look from his eyes
उसे उसकी आँखों का नज़ारा बहुत पसंद था
"Perhaps it is as you say, friend"
"शायद यह वैसा ही है जैसा तुम कहते हो, मित्र"
"But perhaps there is another explanation"
"लेकिन शायद इसका कोई और स्पष्टीकरण भी हो सकता है"
"Siddhartha is a handsome man"
"सिद्धार्थ एक सुन्दर आदमी है"
"his glance pleases the women"
"उसकी नज़र महिलाओं को खुश करती है"
"good fortune comes towards him because of this"
"इस कारण से सौभाग्य उसकी ओर आता है"
With one kiss, Siddhartha bid his farewell
एक चुम्बन के साथ सिद्धार्थ ने विदाई ली
"I wish that it should be this way, my teacher"
"मैं चाहता हूं कि ऐसा ही हो, मेरे गुरुजी"
"I wish that my glance shall please you"
"मैं चाहता हूँ कि मेरी नज़र तुम्हें प्रसन्न करे"
"I wish that that you always bring me good fortune"
"मैं कामना करता हूँ कि आप मेरे लिए सदैव सौभाग्य लेकर आएं"

With the Childlike People
बच्चों जैसे लोगों के साथ

Siddhartha went to Kamaswami the merchant
सिद्धार्थ व्यापारी कामस्वामी के पास गए।
he was directed into a rich house
उसे एक अमीर घर में भेज दिया गया
servants led him between precious carpets into a chamber
नौकरों ने उसे कीमती कालीनों के बीच से एक कक्ष में ले जाया
in the chamber was where he awaited the master of the house
वह कक्ष में था जहाँ वह घर के मालिक की प्रतीक्षा कर रहा था
Kamaswami entered swiftly into the room
कामस्वामी तेजी से कमरे में दाखिल हुए
he was a smoothly moving man
वह एक सहजता से चलने वाला आदमी था
he had very gray hair and very intelligent, cautious eyes
उसके बाल बहुत सफ़ेद थे और उसकी आँखें बहुत बुद्धिमान और सतर्क थीं
and he had a greedy mouth
और उसका मुँह लालच से भरा था
Politely, the host and the guest greeted one another
मेजबान और अतिथि ने विनम्रतापूर्वक एक दूसरे का अभिवादन किया
"I have been told that you were a Brahman" the merchant began
"मुझे बताया गया है कि आप ब्राह्मण थे" व्यापारी ने कहना शुरू किया

"I have been told that you are a learned man"
"मुझे बताया गया है कि आप एक विद्वान व्यक्ति हैं"
"and I have also been told something else"
"और मुझे कुछ और भी बताया गया है"
"you seek to be in the service of a merchant"
"आप एक व्यापारी की सेवा में रहना चाहते हैं"
"Might you have become destitute, Brahman, so that you seek to serve?"
"क्या तुम दरिद्र हो गये हो, ब्राह्मण, जो सेवा करना चाहते हो?"
"No," said Siddhartha, "I have not become destitute"
"नहीं," सिद्धार्थ ने कहा, "मैं दरिद्र नहीं हुआ हूँ।"
"nor have I ever been destitute" added Siddhartha
सिद्धार्थ ने कहा, "न ही मैं कभी निराश्रित रहा हूं।"
"You should know that I'm coming from the Samanas"
"तुम्हें पता होना चाहिए कि मैं समाना से आ रहा हूँ"
"I have lived with them for a long time"
"मैं लंबे समय से उनके साथ रह रहा हूं"
"you are coming from the Samanas"
"आप समाना से आ रहे हैं"
"how could you be anything but destitute?"
"आप निराश्रित के अलावा और कुछ कैसे हो सकते हैं?"
"Aren't the Samanas entirely without possessions?"
"क्या समाना लोग पूर्णतः संपत्तिविहीन नहीं हैं?"
"I am without possessions, if that is what you mean" said Siddhartha
सिद्धार्थ ने कहा, "यदि आपका यही मतलब है तो मेरे पास कोई संपत्ति नहीं है।"
"But I am without possessions voluntarily"
"लेकिन मैं स्वेच्छा से संपत्ति के बिना हूँ"
"and therefore I am not destitute"

"और इसलिए मैं बेसहारा नहीं हूँ"

"But what are you planning to live from, being without possessions?"

"लेकिन आप बिना किसी संपत्ति के जीने की क्या योजना बना रहे हैं?"

"I haven't thought of this yet, sir"

"मैंने अभी तक इस बारे में नहीं सोचा है, सर"

"For more than three years, I have been without possessions"

"तीन साल से अधिक समय से मैं बिना किसी संपत्ति के रह रहा हूं"

"and I have never thought about of what I should live"

"और मैंने कभी नहीं सोचा कि मुझे कैसे जीना चाहिए"

"So you've lived of the possessions of others"

"तो आप दूसरों की संपत्ति पर जीते रहे हैं"

"Presumable, this is how it is?"

"संभवतः, यह ऐसा ही है?"

"Well, merchants also live of what other people own"

"खैर, व्यापारी भी दूसरों की संपत्ति पर ही जीते हैं"

"Well said," granted the merchant

"ठीक कहा," व्यापारी ने कहा

"But he wouldn't take anything from another person for nothing"

"लेकिन वह किसी दूसरे व्यक्ति से कुछ भी बिना किसी कीमत के नहीं लेगा"

"he would give his merchandise in return" said Kamaswami

कामस्वामी ने कहा, "वह बदले में अपना माल दे देगा"

"So it seems to be indeed"

"तो ऐसा लगता है कि सचमुच ऐसा ही है"

"Everyone takes, everyone gives, such is life"

"हर कोई लेता है, हर कोई देता है, यही जीवन है"

"But if you don't mind me asking, I have a question"

"लेकिन यदि आप बुरा न मानें तो मेरा एक प्रश्न है"
"being without possessions, what would you like to give?"
"यदि आपके पास कोई संपत्ति न हो तो आप क्या देना चाहेंगे?"
"Everyone gives what he has"
"हर कोई वही देता है जो उसके पास है"
"The warrior gives strength"
"योद्धा शक्ति देता है"
"the merchant gives merchandise"
"व्यापारी माल देता है"
"the teacher gives teachings"
"शिक्षक शिक्षा देता है"
"the farmer gives rice"
"किसान चावल देता है"
"the fisher gives fish"
"मछुआरा मछली देता है"
"Yes indeed. And what is it that you've got to give?"
"हाँ, बिलकुल। और आपको क्या देना है?"
"What is it that you've learned?"
"आपने क्या सीखा है?"
"what you're able to do?"
"आप क्या करने में सक्षम हैं?"
"I can think. I can wait. I can fast"
"मैं सोच सकता हूँ। मैं प्रतीक्षा कर सकता हूँ। मैं उपवास कर सकता हूँ"
"That's everything?" asked Kamaswami
"यही सब कुछ है?" कामस्वामी ने पूछा
"I believe that is everything there is!"
"मैं मानता हूं कि यही सब कुछ है!"
"And what's the use of that?"

"और इसका क्या उपयोग है?"
"For example; fasting. What is it good for?"
"उदाहरण के लिए, उपवास। यह किस काम का है?"
"It is very good, sir"
"यह बहुत अच्छा है, सर"
"there are times a person has nothing to eat"
"कई बार ऐसा होता है कि व्यक्ति के पास खाने को कुछ नहीं होता"
"then fasting is the smartest thing he can do"
"तो उपवास करना सबसे बुद्धिमानी वाली बात है जो वह कर सकता है"
"there was a time where Siddhartha hadn't learned to fast"
"एक समय ऐसा भी था जब सिद्धार्थ ने उपवास करना नहीं सीखा था"
"in this time he had to accept any kind of service"
"इस समय में उन्हें किसी भी प्रकार की सेवा स्वीकार करनी पड़ी"
"because hunger would force him to accept the service"
"क्योंकि भूख उसे सेवा स्वीकार करने के लिए मजबूर करेगी"
"But like this, Siddhartha can wait calmly"
"लेकिन इस तरह, सिद्धार्थ शांति से इंतजार कर सकता है"
"he knows no impatience, he knows no emergency"
"वह अधीरता नहीं जानता, वह आपातकाल नहीं जानता"
"for a long time he can allow hunger to besiege him"
"लंबे समय तक वह भूख को अपने ऊपर हावी रहने दे सकता है"
"and he can laugh about the hunger"
"और वह भूख पर हंस सकता है"
"This, sir, is what fasting is good for"
"सर, उपवास इसी काम के लिए अच्छा है"

"You're right, Samana" acknowledged Kamaswami
"आप सही कह रहे हैं, समाना" कामस्वामी ने स्वीकार किया
"Wait for a moment" he asked of his guest
"एक क्षण रुको" उसने अपने मेहमान से पूछा
Kamaswami left the room and returned with a scroll
कामस्वामी कमरे से बाहर चले गए और एक पुस्तिका लेकर वापस आए।
he handed Siddhartha the scroll and asked him to read it
उन्होंने सिद्धार्थ को वह पुस्तक दी और उसे पढ़ने को कहा
Siddhartha looked at the scroll handed to him
सिद्धार्थ ने उसे दी गई पुस्तक को देखा
on the scroll a sales-contract had been written
उस स्क्रॉल पर एक बिक्री-अनुबंध लिखा हुआ था
he began to read out the scroll's contents
उसने पुस्तक की विषय-वस्तु को पढ़ना शुरू किया
Kamaswami was very pleased with Siddhartha
कामस्वामी सिद्धार्थ से बहुत प्रसन्न हुए
"would you write something for me on this piece of paper?"
"क्या आप इस कागज़ पर मेरे लिए कुछ लिखेंगे?"
He handed him a piece of paper and a pen
उसने उसे एक कागज़ और एक कलम दिया
Siddhartha wrote, and returned the paper
सिद्धार्थ ने पत्र लिखकर वापस कर दिया
Kamaswami read, "Writing is good, thinking is better"
कामस्वामी ने पढ़ा, "लिखना अच्छा है, सोचना बेहतर है"
"Being smart is good, being patient is better"
"स्मार्ट होना अच्छा है, धैर्यवान होना उससे भी बेहतर है"
"It is excellent how you're able to write" the merchant praised him
"यह बहुत बढ़िया है कि तुम कैसे लिख पाते हो" व्यापारी ने उसकी प्रशंसा की

"Many a thing we will still have to discuss with one another"
"हमें अभी भी एक दूसरे के साथ कई बातों पर चर्चा करनी होगी"
"For today, I'm asking you to be my guest"
"आज के लिए, मैं आपको अपना मेहमान बनने के लिए आमंत्रित करता हूँ"
"please come to live in this house"
"कृपया इस घर में रहने के लिए आइए"
Siddhartha thanked Kamaswami and accepted his offer
सिद्धार्थ ने कामस्वामी को धन्यवाद दिया और उनका प्रस्ताव स्वीकार कर लिया
he lived in the dealer's house from now on
अब से वह डीलर के घर में ही रहेगा
Clothes were brought to him, and shoes
उसके लिए कपड़े और जूते लाए गए
and every day, a servant prepared a bath for him
और हर दिन, एक नौकर उसके लिए स्नान की तैयारी करता था

Twice a day, a plentiful meal was served
दिन में दो बार भरपूर भोजन परोसा जाता था
but Siddhartha only ate once a day
लेकिन सिद्धार्थ दिन में केवल एक बार ही भोजन करते थे
and he ate neither meat, nor did he drink wine
और न तो उसने मांस खाया, न ही उसने शराब पी
Kamaswami told him about his trade
कामस्वामी ने उसे अपने व्यापार के बारे में बताया
he showed him the merchandise and storage-rooms
उसने उसे माल और भंडारण कक्ष दिखाए
he showed him how the calculations were done

उन्होंने उसे दिखाया कि गणना कैसे की जाती है
Siddhartha got to know many new things
सिद्धार्थ को कई नई बातें पता चलीं
he heard a lot and spoke little
वह सुनता बहुत था और बोलता बहुत कम था
but he did not forget Kamala's words
लेकिन वह कमला के शब्दों को नहीं भूला
so he was never subservient to the merchant
इसलिए वह कभी भी व्यापारी के अधीन नहीं रहा
he forced him to treat him as an equal
उसने उसे अपने बराबर का व्यवहार करने के लिए मजबूर किया
perhaps he forced him to treat him as even more than an equal
शायद उसने उसे अपने बराबर से भी अधिक के रूप में व्यवहार करने के लिए मजबूर किया
Kamaswami conducted his business with care
कामस्वामी ने अपना व्यवसाय सावधानी से चलाया
and he was very passionate about his business
और वह अपने व्यवसाय के प्रति बहुत भावुक था
but Siddhartha looked upon all of this as if it was a game
लेकिन सिद्धार्थ ने यह सब ऐसे देखा जैसे यह कोई खेल हो
he tried hard to learn the rules of the game precisely
उन्होंने खेल के नियमों को ठीक से सीखने की बहुत कोशिश की
but the contents of the game did not touch his heart
लेकिन खेल की विषय-वस्तु ने उनके दिल को नहीं छुआ
He had not been in Kamaswami's house for long
वह बहुत दिनों से कामस्वामी के घर में नहीं था
but soon he took part in his landlord's business

लेकिन जल्द ही वह अपने मकान मालिक के व्यवसाय में
भाग लेने लगा

every day he visited beautiful Kamala
हर दिन वह खूबसूरत कमला का दौरा करता था
Kamala had an hour appointed for their meetings
कमला ने अपनी मुलाकातों के लिए एक घंटे का समय तय
किया था
she was wearing pretty clothes and fine shoes
उसने सुंदर कपड़े और बढ़िया जूते पहने हुए थे
and soon he brought her gifts as well
और जल्द ही वह उसके लिए उपहार भी ले आया
Much he learned from her red, smart mouth
उसने उसके लाल, स्मार्ट मुंह से बहुत कुछ सीखा
Much he learned from her tender, supple hand
उसने उसके कोमल, लचीले हाथ से बहुत कुछ सीखा
regarding love, Siddhartha was still a boy
प्रेम के मामले में सिद्धार्थ अभी भी बालक ही थे
and he had a tendency to plunge into love blindly
और उनमें अंधे होकर प्यार में डूब जाने की प्रवृत्ति थी
he fell into lust like into a bottomless pit
वह वासना में ऐसे गिर गया जैसे अथाह गड्ढे में
she taught him thoroughly, starting with the basics
उसने उसे बुनियादी बातों से शुरू करके अच्छी तरह से पढ़ाया
pleasure cannot be taken without giving pleasure
खुशी दिए बिना खुशी नहीं ली जा सकती
every gesture, every caress, every touch, every look
हर इशारा, हर दुलार, हर स्पर्श, हर नज़र
every spot of the body, however small it was, had its secret

शरीर का हर बिंदु, चाहे वह कितना भी छोटा क्यों न हो, उसका अपना रहस्य था

the secrets would bring happiness to those who know them
ये रहस्य उन लोगों के लिए खुशी लेकर आएंगे जो इन्हें जानते हैं

lovers must not part from one another after celebrating love
प्यार का जश्न मनाने के बाद प्रेमियों को एक दूसरे से अलग नहीं होना चाहिए

they must not part without one admiring the other
उन्हें एक दूसरे की प्रशंसा किए बिना अलग नहीं होना चाहिए

they must be as defeated as they have been victorious
वे जितने विजयी रहे हैं, उतने ही पराजित भी हुए होंगे

neither lover should start feeling fed up or bored
किसी भी प्रेमी को ऊब या ऊब महसूस नहीं होनी चाहिए

they should not get the evil feeling of having been abusive
उन्हें दुर्व्यवहार का बुरा अहसास नहीं होना चाहिए

and they should not feel like they have been abused
और उन्हें ऐसा महसूस नहीं होना चाहिए कि उनके साथ दुर्व्यवहार हुआ है

Wonderful hours he spent with the beautiful and smart artist
उन्होंने खूबसूरत और स्मार्ट कलाकार के साथ अद्भुत घंटे बिताए

he became her student, her lover, her friend
वह उसका छात्र, उसका प्रेमी, उसका दोस्त बन गया

Here with Kamala was the worth and purpose of his present life
कमला के साथ ही उनके वर्तमान जीवन का मूल्य और उद्देश्य था

his purpose was not with the business of Kamaswami

उसका उद्देश्य कामस्वामी के व्यवसाय से नहीं था

Siddhartha received important letters and contracts
सिद्धार्थ को महत्वपूर्ण पत्र और अनुबंध प्राप्त हुए
Kamaswami began discussing all important affairs with him
कामस्वामी ने उनके साथ सभी महत्वपूर्ण मामलों पर चर्चा शुरू कर दी
He soon saw that Siddhartha knew little about rice and wool
उन्हें जल्द ही पता चल गया कि सिद्धार्थ को चावल और ऊन के बारे में बहुत कम जानकारी थी
but he saw that he acted in a fortunate manner
लेकिन उसने देखा कि उसने सौभाग्य से काम किया
and Siddhartha surpassed him in calmness and equanimity
और सिद्धार्थ शांति और समता में उनसे आगे निकल गए
he surpassed him in the art of understanding previously unknown people
वह पहले से अनजान लोगों को समझने की कला में उनसे आगे निकल गया
Kamaswami spoke about Siddhartha to a friend
कामस्वामी ने एक मित्र से सिद्धार्थ के बारे में बात की
"This Brahman is no proper merchant"
"यह ब्राह्मण कोई सच्चा व्यापारी नहीं है"
"he will never be a merchant"
"वह कभी व्यापारी नहीं बनेगा"
"for business there is never any passion in his soul"
"व्यापार के लिए उनकी आत्मा में कभी कोई जुनून नहीं रहा"
"But he has a mysterious quality about him"
"लेकिन उसमें एक रहस्यमयी गुण है"
"this quality brings success about all by itself"
"यह गुण अपने आप ही सफलता लाता है"

"it could be from a good Star of his birth"
"यह उसके जन्म के अच्छे सितारे से हो सकता है"
"or it could be something he has learned among Samanas"
"या यह कुछ ऐसा हो सकता है जो उसने समानाओं के बीच सीखा हो"
"He always seems to be merely playing with our business-affairs"
"ऐसा लगता है कि वह हमेशा हमारे व्यापारिक मामलों से खेलता रहता है"
"his business never fully becomes a part of him"
"उसका व्यवसाय कभी भी पूरी तरह से उसका हिस्सा नहीं बन पाता"
"his business never rules over him"
"उसका व्यवसाय कभी भी उस पर शासन नहीं करता"
"he is never afraid of failure"
"वह कभी असफलता से नहीं डरता"
"he is never upset by a loss"
"वह कभी भी हार से परेशान नहीं होता"
The friend advised the merchant
मित्र ने व्यापारी को सलाह दी
"Give him a third of the profits he makes for you"
"वह आपके लिए जो लाभ कमाता है उसका एक तिहाई उसे दे दो"
"but let him also be liable when there are losses"
"लेकिन जब हानि हो तो उसे उत्तरदायी भी होना चाहिए"
"Then, he'll become more zealous"
"तब वह और अधिक उत्साही हो जाएगा"
Kamaswami was curious, and followed the advice
कामस्वामी को जिज्ञासा हुई और उन्होंने सलाह मान ली।
But Siddhartha cared little about loses or profits

लेकिन सिद्धार्थ को घाटे या मुनाफे की कोई परवाह नहीं थी
When he made a profit, he accepted it with equanimity
जब उसे लाभ हुआ तो उसने उसे शांति से स्वीकार कर लिया
when he made losses, he laughed it off
जब उसे घाटा हुआ तो उसने हंसी में टाल दिया
It seemed indeed, as if he did not care about the business
सचमुच ऐसा लग रहा था मानो उसे कारोबार की कोई परवाह ही नहीं थी
At one time, he travelled to a village
एक बार वह एक गांव में गये।
he went there to buy a large harvest of rice
वह वहाँ चावल की एक बड़ी फसल खरीदने गया था
But when he got there, the rice had already been sold
लेकिन जब वह वहां पहुंचे तो चावल पहले ही बिक चुका था।
another merchant had gotten to the village before him
एक अन्य व्यापारी उससे पहले गांव में पहुंच गया था
Nevertheless, Siddhartha stayed for several days in that village
फिर भी सिद्धार्थ कई दिनों तक उस गांव में रहे।
he treated the farmers for a drink
उसने किसानों को पानी पिलाया
he gave copper-coins to their children
उसने उनके बच्चों को तांबे के सिक्के दिए
he joined in the celebration of a wedding
वह एक शादी के जश्न में शामिल हुए
and he returned extremely satisfied from his trip
और वह अपनी यात्रा से अत्यंत संतुष्ट होकर लौटे
Kamaswami was angry that Siddhartha had wasted time and money
कामस्वामी इस बात से नाराज थे कि सिद्धार्थ ने समय और पैसा बर्बाद किया था

Siddhartha answered "Stop scolding, dear friend!"

सिद्धार्थ ने उत्तर दिया, "डांटना बंद करो, प्रिय मित्र!"

"Nothing was ever achieved by scolding"

"डांटने से कभी कुछ हासिल नहीं हुआ"

"If a loss has occurred, let me bear that loss"

"यदि कोई हानि हुई है तो मुझे वह हानि उठाने दो"

"I am very satisfied with this trip"

"मैं इस यात्रा से बहुत संतुष्ट हूँ"

"I have gotten to know many kinds of people"

"मैंने कई तरह के लोगों को जाना है"

"a Brahman has become my friend"

"एक ब्राह्मण मेरा मित्र बन गया है"

"children have sat on my knees"

"बच्चे मेरे घुटनों पर बैठ गए हैं"

"farmers have shown me their fields"

"किसानों ने मुझे अपने खेत दिखाये"

"nobody knew that I was a merchant"

"कोई नहीं जानता था कि मैं एक व्यापारी था"

"That's all very nice," exclaimed Kamaswami indignantly

"यह सब बहुत बढ़िया है," कामस्वामी ने क्रोधित होकर कहा

"but in fact, you are a merchant after all"

"लेकिन वास्तव में, आप एक व्यापारी हैं"

"Or did you have only travel for your amusement?"

"या फिर आप केवल मनोरंजन के लिए यात्रा करते थे?"

"of course I have travelled for my amusement" Siddhartha laughed

"बेशक मैंने अपने मनोरंजन के लिए यात्रा की है" सिद्धार्थ हँसे

"For what else would I have travelled?"

"मैं और किस लिए यात्रा करता?"

"I have gotten to know people and places"

"मैं लोगों और स्थानों को जानने लगा हूँ"

"I have received kindness and trust"
"मुझे दया और विश्वास प्राप्त हुआ है"
"I have found friendships in this village"
"मुझे इस गांव में दोस्ती मिली है"
"if I had been Kamaswami, I would have travelled back annoyed"
"अगर मैं कामस्वामी होता तो नाराज़ होकर वापस लौटता"
"I would have been in hurry as soon as my purchase failed"
"जैसे ही मेरी खरीदारी विफल हो जाती, मैं जल्दी में हो जाता"
"and time and money would indeed have been lost"
"और समय और धन की बर्बादी होती"
"But like this, I've had a few good days"
"लेकिन इस तरह, मेरे पास कुछ अच्छे दिन हैं"
"I've learned from my time there"
"मैंने वहां बिताए समय से बहुत कुछ सीखा है"
"and I have had joy from the experience"
"और मुझे इस अनुभव से खुशी मिली है"
"I've neither harmed myself nor others by annoyance and hastiness"
"मैंने झुंझलाहट और जल्दबाजी से न तो खुद को और न ही दूसरों को नुकसान पहुंचाया है"
"if I ever return friendly people will welcome me"
"अगर मैं कभी वापस लौटूंगा तो मित्रवत लोग मेरा स्वागत करेंगे"
"if I return to do business friendly people will welcome me too"
"यदि मैं व्यवसाय करने के लिए वापस लौटूंगा तो मित्रवत लोग मेरा भी स्वागत करेंगे"
"I praise myself for not showing any hurry or displeasure"
"मैं खुद की प्रशंसा करता हूँ कि मैंने कोई जल्दबाजी या नाराजगी नहीं दिखाई"

"So, leave it as it is, my friend"
"तो, इसे ऐसे ही रहने दो, मेरे दोस्त"
"and don't harm yourself by scolding"
"और डांट-डपट कर अपना नुकसान मत करो"
"If you see Siddhartha harming himself, then speak with me"
"अगर आप सिद्धार्थ को खुद को नुकसान पहुंचाते हुए देखें, तो मुझसे बात करें"
"and Siddhartha will go on his own path"
"और सिद्धार्थ अपने रास्ते पर चलेगा"
"But until then, let's be satisfied with one another"
"लेकिन तब तक, हम एक दूसरे से संतुष्ट रहें"
the merchant's attempts to convince Siddhartha were futile
व्यापारी द्वारा सिद्धार्थ को समझाने के प्रयास व्यर्थ गए
he could not make Siddhartha eat his bread
वह सिद्धार्थ को अपनी रोटी नहीं खिला सका
Siddhartha ate his own bread
सिद्धार्थ ने अपनी रोटी स्वयं खाई
or rather, they both ate other people's bread
या यूँ कहें कि वे दोनों दूसरे लोगों की रोटी खाते थे
Siddhartha never listened to Kamaswami's worries
सिद्धार्थ ने कभी कामस्वामी की चिंता नहीं सुनी
and Kamaswami had many worries he wanted to share
और कामस्वामी के पास कई चिंताएँ थीं जिन्हें वह साझा करना चाहते थे
there were business-deals going on in danger of failing
ऐसे व्यापारिक सौदे चल रहे थे जो विफल होने के खतरे में थे
shipments of merchandise seemed to have been lost
माल की खेप खो गई प्रतीत हुई
debtors seemed to be unable to pay
देनदार भुगतान करने में असमर्थ प्रतीत हो रहे थे

Kamaswami could never convince Siddhartha to utter words of worry
कामस्वामी सिद्धार्थ को कभी भी चिंता के शब्द बोलने के लिए राजी नहीं कर सके
Kamaswami could not make Siddhartha feel anger towards business
कामस्वामी सिद्धार्थ को व्यापार के प्रति क्रोध का एहसास नहीं करा सके
he could not get him to to have wrinkles on the forehead
वह उसके माथे पर झुर्रियाँ नहीं ला सका
he could not make Siddhartha sleep badly
वह सिद्धार्थ को बुरी तरह से सोने नहीं दे सका

one day, Kamaswami tried to speak with Siddhartha
एक दिन कामस्वामी ने सिद्धार्थ से बात करने की कोशिश की
"Siddhartha, you have failed to learn anything new"
"सिद्धार्थ, तुम कुछ भी नया सीखने में असफल रहे हो"
but again, Siddhartha laughed at this
लेकिन फिर, सिद्धार्थ इस पर हँसे
"Would you please not kid me with such jokes"
"कृपया मुझे ऐसे चुटकुले सुनाकर मज़ाक न करें"
"What I've learned from you is how much a basket of fish costs"
"मैंने आपसे सीखा है कि एक टोकरी मछली की कीमत कितनी होती है"
"and I learned how much interest may be charged on loaned money"
"और मैंने जाना कि उधार दिए गए पैसे पर कितना ब्याज लगाया जा सकता है"
"These are your areas of expertise"
"ये आपकी विशेषज्ञता के क्षेत्र हैं"

"I haven't learned to think from you, my dear Kamaswami"
"मैंने सोचना आपसे नहीं सीखा, मेरे प्यारे कामस्वामी"
"you ought to be the one seeking to learn from me"
"तुम्हें मुझसे सीखने की कोशिश करनी चाहिए"
Indeed his soul was not with the trade
वास्तव में उनकी आत्मा व्यापार के साथ नहीं थी
The business was good enough to provide him with money for Kamala
व्यवसाय इतना अच्छा था कि वह कमला के लिए धन जुटा सकता था।
and it earned him much more than he needed
और इससे उसे ज़रूरत से ज़्यादा कमाई हुई
Besides Kamala, Siddhartha's curiosity was with the people
कमला के अलावा सिद्धार्थ की जिज्ञासा लोगों में भी थी
their businesses, crafts, worries, and pleasures
उनके व्यवसाय, शिल्प, चिंताएं और सुख
all these things used to be alien to him
ये सभी चीजें उसके लिए अजनबी थीं
their acts of foolishness used to be as distant as the moon
उनकी मूर्खतापूर्ण हरकतें चाँद जितनी दूर हुआ करती थीं
he easily succeeded in talking to all of them
वह आसानी से उन सभी से बात करने में सफल रहा
he could live with all of them
वह उन सभी के साथ रह सकता था
and he could continue to learn from all of them
और वह उन सभी से सीखना जारी रख सकता है
but there was something which separated him from them
लेकिन कुछ ऐसा था जो उसे उनसे अलग करता था
he could feel a divide between him and the people
वह अपने और लोगों के बीच एक विभाजन महसूस कर सकता था

this separating factor was him being a Samana
यह अलग करने वाला कारक उसका समाना होना था
He saw mankind going through life in a childlike manner
उन्होंने मानवजाति को बच्चों की तरह जीवन जीते हुए देखा
in many ways they were living the way animals live
कई मायनों में वे जानवरों की तरह रह रहे थे
he loved and also despised their way of life
वह उनके जीवन जीने के तरीके से प्यार करता था और उससे घृणा भी करता था
He saw them toiling and suffering
उसने उन्हें मेहनत करते और कष्ट सहते देखा
they were becoming gray for things unworthy of this price
वे इस कीमत के अयोग्य चीजों के लिए बूढ़े हो रहे थे
they did things for money and little pleasures
वे पैसे और छोटी-छोटी खुशियों के लिए काम करते थे
they did things for being slightly honoured
उन्होंने थोड़ा सम्मान पाने के लिए कुछ काम किए
he saw them scolding and insulting each other
उसने उन्हें एक दूसरे को डांटते और अपमानित करते देखा
he saw them complaining about pain
उसने उन्हें दर्द की शिकायत करते देखा
pains at which a Samana would only smile
दर्द जिस पर एक समाना केवल मुस्कुराएगा
and he saw them suffering from deprivations
और उसने उन्हें अभावों से पीड़ित देखा
deprivations which a Samana would not feel
वे अभाव जो एक समाना को महसूस नहीं होंगे
He was open to everything these people brought his way
वह इन लोगों द्वारा लाई गई हर चीज के लिए तैयार था
welcome was the merchant who offered him linen for sale

उस व्यापारी का स्वागत किया गया जिसने उसे बिक्री के लिए लिनन की पेशकश की थी

welcome was the debtor who sought another loan

उस कर्जदार का स्वागत किया गया जिसने दूसरा ऋण मांगा था

welcome was the beggar who told him the story of his poverty

उस भिखारी का स्वागत हुआ जिसने उसे अपनी गरीबी की कहानी सुनाई

the beggar who was not half as poor as any Samana

वह भिखारी जो किसी भी समाना से आधा भी गरीब नहीं था

He did not treat the rich merchant and his servant different

उसने धनी व्यापारी और उसके नौकर के साथ अलग-अलग व्यवहार नहीं किया

he let street-vendor cheat him when buying bananas

केले खरीदते समय उसने सड़क-विक्रेता को धोखा देने दिया

Kamaswami would often complain to him about his worries

कामस्वामी अक्सर उनसे अपनी चिंताओं के बारे में शिकायत करते थे

or he would reproach him about his business

या वह उसे उसके व्यवसाय के बारे में फटकार लगाएगा

he listened curiously and happily

वह उत्सुकता और खुशी से सुनता रहा

but he was puzzled by his friend

लेकिन वह अपने दोस्त से हैरान था

he tried to understand him

उसने उसे समझने की कोशिश की

and he admitted he was right, up to a certain point

और उन्होंने स्वीकार किया कि वह एक हद तक सही थे

there were many who asked for Siddhartha

बहुत से लोग सिद्धार्थ को मांग रहे थे
many wanted to do business with him
कई लोग उसके साथ व्यापार करना चाहते थे
there were many who wanted to cheat him
ऐसे बहुत से लोग थे जो उसे धोखा देना चाहते थे
many wanted to draw some secret out of him
कई लोग उससे कोई रहस्य उगलवाना चाहते थे
many wanted to appeal to his sympathy
कई लोग उनकी सहानुभूति प्राप्त करना चाहते थे
many wanted to get his advice
कई लोग उनकी सलाह लेना चाहते थे
He gave advice to those who wanted it
उन्होंने उन लोगों को सलाह दी जो ऐसा चाहते थे
he pitied those who needed pity
उसे उन लोगों पर दया आती थी जिन्हें दया की ज़रूरत थी
he made gifts to those who liked presents
उन्होंने उन लोगों को उपहार दिए जिन्हें उपहार पसंद थे
he let some cheat him a bit
उसने कुछ लोगों को थोड़ा धोखा देने दिया
this game which all people played occupied his thoughts
यह खेल जो सभी लोग खेलते थे, उसके विचारों पर हावी हो गया
he thought about this game just as much as he had about the Gods
उसने इस खेल के बारे में उतना ही सोचा जितना उसने देवताओं के बारे में सोचा था
deep in his chest he felt a dying voice
सीने की गहराई में उसे एक मरती हुई आवाज़ महसूस हुई
this voice admonished him quietly
इस आवाज़ ने उसे धीरे से चेतावनी दी
and he hardly perceived the voice inside of himself

और वह अपने अंदर की आवाज़ को मुश्किल से ही सुन पाता था

And then, for an hour, he became aware of something
और फिर, एक घंटे के लिए, उसे कुछ बात का एहसास हुआ
he became aware of the strange life he was leading
उसे अपनी अजीब जिंदगी का अहसास हुआ
he realized this life was only a game
उसे एहसास हुआ कि यह जीवन केवल एक खेल है
at times he would feel happiness and joy
कभी-कभी उसे खुशी और आनंद का एहसास होता
but real life was still passing him by
लेकिन असल जिंदगी अभी भी उसके पास से गुज़र रही थी
and it was passing by without touching him
और वह उसे छुए बिना गुज़र गया
Siddhartha played with his business-deals
सिद्धार्थ ने अपने व्यापारिक सौदों के साथ खेला
Siddhartha found amusement in the people around him
सिद्धार्थ को अपने आस-पास के लोगों में आनंद मिलता था
but regarding his heart, he was not with them
परन्तु अपने मन के विषय में वह उनके साथ न था
The source ran somewhere, far away from him
स्रोत कहीं दूर भाग गया, उससे बहुत दूर
it ran and ran invisibly
वह अदृश्य रूप से भागता रहा
it had nothing to do with his life any more
इसका अब उसके जीवन से कोई लेना-देना नहीं था
at several times he became scared on account of such thoughts
कई बार ऐसे विचारों के कारण वह डर जाता था
he wished he could participate in all of these childlike games

वह चाहता था कि वह इन सभी बच्चों जैसे खेलों में भाग ले सके
he wanted to really live
वह सचमुच जीना चाहता था
he wanted to really act in their theatre
वह वास्तव में उनके थिएटर में अभिनय करना चाहता था
he wanted to really enjoy their pleasures
वह वास्तव में उनके सुखों का आनंद लेना चाहता था
and he wanted to live, instead of just standing by as a spectator
और वह सिर्फ दर्शक बनकर खड़े रहने के बजाय जीना चाहता था

But again and again, he came back to beautiful Kamala
लेकिन बार-बार, वह सुंदर कमला के पास वापस आया
he learned the art of love
उसने प्रेम की कला सीखी
and he practised the cult of lust
और वह वासना के पंथ का अभ्यास करता था
lust, in which giving and taking becomes one
वासना, जिसमें देना और लेना एक हो जाता है
he chatted with her and learned from her
वह उससे बातें करता था और उससे सीखता था
he gave her advice, and he received her advice
उसने उसे सलाह दी, और उसने उसकी सलाह ली
She understood him better than Govinda used to understand him
वह गोविंदा को जितना समझती थी, उससे कहीं बेहतर समझती थी।
she was more similar to him than Govinda had been

वह गोविंदा से ज्यादा मिलती जुलती थी
"You are like me," he said to her
"तुम मेरी तरह हो," उसने उससे कहा
"you are different from most people"
"आप अधिकांश लोगों से अलग हैं"
"You are Kamala, nothing else"
"तुम कमला हो, और कुछ नहीं"
"and inside of you, there is a peace and refuge"
"और आपके अंदर शांति और शरण है"
"a refuge to which you can go at every hour of the day"
"एक शरणस्थल जहां आप दिन के हर घंटे जा सकते हैं"
"you can be at home with yourself"
"आप अपने आप के साथ घर पर रह सकते हैं"
"I can do this too"
"मैं भी यह कर सकता हूं"
"Few people have this place"
"यह स्थान बहुत कम लोगों के पास है"
"and yet all of them could have it"
"और फिर भी वे सभी इसे प्राप्त कर सकते थे"
"Not all people are smart" said Kamala
कमला ने कहा, "सभी लोग बुद्धिमान नहीं होते"
"No," said Siddhartha, "that's not the reason why"
"नहीं," सिद्धार्थ ने कहा, "यह कारण नहीं है।"
"Kamaswami is just as smart as I am"
"कामस्वामी भी मेरी तरह ही बुद्धिमान है"
"but he has no refuge in himself"
"परन्तु उसे अपने अन्दर कोई शरण नहीं मिलती"
"Others have it, although they have the minds of children"
"दूसरों में भी यह गुण है, यद्यपि उनका दिमाग बच्चों जैसा है"
"Most people, Kamala, are like a falling leaf"

"अधिकांश लोग, कमला, गिरते हुए पत्ते की तरह हैं"
"a leaf which is blown and is turning around through the air"
"एक पत्ता जो उड़कर हवा में घूम रहा है"
"a leaf which wavers, and tumbles to the ground"
"एक पत्ता जो डगमगाता है, और ज़मीन पर गिर जाता है"
"But others, a few, are like stars"
"लेकिन कुछ अन्य लोग, सितारों की तरह हैं"
"they go on a fixed course"
"वे एक निश्चित मार्ग पर चलते हैं"
"no wind reaches them"
"उन तक कोई हवा नहीं पहुँचती"
"in themselves they have their law and their course"
"उनके अपने ही नियम और अपना मार्ग है"
"Among all the learned men I have met, there was one of this kind"
"मैं जितने भी विद्वानों से मिला हूँ, उनमें से एक इस प्रकार के थे"
"he was a truly perfected one"
"वह सचमुच एक सिद्ध पुरुष था"
"I'll never be able to forget him"
"मैं उसे कभी नहीं भूल पाऊँगा"
"It is that Gotama, the exalted one"
"यह वही गौतम है, जो महान है"
"Thousands of followers are listening to his teachings every day"
"हजारों अनुयायी हर दिन उनकी शिक्षाएं सुन रहे हैं"
"they follow his instructions every hour"
"वे हर घंटे उसके निर्देशों का पालन करते हैं"
"but they are all falling leaves"
"लेकिन वे सब गिरते हुए पत्ते हैं"

"not in themselves they have teachings and a law"
"उनके पास अपने आप में कोई शिक्षा और व्यवस्था नहीं है"
Kamala looked at him with a smile
कमला ने मुस्कराते हुए उसकी ओर देखा
"Again, you're talking about him," she said
"फिर से, आप उसके बारे में बात कर रहे हैं," उसने कहा
"again, you're having a Samana's thoughts"
"फिर से, आप समाना के विचार रख रहे हैं"
Siddhartha said nothing, and they played the game of love
सिद्धार्थ ने कुछ नहीं कहा और वे प्रेम का खेल खेलने लगे।
one of the thirty or forty different games Kamala knew
कमला को ज्ञात तीस या चालीस विभिन्न खेलों में से एक
Her body was flexible like that of a jaguar
उसका शरीर जगुआर की तरह लचीला था
flexible like the bow of a hunter
शिकारी के धनुष की तरह लचीला
he who had learned from her how to make love
जिसने उससे सीखा था प्यार करना
he was knowledgeable of many forms of lust
वह वासना के कई रूपों का जानकार था
he that learned from her knew many secrets
जिसने उससे सीखा वह कई रहस्य जान गया
For a long time, she played with Siddhartha
वह काफी देर तक सिद्धार्थ के साथ खेलती रही।
she enticed him and rejected him
उसने उसे लुभाया और उसे अस्वीकार कर दिया
she forced him and embraced him
उसने उसे मजबूर किया और गले लगा लिया
she enjoyed his masterful skills
वह उसकी कुशल कुशलता का आनंद लेती थी
until he was defeated and rested exhausted by her side

जब तक वह हार नहीं गया और थक कर उसके पास आराम नहीं करने लगा

The courtesan bent over him

वेश्या उसके ऊपर झुकी

she took a long look at his face

उसने उसके चेहरे को बहुत देर तक देखा

she looked at his eyes, which had grown tired

उसने उसकी आँखों को देखा, जो थक गई थीं

"You are the best lover I have ever seen" she said thoughtfully

"तुम सबसे अच्छे प्रेमी हो जिन्हें मैंने कभी देखा है" उसने सोच-समझकर कहा

"You're stronger than others, more supple, more willing"

"आप दूसरों से अधिक मजबूत हैं, अधिक लचीले हैं, अधिक इच्छुक हैं"

"You've learned my art well, Siddhartha"

"तुमने मेरी कला अच्छी तरह सीख ली है, सिद्धार्थ"

"At some time, when I'll be older, I'd want to bear your child"

"किसी समय, जब मैं बड़ी हो जाऊंगी, मैं तुम्हारे बच्चे को जन्म देना चाहूंगी"

"And yet, my dear, you've remained a Samana"

"और फिर भी, मेरे प्रिय, तुम एक समाना बने रहे"

"and despite this, you do not love me"

"और इसके बावजूद, तुम मुझसे प्यार नहीं करते"

"there is nobody that you love"

"वहाँ कोई नहीं है जिससे आप प्यार करते हैं"

"Isn't it so?" asked Kamala

"क्या ऐसा नहीं है?" कमला ने पूछा

"It might very well be so," Siddhartha said tiredly

"ऐसा बहुत संभव है," सिद्धार्थ ने थके हुए स्वर में कहा।
"I am like you, because you also do not love"
"मैं भी तुम्हारे जैसा हूँ, क्योंकि तुम भी प्यार नहीं करते"
"how else could you practise love as a craft?"
"आप प्रेम को एक कला के रूप में और किस प्रकार अभ्यास कर सकते हैं?"
"Perhaps, people of our kind can't love"
"शायद, हमारे जैसे लोग प्यार नहीं कर सकते"
"The childlike people can love, that's their secret"
"बच्चों जैसे लोग प्यार कर सकते हैं, यही उनका रहस्य है"

Sansara
संसार

For a long time, Siddhartha had lived in the world and lust
सिद्धार्थ बहुत समय तक संसार और कामवासना में रहे थे।
he lived this way though, without being a part of it
हालांकि वह इस तरह से रहता था, लेकिन इसका हिस्सा बने बिना
he had killed this off when he had been a Samana
जब वह समाना था तब उसने इसे मार डाला था
but now they had awoken again
लेकिन अब वे फिर से जाग गए थे
he had tasted riches, lust, and power
उसने धन, वासना और शक्ति का स्वाद चखा था
for a long time he had remained a Samana in his heart
बहुत दिनों तक वह अपने हृदय में समाना ही रहा था
Kamala, being smart, had realized this quite right
कमला, समझदार थी, उसने यह बात ठीक से समझ ली थी
thinking, waiting, and fasting still guided his life
सोचना, इंतज़ार करना और उपवास करना अभी भी उनके जीवन का मार्गदर्शन करते हैं
the childlike people remained alien to him
बच्चों जैसे लोग उसके लिए अजनबी बने रहे
and he remained alien to the childlike people
और वह बच्चों जैसे लोगों के लिए अजनबी बना रहा
Years passed by; surrounded by the good life
साल बीत गए; अच्छे जीवन से घिरे
Siddhartha hardly felt the years fading away
सिद्धार्थ को कभी भी यह अहसास नहीं हुआ कि उनकी उम्र बीत रही है

He had become rich and possessed a house of his own
वह अमीर हो गया था और उसका अपना घर भी था
he even had his own servants
उसके पास अपने नौकर भी थे
he had a garden before the city, by the river
शहर से पहले नदी के किनारे उसका एक बगीचा था
The people liked him and came to him for money or advice
लोग उसे पसंद करते थे और पैसे या सलाह के लिए उसके पास आते थे
but there was nobody close to him, except Kamala
लेकिन कमला के अलावा उसके करीब कोई नहीं था
the bright state of being awake
जागृत होने की उज्ज्वल अवस्था
the feeling which he had experienced at the height of his youth
वह भावना जो उसने अपनी युवावस्था के चरम पर अनुभव की थी
in those days after Gotama's sermon
गौतम के उपदेश के बाद के दिनों में
after the separation from Govinda
गोविंदा से अलग होने के बाद
the tense expectation of life
जीवन की तनावपूर्ण उम्मीद
the proud state of standing alone
अकेले खड़े होने का गौरव
being without teachings or teachers
शिक्षाओं या शिक्षकों के बिना रहना
the supple willingness to listen to the divine voice in his own heart
अपने हृदय में ईश्वरीय आवाज को सुनने की लचीली इच्छा
all these things had slowly become a memory

ये सारी बातें धीरे-धीरे याद बन गई थीं
the memory had been fleeting, distant, and quiet
स्मृति क्षणभंगुर, दूर और शांत थी
the holy source, which used to be near, now only murmured
पवित्र स्रोत, जो कभी पास हुआ करता था, अब केवल बड़बड़ाता था
the holy source, which used to murmur within himself
पवित्र स्रोत, जो उसके भीतर बड़बड़ाता था
Nevertheless, many things he had learned from the Samanas
फिर भी, उन्होंने समानाओं से बहुत सी बातें सीखी थीं
he had learned from Gotama
उन्होंने गौतम से सीखा था
he had learned from his father the Brahman
उन्होंने अपने पिता ब्राह्मण से सीखा था
his father had remained within his being for a long time
उसके पिता लंबे समय तक उसके अस्तित्व के भीतर रहे थे
moderate living, the joy of thinking, hours of meditation
संयमित जीवन, चिंतन का आनंद, घंटों ध्यान
the secret knowledge of the self; his eternal entity
स्वयं का गुप्त ज्ञान; उसकी शाश्वत सत्ता
the self which is neither body nor consciousness
वह आत्मा जो न तो शरीर है और न ही चेतना
Many a part of this he still had
इसका बहुत सा हिस्सा अभी भी उसके पास था
but one part after another had been submerged
लेकिन एक के बाद एक हिस्सा डूब गया था
and eventually each part gathered dust
और अंततः प्रत्येक भाग पर धूल जम गई
a potter's wheel, once in motion, will turn for a long time

कुम्हार का चाक एक बार चलने पर लम्बे समय तक घूमता रहता है

it loses its vigour only slowly
यह धीरे-धीरे ही अपनी शक्ति खोता है
and it comes to a stop only after time
और यह समय के बाद ही रुकता है
Siddhartha's soul had kept on turning the wheel of asceticism
सिद्धार्थ की आत्मा तप का चक्र घुमाती रही थी
the wheel of thinking had kept turning for a long time
सोच का पहिया बहुत दिनों तक घूमता रहा
the wheel of differentiation had still turned for a long time
भेदभाव का पहिया अभी भी लंबे समय तक घूम रहा था
but it turned slowly and hesitantly
लेकिन यह धीरे-धीरे और हिचकिचाहट से मुड़ गया
and it was close to coming to a standstill
और यह लगभग ठप्प होने के करीब था
Slowly, like humidity entering the dying stem of a tree
धीरे-धीरे, जैसे नमी पेड़ के मरते हुए तने में प्रवेश कर रही हो
filling the stem slowly and making it rot
धीरे-धीरे तने को भरकर उसे सड़ने देना
the world and sloth had entered Siddhartha's soul
संसार और आलस्य सिद्धार्थ की आत्मा में प्रवेश कर चुके थे
slowly it filled his soul and made it heavy
धीरे-धीरे इसने उसकी आत्मा को भर दिया और उसे भारी बना दिया
it made his soul tired and put it to sleep
इससे उसकी आत्मा थक गई और उसे नींद आ गई
On the other hand, his senses had become alive
दूसरी ओर, उसकी इंद्रियाँ सजीव हो गई थीं
there was much his senses had learned

उसकी इंद्रियों ने बहुत कुछ सीखा था
there was much his senses had experienced
उसकी इंद्रियों ने बहुत कुछ अनुभव किया था
Siddhartha had learned to trade
सिद्धार्थ ने व्यापार करना सीखा था
he had learned how to use his power over people
उसने लोगों पर अपनी शक्ति का उपयोग करना सीख लिया था
he had learned how to enjoy himself with a woman
उसने एक औरत के साथ आनंद लेना सीख लिया था
he had learned how to wear beautiful clothes
उसने सुंदर कपड़े पहनना सीख लिया था
he had learned how to give orders to servants
उसने नौकरों को आदेश देना सीख लिया था
he had learned how to bathe in perfumed waters
उसने सुगंधित जल में स्नान करना सीख लिया था
He had learned how to eat tenderly and carefully prepared food
उसने सीखा था कि कोमलता से और सावधानी से तैयार किया गया भोजन कैसे खाया जाए
he even ate fish, meat, and poultry
वह मछली, मांस और मुर्गी भी खाता था
spices and sweets and wine, which causes sloth and forgetfulness
मसाले, मिठाई और शराब, जो आलस्य और विस्मृति का कारण बनते हैं
He had learned to play with dice and on a chess-board
उसने पासों से और शतरंज की बिसात पर खेलना सीखा था
he had learned to watch dancing girls
उसने नाचती हुई लड़कियों को देखना सीखा था
he learned to have himself carried about in a sedan-chair

उसने खुद को पालकी में ले जाना सीखा
he learned to sleep on a soft bed
उसने नरम बिस्तर पर सोना सीखा
But still he felt different from others
लेकिन फिर भी वह दूसरों से अलग महसूस करता था
he still felt superior to the others
वह अभी भी दूसरों से श्रेष्ठ महसूस करता था
he always watched them with some mockery
वह हमेशा उन्हें कुछ उपहास के साथ देखता था
there was always some mocking disdain to how he felt about them
उनके प्रति उनके मन में हमेशा कुछ उपहासपूर्ण तिरस्कार की भावना रहती थी
the same disdain a Samana feels for the people of the world
वही तिरस्कार जो समाना दुनिया के लोगों के लिए महसूस करता है

Kamaswami was ailing and felt annoyed
कामस्वामी बीमार थे और परेशान थे
he felt insulted by Siddhartha
उन्हें सिद्धार्थ द्वारा अपमानित महसूस हुआ
and he was vexed by his worries as a merchant
और वह एक व्यापारी के रूप में अपनी चिंताओं से परेशान था
Siddhartha had always watched these things with mockery
सिद्धार्थ ने हमेशा इन चीजों को उपहास की दृष्टि से देखा था
but his mockery had become more tired
लेकिन उसका मज़ाक और भी ज़्यादा थका हुआ हो गया था
his superiority had become more quiet
उसकी श्रेष्ठता अधिक शांत हो गई थी
as slowly imperceptible as the rainy season passing by

धीरे-धीरे गुज़रते बरसात के मौसम की तरह अदृश्य
slowly, Siddhartha had assumed something of the childlike people's ways
धीरे-धीरे सिद्धार्थ ने बच्चों जैसे लोगों के तौर-तरीकों को अपना लिया था
he had gained some of their childishness
उसने उनका कुछ बचपना अपना लिया था
and he had gained some of their fearfulness
और उसने उनमें से कुछ को भयभीत कर लिया था
And yet, the more be become like them the more he envied them
और फिर भी, जितना अधिक वह उनके जैसा बनता गया उतना ही अधिक वह उनसे ईर्ष्या करने लगा
He envied them for the one thing that was missing from him
वह उनसे उस एक चीज़ के लिए ईर्ष्या करता था जो उसमें नहीं थी
the importance they were able to attach to their lives
वे अपने जीवन को कितना महत्व दे पाए
the amount of passion in their joys and fears
उनकी खुशियों और डर में जुनून की मात्रा
the fearful but sweet happiness of being constantly in love
लगातार प्यार में रहने की भयावह लेकिन मधुर खुशी
These people were in love with themselves all of the time
ये लोग हर समय खुद से प्यार करते थे
women loved their children, with honours or money
महिलाएं अपने बच्चों से प्यार करती थीं, सम्मान या पैसे से
the men loved themselves with plans or hopes
पुरुष योजनाओं या आशाओं के साथ खुद से प्यार करते थे
But he did not learn this from them
लेकिन उसने उनसे यह नहीं सीखा
he did not learn the joy of children

उसने बच्चों की खुशी नहीं सीखी
and he did not learn their foolishness
और उसने उनकी मूर्खता नहीं सीखी
what he mostly learned were their unpleasant things
जो कुछ उसने सबसे अधिक सीखा वह उनकी अप्रिय बातें थीं
and he despised these things
और उसने इन बातों को तुच्छ जाना
in the morning, after having had company
सुबह, कंपनी के बाद
more and more he stayed in bed for a long time
वह अधिकाधिक समय तक बिस्तर पर रहने लगा
he felt unable to think, and was tired
वह सोचने में असमर्थ था, और थका हुआ था
he became angry and impatient when Kamaswami bored him with his worries
जब कामस्वामी ने अपनी चिंताओं से उसे ऊबाया तो वह क्रोधित और अधीर हो गया
he laughed just too loud when he lost a game of dice
जब वह पासों का खेल हार गया तो वह बहुत जोर से हंसा
His face was still smarter and more spiritual than others
उसका चेहरा अभी भी दूसरों की तुलना में अधिक स्मार्ट और आध्यात्मिक था
but his face rarely laughed anymore
लेकिन अब उसका चेहरा शायद ही कभी हँसता था
slowly, his face assumed other features
धीरे-धीरे उसके चेहरे पर अन्य विशेषताएं दिखने लगीं
the features often found in the faces of rich people
अमीर लोगों के चेहरे पर अक्सर पाई जाने वाली विशेषताएँ
features of discontent, of sickliness, of ill-humour
असंतोष, अस्वस्थता, बुरे मूड के लक्षण
features of sloth, and of a lack of love

आलस्य और प्रेम की कमी के लक्षण
the disease of the soul which rich people have
आत्मा का रोग जो अमीर लोगों को होता है
Slowly, this disease grabbed hold of him
धीरे-धीरे इस बीमारी ने उसे जकड़ लिया
like a thin mist, tiredness came over Siddhartha
एक पतली धुंध की तरह, सिद्धार्थ पर थकान छा गई
slowly, this mist got a bit denser every day
धीरे-धीरे ये धुंध हर दिन थोड़ी घनी होती गई
it got a bit murkier every month
हर महीने यह थोड़ा और अस्पष्ट होता गया
and every year it got a bit heavier
और हर साल यह थोड़ा भारी होता गया
dresses become old with time
समय के साथ कपड़े पुराने हो जाते हैं
clothes lose their beautiful colour over time
समय के साथ कपड़े अपना सुंदर रंग खो देते हैं
they get stains, wrinkles, worn off at the seams
उनमें दाग, झुर्रियाँ, सीवनें घिस जाती हैं
they start to show threadbare spots here and there
वे यहां-वहां धब्बे दिखाने लगते हैं
this is how Siddhartha's new life was
ऐसी थी सिद्धार्थ की नई जिंदगी
the life which he had started after his separation from Govinda
गोविंदा से अलग होने के बाद उन्होंने जो जीवन शुरू किया था
his life had grown old and lost colour
उसका जीवन बूढ़ा हो गया था और रंग खो गया था
there was less splendour to it as the years passed by
जैसे-जैसे साल बीतते गए इसकी रौनक कम होती गई
his life was gathering wrinkles and stains

उसकी जिंदगी झुर्रियाँ और दाग जमा कर रही थी
and hidden at bottom, disappointment and disgust were waiting
और नीचे छिपी हुई, निराशा और घृणा इंतज़ार कर रही थी
they were showing their ugliness
वे अपनी कुरूपता दिखा रहे थे
Siddhartha did not notice these things
सिद्धार्थ ने इन बातों पर ध्यान नहीं दिया
he remembered the bright and reliable voice inside of him
उसे अपने अंदर की उज्ज्वल और विश्वसनीय आवाज़ याद आ गई
he noticed the voice had become silent
उसने देखा कि आवाज़ शांत हो गई थी
the voice which had awoken in him at that time
वह आवाज़ जो उस समय उसके भीतर जाग उठी थी
the voice that had guided him in his best times
वह आवाज़ जिसने उनके सबसे अच्छे समय में उनका मार्गदर्शन किया था
he had been captured by the world
वह दुनिया द्वारा कब्जा कर लिया गया था
he had been captured by lust, covetousness, sloth
वह वासना, लोभ, आलस्य द्वारा बंदी बना लिया गया था
and finally he had been captured by his most despised vice
और अंततः वह अपनी सबसे घृणित बुराई के चंगुल में फंस गया
the vice which he mocked the most
वह बुराई जिसका वह सबसे अधिक मजाक उड़ाता था
the most foolish one of all vices
सभी बुराइयों में सबसे मूर्खतापूर्ण
he had let greed into his heart

उसने अपने दिल में लालच भर लिया था
Property, possessions, and riches also had finally captured him
संपत्ति, सम्पत्ति और धन ने भी अंततः उसे जकड़ लिया था
having things was no longer a game to him
चीजें पाना अब उसके लिए खेल नहीं था
his possessions had become a shackle and a burden
उसकी संपत्ति एक बेड़ी और बोझ बन गई थी
It had happened in a strange and devious way
यह एक अजीब और कुटिल तरीके से हुआ था
Siddhartha had gotten this vice from the game of dice
सिद्धार्थ को यह बुरी आदत पासे के खेल से मिली थी
he had stopped being a Samana in his heart
उसने अपने दिल में समाना बनना बंद कर दिया था
and then he began to play the game for money
और फिर उसने पैसे के लिए खेल खेलना शुरू कर दिया
first he joined the game with a smile
पहले तो वह मुस्कुराते हुए खेल में शामिल हुआ
at this time he only played casually
इस समय वह केवल लापरवाही से खेलता था
he wanted to join the customs of the childlike people
वह बच्चों जैसे लोगों के रीति-रिवाजों में शामिल होना चाहता था
but now he played with an increasing rage and passion
लेकिन अब वह बढ़ते क्रोध और जुनून के साथ खेलता था
He was a feared gambler among the other merchants
वह अन्य व्यापारियों के बीच एक खूंखार जुआरी था
his stakes were so audacious that few dared to take him on
उसके दांव इतने दुस्साहसी थे कि बहुत कम लोग उससे मुकाबला करने की हिम्मत कर पाते थे
He played the game due to a pain of his heart

वह अपने दिल के दर्द के कारण खेल खेला
losing and wasting his wretched money brought him an angry joy
अपना पैसा खोना और बर्बाद करना उसके लिए एक क्रोधित खुशी लेकर आया
he could demonstrate his disdain for wealth in no other way
वह किसी अन्य तरीके से धन के प्रति अपना तिरस्कार प्रदर्शित नहीं कर सकता था
he could not mock the merchants' false god in a better way
वह व्यापारियों के झूठे भगवान का इससे बेहतर तरीके से मजाक नहीं उड़ा सकता था
so he gambled with high stakes
इसलिए उसने ऊंचे दांव पर जुआ खेला
he mercilessly hated himself and mocked himself
वह निर्दयतापूर्वक खुद से नफरत करता था और खुद का मजाक उड़ाता था
he won thousands, threw away thousands
उसने हजारों जीते, हजारों फेंक दिए
he lost money, jewellery, a house in the country
उसने पैसा, आभूषण, देश में एक घर खो दिया
he won it again, and then he lost again
वह फिर जीता, और फिर हार गया
he loved the fear he felt while he was rolling the dice
उसे पासा पलटते समय जो डर महसूस होता था, वह उसे बहुत पसंद था
he loved feeling worried about losing what he gambled
उसे जुआ खेलने पर हारने की चिंता करना अच्छा लगता था
he always wanted to get this fear to a slightly higher level
वह हमेशा इस डर को थोड़ा ऊंचे स्तर पर ले जाना चाहता था
he only felt something like happiness when he felt this fear

उसे खुशी जैसी कोई चीज़ तभी महसूस होती थी जब उसे यह डर महसूस होता था
it was something like an intoxication
यह कुछ नशे जैसा था
something like an elevated form of life
जीवन का एक उन्नत रूप जैसा कुछ
something brighter in the midst of his dull life
उसकी नीरस जिंदगी के बीच कुछ उज्जवल
And after each big loss, his mind was set on new riches
और प्रत्येक बड़े नुकसान के बाद, उसका मन नए धन पर केंद्रित हो गया
he pursued the trade more zealously
उन्होंने व्यापार को और अधिक उत्साह से आगे बढ़ाया
he forced his debtors more strictly to pay
उसने अपने देनदारों को अधिक सख्ती से भुगतान करने के लिए मजबूर किया
because he wanted to continue gambling
क्योंकि वह जुआ खेलना जारी रखना चाहता था
he wanted to continue squandering
वह फिजूलखर्ची जारी रखना चाहता था
he wanted to continue demonstrating his disdain of wealth
वह धन के प्रति अपनी घृणा प्रदर्शित करना जारी रखना चाहता था
Siddhartha lost his calmness when losses occurred
जब नुकसान हुआ तो सिद्धार्थ ने अपना धैर्य खो दिया
he lost his patience when he was not paid on time
जब उसे समय पर वेतन नहीं मिला तो उसका धैर्य जवाब दे गया
he lost his kindness towards beggars
उसने भिखारियों के प्रति अपनी दया खो दी

He gambled away tens of thousands at one roll of the dice
उसने पासे के एक ही चक्कर में हजारों रुपये जुए में हार दिए
he became more strict and more petty in his business
वह अपने व्यवसाय में अधिक सख्त और अधिक क्षुद्र हो गया
occasionally, he was dreaming at night about money!
कभी-कभी, वह रात में पैसों के बारे में सपने देखता था!
whenever he woke up from this ugly spell, he continued fleeing
जब भी वह इस कुरूप जादू से जागा, वह भागता रहा
whenever he found his face in the mirror to have aged, he found a new game
जब भी वह आईने में अपना चेहरा बूढ़ा पाता, तो उसे एक नया खेल मिल जाता
whenever embarrassment and disgust came over him, he numbed his mind
जब भी उसे शर्मिंदगी और घृणा महसूस होती, वह अपना दिमाग सुन्न कर लेता
he numbed his mind with sex and wine
उसने सेक्स और शराब से अपना दिमाग सुन्न कर लिया
and from there he fled back into the urge to pile up and obtain possessions
और वहां से वह वापस धन-संपत्ति इकट्ठा करने और उसे प्राप्त करने की लालसा में भाग गया
In this pointless cycle he ran
इस व्यर्थ चक्र में वह भागता रहा
from his life he grow tired, old, and ill
वह अपने जीवन से थक जाता है, बूढ़ा हो जाता है, और बीमार हो जाता है

Then the time came when a dream warned him
फिर वह समय आया जब एक स्वप्न ने उसे चेतावनी दी

He had spent the hours of the evening with Kamala
उसने शाम के कई घंटे कमला के साथ बिताए थे
he had been in her beautiful pleasure-garden
वह उसके सुंदर आनंद-उद्यान में था
They had been sitting under the trees, talking
वे पेड़ों के नीचे बैठे बातें कर रहे थे
and Kamala had said thoughtful words
और कमला ने सोच-समझकर कुछ शब्द कहे थे
words behind which a sadness and tiredness lay hidden
शब्द जिसके पीछे उदासी और थकान छिपी थी
She had asked him to tell her about Gotama
उसने उससे गौतम के बारे में बताने को कहा था
she could not hear enough of him
वह उसके बारे में पर्याप्त नहीं सुन सकी
she loved how clear his eyes were
उसे उसकी आँखें बहुत पसंद थीं
she loved how still and beautiful his mouth was
उसे उसका मुंह कितना स्थिर और सुंदर लगा
she loved the kindness of his smile
उसे उसकी मुस्कान की दयालुता पसंद थी
she loved how peaceful his walk had been
उसे बहुत अच्छा लगा कि उसका चलना कितना शांतिपूर्ण था
For a long time, he had to tell her about the exalted Buddha
लंबे समय तक उसे उसे महान बुद्ध के बारे में बताना पड़ा
and Kamala had sighed, and spoke
और कमला ने आह भरकर कहा था,
"One day, perhaps soon, I'll also follow that Buddha"
"एक दिन, शायद जल्द ही, मैं भी उस बुद्ध का अनुसरण करूंगा"
"I'll give him my pleasure-garden for a gift"
"मैं उसे अपना आनंद-उद्यान उपहार में दूंगी"

"and I will take my refuge in his teachings"
"और मैं उसकी शिक्षाओं में शरण लूंगा"
But after this, she had aroused him
लेकिन इसके बाद, उसने उसे उत्तेजित कर दिया था
she had tied him to her in the act of making love
उसने उसे प्रेम करने के लिए अपने साथ बांध लिया था
with painful fervour, biting and in tears
दर्दनाक उत्साह के साथ, काटने और आँसू में
it was as if she wanted to squeeze the last sweet drop out of this wine
ऐसा लग रहा था जैसे वह इस शराब की आखिरी मीठी बूँद निचोड़ लेना चाहती थी
Never before had it become so strangely clear to Siddhartha
इससे पहले सिद्धार्थ को यह बात इतनी विचित्र रूप से स्पष्ट कभी नहीं हुई थी
he felt how close lust was akin to death
उसने महसूस किया कि वासना मृत्यु के कितने करीब थी
he laid by her side, and Kamala's face was close to him
वह उसके बगल में लेट गया, और कमला का चेहरा उसके करीब था
under her eyes and next to the corners of her mouth
उसकी आँखों के नीचे और उसके मुँह के कोनों के पास
it was as clear as never before
यह पहले से कहीं अधिक स्पष्ट था
there read a fearful inscription
वहाँ एक भयावह शिलालेख लिखा था
an inscription of small lines and slight grooves
छोटी रेखाओं और हल्के खांचे वाला एक शिलालेख
an inscription reminiscent of autumn and old age
शरद ऋतु और बुढ़ापे की याद दिलाने वाला एक शिलालेख
here and there, gray hairs among his black ones

यहां-वहां, उसके काले बालों के बीच भूरे बाल
Siddhartha himself, who was only in his forties, noticed the same thing
सिद्धार्थ ने स्वयं, जो उस समय केवल चालीस वर्ष के थे, यही बात देखी।
Tiredness was written on Kamala's beautiful face
कमला के सुन्दर चेहरे पर थकान साफ झलक रही थी
tiredness from walking a long path
लंबा रास्ता चलने से थकान
a path which has no happy destination
एक ऐसा मार्ग जिसका कोई सुखद गंतव्य नहीं है
tiredness and the beginning of withering
थकावट और मुरझाने की शुरुआत
fear of old age, autumn, and having to die
बुढ़ापे, पतझड़ और मरने का डर
With a sigh, he had bid his farewell to her
एक आह भरते हुए उसने उससे विदा ली थी
the soul full of reluctance, and full of concealed anxiety
आत्मा अनिच्छा से भरी है, और छिपी हुई चिंता से भरी है

Siddhartha had spent the night in his house with dancing girls
सिद्धार्थ ने नाचने वाली लड़कियों के साथ अपने घर में बिताई थी रात
he acted as if he was superior to them
उसने ऐसा व्यवहार किया मानो वह उनसे श्रेष्ठ है
he acted superior towards the fellow-members of his caste
वह अपनी जाति के सह-सदस्यों के प्रति श्रेष्ठ व्यवहार करता था
but this was no longer true

लेकिन यह अब सच नहीं था
he had drunk much wine that night
उस रात उसने बहुत शराब पी ली थी
and he went to bed a long time after midnight
और वह आधी रात के काफी बाद बिस्तर पर गया
tired and yet excited, close to weeping and despair
थका हुआ और फिर भी उत्साहित, रोने और निराशा के करीब
for a long time he sought to sleep, but it was in vain
वह बहुत देर तक सोने की कोशिश करता रहा, लेकिन सब व्यर्थ रहा
his heart was full of misery
उसका दिल दुख से भरा था
he thought he could not bear any longer
उसने सोचा कि वह अब और सहन नहीं कर सकता
he was full of a disgust, which he felt penetrating his entire body
वह घृणा से भरा हुआ था, जिसे उसने अपने पूरे शरीर में महसूस किया
like the lukewarm repulsive taste of the wine
शराब के गुनगुने घिनौने स्वाद की तरह
the dull music was a little too happy
सुस्त संगीत थोड़ा ज़्यादा खुशनुमा था
the smile of the dancing girls was a little too soft
नाचने वाली लड़कियों की मुस्कान थोड़ी नरम थी
the scent of their hair and breasts was a little too sweet
उनके बालों और स्तनों की खुशबू थोड़ी ज़्यादा मीठी थी
But more than by anything else, he was disgusted by himself
लेकिन किसी भी चीज़ से ज़्यादा, उसे खुद से घृणा थी
he was disgusted by his perfumed hair
उसे अपने सुगंधित बालों से घृणा थी

he was disgusted by the smell of wine from his mouth
उसके मुंह से शराब की गंध आ रही थी जिससे उसे घृणा हो रही थी
he was disgusted by the listlessness of his skin
वह अपनी त्वचा की सुस्ती से घृणा करता था
Like when someone who has eaten and drunk far too much
जैसे कि जब कोई व्यक्ति बहुत ज्यादा खा-पी लेता है
they vomit it back up again with agonising pain
वे पीड़ादायक दर्द के साथ इसे फिर से उल्टी कर देते हैं
but they feel relieved by the vomiting
लेकिन उल्टी से उन्हें राहत महसूस होती है
this sleepless man wished to free himself of these pleasures
यह नींद हराम आदमी खुद को इन सुखों से मुक्त करना चाहता था
he wanted to be rid of these habits
वह इन आदतों से छुटकारा पाना चाहता था
he wanted to escape all of this pointless life
वह इस व्यर्थ जीवन से बचना चाहता था
and he wanted to escape from himself
और वह खुद से बचना चाहता था
it wasn't until the light of the morning when he had slightly fallen sleep
सुबह की रोशनी आने तक उसे हल्की सी नींद नहीं आई थी
the first activities in the street were already beginning
सड़क पर पहली गतिविधियाँ पहले ही शुरू हो चुकी थीं
for a few moments he had found a hint of sleep
कुछ पलों के लिए उसे नींद का अहसास हुआ
In those moments, he had a dream
उन क्षणों में, उसे एक सपना आया
Kamala owned a small, rare singing bird in a golden cage

कमला के पास सोने के पिंजरे में एक छोटा, दुर्लभ गायन पक्षी था

it always sung to him in the morning
यह गीत हमेशा सुबह में उसके लिए गाया जाता था
but then he dreamt this bird had become mute
लेकिन फिर उसने सपना देखा कि यह पक्षी मूक हो गया है
since this arose his attention, he stepped in front of the cage
जब उसका ध्यान इस ओर गया, तो वह पिंजरे के सामने आ गया

he looked at the bird inside the cage
उसने पिंजरे के अंदर पक्षी को देखा
the small bird was dead, and lay stiff on the ground
छोटा पक्षी मर चुका था और ज़मीन पर अकड़कर पड़ा था
He took the dead bird out of its cage
उसने मरे हुए पक्षी को पिंजरे से बाहर निकाला
he took a moment to weigh the dead bird in his hand
उसने अपने हाथ में मृत पक्षी का वजन करने के लिए एक क्षण लिया
and then threw it away, out in the street
और फिर उसे सड़क पर फेंक दिया
in the same moment he felt terribly shocked
उसी क्षण उसे बहुत गहरा सदमा लगा
his heart hurt as if he had thrown away all value
उसका दिल दुखा जैसे उसने सारी कीमत फेंक दी हो
everything good had been inside of this dead bird
इस मृत पक्षी के अंदर सब कुछ अच्छा था
Starting up from this dream, he felt encompassed by a deep sadness
इस सपने से शुरू करते हुए, वह एक गहरी उदासी से घिरा हुआ महसूस करता था

everything seemed worthless to him
उसे सब कुछ बेकार लगता था
worthless and pointless was the way he had been going through life
वह जिस तरह से जीवन जी रहा था वह बेकार और निरर्थक था
nothing which was alive was left in his hands
उसके हाथ में कुछ भी जीवित नहीं बचा था
nothing which was in some way delicious could be kept
जो कुछ भी स्वादिष्ट था उसे नहीं रखा जा सका
nothing worth keeping would stay
रखने लायक कुछ भी नहीं रहेगा
alone he stood there, empty like a castaway on the shore
वह अकेला वहाँ खड़ा था, किनारे पर एक परित्यक्त की तरह खाली

With a gloomy mind, Siddhartha went to his pleasure-garden
उदास मन से सिद्धार्थ अपने आनंद-उद्यान में चले गए
he locked the gate and sat down under a mango-tree
उसने गेट बंद कर लिया और एक आम के पेड़ के नीचे बैठ गया
he felt death in his heart and horror in his chest
उसे अपने दिल में मौत और सीने में खौफ़ महसूस हुआ
he sensed how everything died and withered in him
उसने महसूस किया कि कैसे उसके अंदर सब कुछ मर गया और सूख गया
By and by, he gathered his thoughts in his mind
धीरे-धीरे उसने अपने विचार मन में समेट लिए
once again, he went through the entire path of his life

एक बार फिर, वह अपने जीवन के पूरे रास्ते से गुजरा
he started with the first days he could remember
उन्होंने उन शुरुआती दिनों से शुरुआत की जिन्हें वे याद कर सकते थे
When was there ever a time when he had felt a true bliss?
ऐसा कब हुआ था जब उसे सच्चा आनंद महसूस हुआ हो?
Oh yes, several times he had experienced such a thing
अरे हाँ, कई बार उसने ऐसा अनुभव किया था
In his years as a boy he had had a taste of bliss
बचपन में उसे आनंद का स्वाद मिल चुका था
he had felt happiness in his heart when he obtained praise from the Brahmans
जब उन्हें ब्राह्मणों से प्रशंसा मिली तो उनके हृदय में प्रसन्नता हुई
"There is a path in front of the one who has distinguished himself"
"जिसने खुद को प्रतिष्ठित किया है उसके सामने एक रास्ता है"
he had felt bliss reciting the holy verses
उन्होंने पवित्र श्लोकों का पाठ करके आनंद का अनुभव किया था
he had felt bliss disputing with the learned ones
उन्हें विद्वानों के साथ वाद-विवाद करने में आनंद की अनुभूति होती थी
he had felt bliss when he was an assistant in the offerings
जब वह प्रसाद वितरण में सहायक थे, तब उन्हें आनंद की अनुभूति हुई थी
Then, he had felt it in his heart
तब, उसने अपने दिल में महसूस किया था
"There is a path in front of you"

"आपके सामने एक रास्ता है"
"you are destined for this path"
"आप इस मार्ग के लिए किस्मत में हैं"
"the gods are awaiting you"
"देवता आपकी प्रतीक्षा कर रहे हैं"
And again, as a young man, he had felt bliss
और फिर, एक युवा व्यक्ति के रूप में, उन्होंने आनंद महसूस किया था
when his thoughts separated him from those thinking on the same things
जब उसके विचार उसे उन्हीं चीज़ों पर सोचने वाले लोगों से अलग कर देते थे
when he wrestled in pain for the purpose of Brahman
जब वह ब्रह्म के उद्देश्य के लिए पीड़ा में कुश्ती लड़ता था
when every obtained knowledge only kindled new thirst in him
जब प्रत्येक प्राप्त ज्ञान ने उसमें नई प्यास ही जगाई
in the midst of the pain he felt this very same thing
दर्द के बीच में उसे यही बात महसूस हुई
"Go on! You are called upon!"
"चलो! तुम्हें बुलाया गया है!"
He had heard this voice when he had left his home
जब वह अपने घर से निकला था तब उसने यह आवाज़ सुनी थी
he heard heard this voice when he had chosen the life of a Samana
जब उसने समाना का जीवन चुना था तब उसने यह आवाज़ सुनी थी
and again he heard this voice when left the Samanas

और जब वह समाना से बाहर निकला तो उसने फिर यही आवाज सुनी

he had heard the voice when he went to see the perfected one

जब वह सिद्ध को देखने गया था तब उसने आवाज सुनी थी

and when he had gone away from the perfected one, he had heard the voice

और जब वह सिद्ध से दूर चला गया था, तो उसने आवाज सुनी थी

he had heard the voice when he went into the uncertain

जब वह अनिश्चितता में गया तो उसने आवाज़ सुनी थी

For how long had he not heard this voice anymore?

कितने समय से उसने यह आवाज़ नहीं सुनी थी?

for how long had he reached no height anymore?

कितने समय से वह किसी ऊंचाई तक नहीं पहुंचा था?

how even and dull was the manner in which he went through life?

वह जीवन जीने का तरीका कितना सम और नीरस था?

for many long years without a high goal

कई वर्षों तक बिना किसी उच्च लक्ष्य के

he had been without thirst or elevation

वह प्यास या ऊंचाई के बिना था

he had been content with small lustful pleasures

वह छोटे-मोटे कामुक सुखों से संतुष्ट था

and yet he was never satisfied!

और फिर भी वह कभी संतुष्ट नहीं हुआ!

For all of these years he had tried hard to become like the others

इन सभी वर्षों में उसने दूसरों की तरह बनने की बहुत कोशिश की थी

he longed to be one of the childlike people

वह बच्चों जैसे लोगों में से एक बनना चाहता था
but he didn't know that that was what he really wanted
लेकिन वह नहीं जानता था कि वह वास्तव में यही चाहता था
his life had been much more miserable and poorer than theirs
उनका जीवन उनसे कहीं अधिक दयनीय और दरिद्र था
because their goals and worries were not his
क्योंकि उनके लक्ष्य और चिंताएँ उनकी नहीं थीं
the entire world of the Kamaswami-people had only been a game to him
कामस्वामी-लोगों की पूरी दुनिया उसके लिए केवल एक खेल थी
their lives were a dance he would watch
उनका जीवन एक नृत्य था जिसे वह देखता था
they performed a comedy he could amuse himself with
उन्होंने एक कॉमेडी प्रस्तुत की जिससे वह खुद का मनोरंजन कर सके
Only Kamala had been dear and valuable to him
केवल कमला ही उसके लिए प्रिय और मूल्यवान थी
but was she still valuable to him?
लेकिन क्या वह अब भी उसके लिए मूल्यवान थी?
Did he still need her?
क्या उसे अब भी उसकी ज़रूरत थी?
Or did she still need him?
या फिर उसे अब भी उसकी ज़रूरत थी?
Did they not play a game without an ending?
क्या उन्होंने बिना अंत वाला खेल नहीं खेला?
Was it necessary to live for this?
क्या इसके लिए जीना ज़रूरी था?
No, it was not necessary!
नहीं, यह आवश्यक नहीं था!

The name of this game was Sansara
इस खेल का नाम था संसार
a game for children which was perhaps enjoyable to play once
बच्चों के लिए एक खेल जो शायद एक समय खेलने में आनंददायक था
maybe it could be played twice
शायद इसे दो बार खेला जा सकता है
perhaps you could play it ten times
शायद आप इसे दस बार खेल सकते हैं
but should you play it for ever and ever?
लेकिन क्या आपको इसे हमेशा के लिए खेलना चाहिए?
Then, Siddhartha knew that the game was over
तब सिद्धार्थ को पता चला कि खेल ख़त्म हो गया है
he knew that he could not play it any more
वह जानता था कि वह अब और नहीं खेल सकता
Shivers ran over his body and inside of him
उसके शरीर और अन्दर सिहरन दौड़ गई
he felt that something had died
उसे लगा कि कुछ मर गया है

That entire day, he sat under the mango-tree
वह पूरा दिन आम के पेड़ के नीचे बैठा रहा।
he was thinking of his father
वह अपने पिता के बारे में सोच रहा था
he was thinking of Govinda
वह गोविंदा के बारे में सोच रहा था
and he was thinking of Gotama
और वह गौतम के बारे में सोच रहा था
Did he have to leave them to become a Kamaswami?
क्या कामस्वामी बनने के लिए उन्हें उन्हें छोड़ना पड़ा?

He was still sitting there when the night had fallen
जब रात हो गई तब भी वह वहीं बैठा था
he caught sight of the stars, and thought to himself
उसने सितारों को देखा और मन ही मन सोचा
"Here I'm sitting under my mango-tree in my pleasure-garden"
"मैं यहाँ अपने आनंद-उद्यान में अपने आम के पेड़ के नीचे बैठा हूँ"
He smiled a little to himself
वह मन ही मन थोड़ा मुस्कुराया
was it really necessary to own a garden?
क्या वास्तव में एक बगीचा होना आवश्यक था?
was it not a foolish game?
क्या यह मूर्खतापूर्ण खेल नहीं था?
did he need to own a mango-tree?
क्या उसे आम का पेड़ रखने की जरूरत थी?
He also put an end to this
उन्होंने इस पर भी विराम लगा दिया
this also died in him
यह भी उसमें मर गया
He rose and bid his farewell to the mango-tree
वह उठा और आम के पेड़ को अलविदा कहा
he bid his farewell to the pleasure-garden
उन्होंने आनंद-उद्यान को अलविदा कहा
Since he had been without food this day, he felt strong hunger
चूँकि वह दिन भर बिना खाए रहा था, उसे बहुत भूख लगी थी।
and he thought of his house in the city
और वह शहर में अपने घर के बारे में सोचने लगा
he thought of his chamber and bed

उसने अपने कमरे और बिस्तर के बारे में सोचा
he thought of the table with the meals on it
उसने खाने वाली मेज़ के बारे में सोचा
He smiled tiredly, shook himself, and bid his farewell to these things
वह थका हुआ मुस्कुराया, खुद को झकझोरा, और इन चीजों को अलविदा कहा
In the same hour of the night, Siddhartha left his garden
रात के उसी पहर में सिद्धार्थ अपने बगीचे से निकले
he left the city and never came back
वह शहर छोड़कर चला गया और कभी वापस नहीं आया

For a long time, Kamaswami had people look for him
लंबे समय तक कामस्वामी ने लोगों को अपनी तलाश करने के लिए कहा
they thought he had fallen into the hands of robbers
उन्होंने सोचा कि वह लुटेरों के हाथों में पड़ गया है
Kamala had no one look for him
कमला के पास उसकी तलाश करने वाला कोई नहीं था
she was not astonished by his disappearance
वह उसके गायब होने से आश्चर्यचकित नहीं थी
Did she not always expect it?
क्या उसे हमेशा इसकी उम्मीद नहीं थी?
Was he not a Samana?
क्या वह समाना नहीं था?
a man who was at home nowhere, a pilgrim
एक आदमी जो कहीं घर पर नहीं था, एक तीर्थयात्री
she had felt this the last time they had been together
पिछली बार जब वे साथ थे तो उसने ऐसा महसूस किया था
she was happy despite all the pain of the loss

वह नुकसान के सारे दर्द के बावजूद खुश थी
she was happy she had been with him one last time
वह खुश थी कि वह आखिरी बार उसके साथ थी
she was happy she had pulled him so affectionately to her heart
वह खुश थी कि उसने उसे इतने प्यार से अपने दिल में खींच लिया था
she was happy she had felt completely possessed and penetrated by him
वह खुश थी कि उसने पूरी तरह से उसे अपने वश में कर लिया था और उसके द्वारा प्रवेश किया गया था
When she received the news, she went to the window
जब उसे खबर मिली तो वह खिड़की के पास गई
at the window she held a rare singing bird
खिड़की पर उसने एक दुर्लभ गायन पक्षी को पकड़ा
the bird was held captive in a golden cage
पक्षी को सोने के पिंजरे में बंदी बनाकर रखा गया था
She opened the door of the cage
उसने पिंजरे का दरवाज़ा खोला
she took the bird out and let it fly
उसने पक्षी को बाहर निकाला और उसे उड़ने दिया
For a long time, she gazed after it
वह बहुत देर तक उसे देखती रही
From this day on, she received no more visitors
इस दिन के बाद से, उसके पास कोई भी आगंतुक नहीं आया
and she kept her house locked
और उसने अपना घर बंद रखा
But after some time, she became aware that she was pregnant
लेकिन कुछ समय बाद उसे पता चला कि वह गर्भवती है

she was pregnant from the last time she was with Siddhartha
वह पिछली बार सिद्धार्थ के साथ रहने के समय से ही गर्भवती थी

By the River
नदी द्वारा

Siddhartha walked through the forest
सिद्धार्थ जंगल से होकर चले
he was already far from the city
वह पहले ही शहर से बहुत दूर था
and he knew nothing but one thing
और वह एक बात के अलावा कुछ नहीं जानता था
there was no going back for him
उसके लिए वापस जाने का कोई रास्ता नहीं था
the life that he had lived for many years was over
वह जीवन जो उसने कई वर्षों तक जिया था, समाप्त हो गया
he had tasted all of this life
उसने इस जीवन का पूरा स्वाद चखा था
he had sucked everything out of this life
उसने इस जीवन से सब कुछ चूस लिया था
until he was disgusted with it
जब तक कि वह इससे घृणा नहीं करने लगा
the singing bird he had dreamt of was dead
जिस गाते हुए पक्षी का उसने सपना देखा था वह मर चुका था
and the bird in his heart was dead too
और उसके दिल में बैठा पक्षी भी मर चुका था
he had been deeply entangled in Sansara
वह संसार में गहराई से उलझा हुआ था
he had sucked up disgust and death into his body
उसने अपने शरीर में घृणा और मृत्यु को समाहित कर लिया था
like a sponge sucks up water until it is full

जैसे स्पंज पानी को तब तक चूसता है जब तक वह भर न जाए

he was full of misery and death
वह दुःख और मृत्यु से भरा था
there was nothing left in this world which could have attracted him
इस दुनिया में ऐसा कुछ भी नहीं बचा था जो उसे आकर्षित कर सके
nothing could have given him joy or comfort
कुछ भी उसे खुशी या आराम नहीं दे सकता था
he passionately wished to know nothing about himself anymore
वह अपने बारे में अब और कुछ नहीं जानना चाहता था
he wanted to have rest and be dead
वह आराम करना चाहता था और मर जाना चाहता था
he wished there was a lightning-bolt to strike him dead!
वह चाहता था कि कोई बिजली गिरकर उसे मार डाले!
If there only was a tiger to devour him!
काश, कोई बाघ होता जो उसे खा जाता!
If there only was a poisonous wine which would numb his senses
काश कोई जहरीली शराब होती जो उसकी इंद्रियों को सुन्न कर देती
a wine which brought him forgetfulness and sleep
एक शराब जो उसे विस्मृति और नींद लाती थी
a wine from which he wouldn't awake from
एक शराब जिससे वह जाग नहीं सकता था
Was there still any kind of filth he had not soiled himself with?
क्या अभी भी ऐसी कोई गंदगी थी जिससे उसने खुद को गंदा न किया हो?

was there a sin or foolish act he had not committed?
क्या ऐसा कोई पाप या मूर्खतापूर्ण कार्य था जो उसने नहीं किया था?

was there a dreariness of the soul he didn't know?
क्या आत्मा में कोई उदासी थी जिसे वह नहीं जानता था?

was there anything he had not brought upon himself?
क्या ऐसा कुछ था जो उसने स्वयं अपने ऊपर नहीं लाया था?

Was it still at all possible to be alive?
क्या अब भी जीवित रहना संभव है?

Was it possible to breathe in again and again?
क्या बार-बार सांस लेना संभव था?

Could he still breathe out?
क्या वह अभी भी साँस ले सकता था?

was he able to bear hunger?
क्या वह भूख सहन कर सकता था?

was there any way to eat again?
क्या फिर से खाने का कोई तरीका था?

was it possible to sleep again?
क्या फिर से सोना संभव था?

could he sleep with a woman again?
क्या वह दोबारा किसी औरत के साथ सो सकता है?

had this cycle not exhausted itself?
क्या यह चक्र समाप्त नहीं हो गया था?

were things not brought to their conclusion?
क्या चीजें अपने निष्कर्ष पर नहीं पहुंचीं?

Siddhartha reached the large river in the forest
सिद्धार्थ जंगल में बड़ी नदी तक पहुंचे

it was the same river he crossed when he had still been a young man
यह वही नदी थी जिसे उन्होंने युवावस्था में पार किया था

it was the same river he crossed from the town of Gotama
यह वही नदी थी जिसे उन्होंने गौतम नगर से पार किया था
he remembered a ferryman who had taken him over the river
उसे एक मांझी याद आया जो उसे नदी पार ले गया था
By this river he stopped, and hesitantly he stood at the bank
इस नदी के पास वह रुक गया, और झिझकते हुए किनारे पर खड़ा हो गया
Tiredness and hunger had weakened him
थकान और भूख ने उसे कमज़ोर कर दिया था
"what should I walk on for?"
"मुझे किस लिए चलना चाहिए?"
"to what goal was there left to go?"
"अब और कौन सा लक्ष्य बाकी रह गया था?"
No, there were no more goals
नहीं, कोई और गोल नहीं हुआ
there was nothing left but a painful yearning to shake off this dream
इस सपने से छुटकारा पाने की एक दर्दनाक तड़प के अलावा कुछ नहीं बचा था
he yearned to spit out this stale wine
वह इस बासी शराब को थूकना चाहता था
he wanted to put an end to this miserable and shameful life
वह इस दयनीय और शर्मनाक जीवन का अंत करना चाहता था
a coconut-tree bent over the bank of the river
नदी के किनारे झुका हुआ एक नारियल का पेड़
Siddhartha leaned against its trunk with his shoulder
सिद्धार्थ ने अपने कंधे से उसके तने पर टेक लगाई
he embraced the trunk with one arm
उसने एक हाथ से ट्रंक को गले लगा लिया

and he looked down into the green water
और उसने नीचे हरे पानी में देखा
the water ran under him
पानी उसके नीचे बह गया
he looked down and found himself to be entirely filled with the wish to let go
उसने नीचे देखा और पाया कि वह पूरी तरह से छोड़ देने की इच्छा से भरा हुआ है
he wanted to drown in these waters
वह इस पानी में डूबना चाहता था
the water reflected a frightening emptiness back at him
पानी ने उसे भयावह खालीपन दिखाया
the water answered to the terrible emptiness in his soul
पानी ने उसकी आत्मा में व्याप्त भयानक शून्यता का उत्तर दिया
Yes, he had reached the end
हाँ, वह अंत तक पहुँच गया था
There was nothing left for him, except to annihilate himself
उसके पास खुद को नष्ट करने के अलावा और कुछ नहीं बचा था
he wanted to smash the failure into which he had shaped his life
वह उस असफलता को तोड़ना चाहता था जिसमें उसने अपना जीवन ढाल लिया था
he wanted to throw his life before the feet of mockingly laughing gods
वह अपने जीवन को उपहासपूर्वक हंसते हुए देवताओं के चरणों में फेंकना चाहता था
This was the great vomiting he had longed for; death
यह वह महान उल्टी थी जिसकी उसे लालसा थी; मृत्यु
the smashing to bits of the form he hated

उस रूप को टुकड़े-टुकड़े कर देना जिससे वह नफरत करता था
Let him be food for fishes and crocodiles
उसे मछलियों और मगरमच्छों का भोजन बनने दो
Siddhartha the dog, a lunatic
सिद्धार्थ कुत्ता, एक पागल
a depraved and rotten body; a weakened and abused soul!
एक भ्रष्ट और सड़ा हुआ शरीर; एक कमजोर और प्रताड़ित आत्मा!
let him be chopped to bits by the daemons
उसे राक्षसों द्वारा टुकड़े-टुकड़े कर दिया जाए
With a distorted face, he stared into the water
विकृत चेहरे के साथ, वह पानी में घूरता रहा
he saw the reflection of his face and spat at it
उसने अपने चेहरे का प्रतिबिंब देखा और उस पर थूक दिया
In deep tiredness, he took his arm away from the trunk of the tree
गहरी थकान के कारण उसने अपना हाथ पेड़ के तने से हटा लिया।
he turned a bit, in order to let himself fall straight down
वह थोड़ा सा मुड़ा, ताकि वह सीधा नीचे गिर सके
in order to finally drown in the river
अंततः नदी में डूब जाने के लिए
With his eyes closed, he slipped towards death
आँखें बंद किए वह मौत की ओर सरक गया
Then, out of remote areas of his soul, a sound stirred up
तभी उसकी आत्मा के सुदूर क्षेत्रों से एक ध्वनि उठी
a sound stirred up out of past times of his now weary life
उसकी थकी हुई जिंदगी के बीते दिनों से उभरी एक आवाज
It was a singular word, a single syllable
यह एक विलक्षण शब्द था, एक शब्दांश
without thinking he spoke the voice to himself

बिना सोचे समझे उसने खुद से ही आवाज़ निकाली
he slurred the beginning and the end of all prayers of the Brahmans
उन्होंने ब्राह्मणों की सभी प्रार्थनाओं की शुरुआत और अंत में अस्पष्टता दिखाई
he spoke the holy Om
उन्होंने पवित्र ओम बोला
"that what is perfect" or "the completion"
"वह जो पूर्ण है" या "पूर्णता"
And in the moment he realized the foolishness of his actions
और उसी क्षण उसे अपने कार्यों की मूर्खता का एहसास हुआ
the sound of Om touched Siddhartha's ear
ओम की ध्वनि सिद्धार्थ के कान को छू गई
his dormant spirit suddenly woke up
उसकी सुप्त आत्मा अचानक जाग उठी
Siddhartha was deeply shocked
सिद्धार्थ को गहरा सदमा लगा
he saw this was how things were with him
उसने देखा कि उसके साथ चीज़ें ऐसी थीं
he was so doomed that he had been able to seek death
वह इतना अभिशप्त था कि वह मृत्यु की तलाश करने में सक्षम था
he had lost his way so much that he wished the end
वह अपना रास्ता इतना खो चुका था कि वह अंत की कामना करता था
the wish of a child had been able to grow in him
एक बच्चे की चाहत उसके अंदर पनपने लगी थी
he had wished to find rest by annihilating his body!
वह अपने शरीर को नष्ट करके विश्राम पाना चाहता था!
all the agony of recent times

हाल के समय की सारी पीड़ा
all sobering realizations that his life had created
सभी गंभीर अहसास जो उसके जीवन ने पैदा किए थे
all the desperation that he had felt
सारी हताशा जो उसने महसूस की थी
these things did not bring about this moment
ये चीजें इस पल को नहीं लायीं
when the Om entered his consciousness he became aware of himself
जब ओम उसकी चेतना में प्रवेश किया तो वह स्वयं के प्रति जागरूक हो गया
he realized his misery and his error
उसे अपने दुख और अपनी गलती का एहसास हुआ
Om! he spoke to himself
ओम! वह अपने आप से बोला
Om! and again he knew about Brahman
ॐ! और फिर से उसे ब्रह्म का ज्ञान हुआ
Om! he knew about the indestructibility of life
ओम! वह जीवन की अविनाशीता के बारे में जानता था
Om! he knew about all that is divine, which he had forgotten
ॐ! वह सब दिव्य बातों को जानता था, जिन्हें वह भूल गया था
But this was only a moment that flashed before him
लेकिन यह केवल एक क्षण था जो उसके सामने कौंधा
By the foot of the coconut-tree, Siddhartha collapsed
नारियल के पेड़ के नीचे सिद्धार्थ गिर पड़े
he was struck down by tiredness
वह थकावट से ग्रसित था
mumbling "Om", he placed his head on the root of the tree

"ओम" का उच्चारण करते हुए उसने अपना सिर पेड़ की जड़ पर रख दिया
and he fell into a deep sleep
और वह गहरी नींद में सो गया
Deep was his sleep, and without dreams
उसकी नींद गहरी थी, और कोई स्वप्न नहीं था
for a long time he had not known such a sleep any more
बहुत दिनों से उसे ऐसी नींद नहीं आई थी

When he woke up after many hours, he felt as if ten years had passed
कई घंटों बाद जब वह जागा तो उसे लगा जैसे दस साल बीत गए हों
he heard the water quietly flowing
उसने पानी को चुपचाप बहते हुए सुना
he did not know where he was
वह नहीं जानता था कि वह कहाँ है
and he did not know who had brought him here
और वह नहीं जानता था कि उसे यहाँ कौन लाया है
he opened his eyes and looked with astonishment
उसने अपनी आँखें खोली और आश्चर्य से देखा
there were trees and the sky above him
उसके ऊपर पेड़ और आसमान थे
he remembered where he was and how he got here
उसे याद आया कि वह कहाँ था और यहाँ कैसे आया
But it took him a long while for this
लेकिन इसके लिए उसे काफी समय लग गया
the past seemed to him as if it had been covered by a veil
अतीत उसे ऐसा लगता था जैसे उस पर पर्दा डाल दिया गया हो

infinitely distant, infinitely far away, infinitely meaningless
असीम रूप से दूर, असीम रूप से दूर, असीम रूप से अर्थहीन
He only knew that his previous life had been abandoned
वह केवल इतना जानता था कि उसका पिछला जीवन त्याग दिया गया था
this past life seemed to him like a very old, previous incarnation
यह पिछला जीवन उसे बहुत पुराना, पिछला अवतार जैसा लगा
this past life felt like a pre-birth of his present self
यह पिछला जीवन उसके वर्तमान स्व के पूर्वजन्म जैसा महसूस हुआ
full of disgust and wretchedness, he had intended to throw his life away
घृणा और दुःख से भरा हुआ, उसने अपना जीवन त्यागने का इरादा कर लिया था
he had come to his senses by a river, under a coconut-tree
वह एक नदी के किनारे, एक नारियल के पेड़ के नीचे अपने होश में आया था
the holy word "Om" was on his lips
पवित्र शब्द "ओम" उसके होठों पर था
he had fallen asleep and had now woken up
वह सो गया था और अब जाग गया था
he was looking at the world as a new man
वह दुनिया को एक नए इंसान के रूप में देख रहा था
Quietly, he spoke the word "Om" to himself
चुपचाप, उसने अपने आप से "ओम" शब्द बोला
the "Om" he was speaking when he had fallen asleep
वह "ओम" बोल रहा था जब वह सो गया था
his sleep felt like nothing more than a long meditative recitation of "Om"

उसे नींद में "ओम" का लम्बा ध्यानपूर्ण पाठ करने के अलावा कुछ भी नहीं लगता था
all his sleep had been a thinking of "Om"
उसकी सारी नींद "ओम" के चिंतन में बीतती थी
a submergence and complete entering into "Om"
निमज्जन और "ओम" में पूर्ण प्रवेश
a going into the perfected and completed
परिपूर्ण और पूर्ण हो जाने की ओर जाना
What a wonderful sleep this had been!
यह कैसी अद्भुत नींद थी!
he had never before been so refreshed by sleep
वह पहले कभी नींद से इतना तरोताजा नहीं हुआ था
Perhaps, he really had died
शायद, वह सचमुच मर गया था
maybe he had drowned and was reborn in a new body?
हो सकता है कि वह डूब गया हो और नये शरीर में पुनर्जन्म लिया हो?
But no, he knew himself and who he was
लेकिन नहीं, वह खुद को जानता था और वह कौन था
he knew his hands and his feet
वह अपने हाथ-पैर जानता था
he knew the place where he lay
वह जानता था कि वह कहाँ लेटा है
he knew this self in his chest
वह अपने सीने में इस आत्मा को जानता था
Siddhartha the eccentric, the weird one
सिद्धार्थ विलक्षण, विचित्र
but this Siddhartha was nevertheless transformed
लेकिन यह सिद्धार्थ फिर भी रूपांतरित हो गया
he was strangely well rested and awake

वह अजीब तरह से अच्छी तरह से आराम कर रहा था और जाग रहा था
and he was joyful and curious
और वह खुश और उत्सुक था

Siddhartha straightened up and looked around
सिद्धार्थ सीधा खड़ा हुआ और चारों ओर देखने लगा।
then he saw a person sitting opposite to him
तभी उसने देखा कि एक व्यक्ति उसके सामने बैठा है
a monk in a yellow robe with a shaven head
पीले वस्त्र पहने और मुंडा सिर वाला एक भिक्षु
he was sitting in the position of pondering
वह विचारमग्न होकर बैठा था
He observed the man, who had neither hair on his head nor a beard
उसने उस आदमी को देखा, जिसके सिर पर न तो बाल थे और न ही दाढ़ी थी
he had not observed him for long when he recognised this monk
उसने उसे बहुत देर तक नहीं देखा था जब उसने इस भिक्षु को पहचान लिया
it was Govinda, the friend of his youth
यह गोविंदा था, उसके बचपन का दोस्त
Govinda, who had taken his refuge with the exalted Buddha
गोविंदा, जिन्होंने महान बुद्ध के पास शरण ली थी
Like Siddhartha, Govinda had also aged
सिद्धार्थ की तरह गोविंदा की भी उम्र हो गई थी
but his face still bore the same features
लेकिन उसके चेहरे पर अभी भी वही विशेषताएं थीं
his face still expressed zeal and faithfulness

उसके चेहरे पर अभी भी जोश और वफादारी झलक रही थी
you could see he was still searching, but timidly
आप देख सकते थे कि वह अभी भी खोज रहा था, लेकिन डरते-डरते
Govinda sensed his gaze, opened his eyes, and looked at him
गोविंदा ने उसकी निगाह को भांप लिया, अपनी आंखें खोलीं और उसकी ओर देखा।
Siddhartha saw that Govinda did not recognise him
सिद्धार्थ ने देखा कि गोविंदा उसे पहचान नहीं रहे हैं।
Govinda was happy to find him awake
गोविंदा उसे जागता हुआ देखकर खुश हुए
apparently, he had been sitting here for a long time
जाहिर है, वह काफी समय से यहां बैठा था
he had been waiting for him to wake up
वह उसके जागने का इंतज़ार कर रहा था
he waited, although he did not know him
वह इंतज़ार करता रहा, हालाँकि वह उसे नहीं जानता था
"I have been sleeping" said Siddhartha
सिद्धार्थ ने कहा, "मैं सो रहा था।"
"How did you get here?"
"तुम यहाँ कैसे मिला?"
"You have been sleeping" answered Govinda
गोविंदा ने उत्तर दिया, "आप सो रहे थे"
"It is not good to be sleeping in such places"
"ऐसी जगहों पर सोना अच्छा नहीं है"
"snakes and the animals of the forest have their paths here"
"सांपों और जंगल के जानवरों का रास्ता यहीं है"
"I, oh sir, am a follower of the exalted Gotama"
"मैं, हे श्रीमान, महान गौतम का अनुयायी हूँ"
"I was on a pilgrimage on this path"

"मैं इस मार्ग पर तीर्थयात्रा पर था"
"I saw you lying and sleeping in a place where it is dangerous to sleep"
"मैंने तुम्हें ऐसी जगह पर लेटे और सोते देखा जहाँ सोना खतरनाक है"
"Therefore, I sought to wake you up"
"इसलिए, मैंने तुम्हें जगाने की कोशिश की"
"but I saw that your sleep was very deep"
"लेकिन मैंने देखा कि आपकी नींद बहुत गहरी थी"
"so I stayed behind from my group"
"इसलिए मैं अपने समूह से पीछे रह गया"
"and I sat with you until you woke up"
"और मैं तुम्हारे साथ तब तक बैठा रहा जब तक तुम जाग नहीं गए"
"And then, so it seems, I have fallen asleep myself"
"और फिर, ऐसा लगता है, मैं खुद सो गया हूँ"
"I, who wanted to guard your sleep, fell asleep"
"मैं, जो तुम्हारी नींद की रक्षा करना चाहता था, सो गया"
"Badly, I have served you"
"बुरी तरह से, मैंने आपकी सेवा की है"
"tiredness had overwhelmed me"
"थकान ने मुझे अभिभूत कर दिया था"
"But since you're awake, let me go to catch up with my brothers"
"लेकिन चूंकि तुम जाग रहे हो, तो मुझे अपने भाइयों से मिलने जाना चाहिए।"
"I thank you, Samana, for watching out over my sleep" spoke Siddhartha
"मैं तुम्हें धन्यवाद देता हूँ, समाना, मेरी नींद का ख्याल रखने के लिए" सिद्धार्थ बोला
"You're friendly, you followers of the exalted one"

"आप मित्रवत हैं, आप महान के अनुयायी हैं"
"Now you may go to them"
"अब आप उनके पास जा सकते हैं"
"I'm going, sir. May you always be in good health"
"मैं जा रहा हूँ, सर। आप हमेशा अच्छे स्वास्थ्य में रहें"
"I thank you, Samana"
"मैं आपका धन्यवाद करता हूँ, समाना"
Govinda made the gesture of a salutation and said "Farewell"
गोविंदा ने अभिवादन का संकेत किया और कहा "अलविदा"
"Farewell, Govinda" said Siddhartha
"अलविदा, गोविंदा" सिद्धार्थ ने कहा
The monk stopped as if struck by lightning
साधु ऐसे रुक गया मानो बिजली गिर गई हो
"Permit me to ask, sir, from where do you know my name?"
"मुझे यह पूछने की इजाजत दीजिए, श्रीमान, आप मेरा नाम कहां से जानते हैं?"
Siddhartha smiled, "I know you, oh Govinda, from your father's hut"
सिद्धार्थ मुस्कुराये, "हे गोविंदा, मैं तुम्हें तुम्हारे पिता की झोपड़ी से जानता हूँ।"
"and I know you from the school of the Brahmans"
"और मैं तुम्हें ब्राह्मणों के स्कूल से जानता हूँ"
"and I know you from the offerings"
"और मैं तुम्हें भेंटों से जानता हूँ"
"and I know you from our walk to the Samanas"
"और मैं तुम्हें समाना तक की हमारी यात्रा से जानता हूँ"
"and I know you from when you took refuge with the exalted one"
"और मैं तुझे तब से जानता हूं जब तू परमप्रधान की शरण में गया था"

"You're Siddhartha," Govinda exclaimed loudly, "Now, I recognise you"
"तुम सिद्धार्थ हो," गोविंदा ने ऊंची आवाज में कहा, "अब मैं तुम्हें पहचान गया।"
"I don't comprehend how I couldn't recognise you right away"
"मुझे समझ नहीं आ रहा कि मैं आपको तुरंत कैसे पहचान नहीं सका"
"Siddhartha, my joy is great to see you again"
"सिद्धार्थ, तुम्हें दोबारा देखकर मुझे बहुत खुशी हुई"
"It also gives me joy, to see you again" spoke Siddhartha
सिद्धार्थ ने कहा, "तुम्हें दोबारा देखकर मुझे भी खुशी हो रही है।"
"You've been the guard of my sleep"
"तुम मेरी नींद के पहरेदार रहे हो"
"again, I thank you for this"
"इसके लिए मैं आपको पुनः धन्यवाद देता हूँ"
"but I wouldn't have required any guard"
"लेकिन मुझे किसी सुरक्षा की आवश्यकता नहीं होती"
"Where are you going to, oh friend?"
"तुम कहाँ जा रहे हो, अरे दोस्त?"
"I'm going nowhere," answered Govinda
गोविंदा ने जवाब दिया, "मैं कहीं नहीं जा रहा हूं।"
"We monks are always travelling"
"हम भिक्षु सदैव यात्रा करते रहते हैं"
"whenever it is not the rainy season, we move from one place to another"
"जब भी बारिश का मौसम नहीं होता, हम एक स्थान से दूसरे स्थान पर चले जाते हैं"
"we live according to the rules of the teachings passed on to us"

"हम हमें दी गई शिक्षाओं के नियमों के अनुसार जीते हैं"
"we accept alms, and then we move on"
"हम भिक्षा स्वीकार करते हैं और फिर आगे बढ़ जाते हैं"
"It is always like this"
"यह हमेशा ऐसा ही होता है"
"But you, Siddhartha, where are you going to?"
"लेकिन सिद्धार्थ, तुम कहाँ जा रहे हो?"
"for me it is as it is with you"
"मेरे लिए भी ऐसा ही है जैसा आपके लिए है"
"I'm going nowhere; I'm just travelling"
"मैं कहीं नहीं जा रहा हूँ; मैं बस यात्रा कर रहा हूँ"
"I'm also on a pilgrimage"
"मैं भी तीर्थ यात्रा पर हूँ"
Govinda spoke "You say you're on a pilgrimage, and I believe you"
गोविंदा बोले, "आप कहते हैं कि आप तीर्थ यात्रा पर हैं, और मैं आपकी बात पर विश्वास करता हूं।"
"But, forgive me, oh Siddhartha, you do not look like a pilgrim"
"लेकिन, मुझे माफ़ करना, हे सिद्धार्थ, तुम तीर्थयात्री जैसे नहीं दिखते"
"You're wearing a rich man's garments"
"तुमने एक अमीर आदमी के कपड़े पहने हैं"
"you're wearing the shoes of a distinguished gentleman"
"आप एक प्रतिष्ठित सज्जन के जूते पहन रहे हैं"
"and your hair, with the fragrance of perfume, is not a pilgrim's hair"
"और तुम्हारे बाल, जो इत्र की सुगंध से भरे हैं, तीर्थयात्रियों के बाल नहीं हैं"
"you do not have the hair of a Samana"
"तुम्हारे बाल समाना के समान भी नहीं हैं"

"you are right, my dear"
"तुम सही हो, मेरे प्रिय"
"you have observed things well"
"आपने चीजों को अच्छी तरह से देखा है"
"your keen eyes see everything"
"आपकी गहरी नज़रें सब कुछ देखती हैं"
"But I haven't said to you that I was a Samana"
"लेकिन मैंने तुमसे यह नहीं कहा कि मैं समाना था"
"I said I'm on a pilgrimage"
"मैंने कहा कि मैं तीर्थ यात्रा पर हूं"
"And so it is, I'm on a pilgrimage"
"और हां, मैं तीर्थ यात्रा पर हूं"
"You're on a pilgrimage" said Govinda
गोविंदा ने कहा, "आप तीर्थ यात्रा पर हैं।"
"But few would go on a pilgrimage in such clothes"
"लेकिन ऐसे कपड़े पहनकर तीर्थयात्रा पर बहुत कम लोग जाएंगे"
"few would pilger in such shoes"
"ऐसे जूते पहनकर बहुत कम लोग चोरी करेंगे"
"and few pilgrims have such hair"
"और बहुत कम तीर्थयात्रियों के बाल ऐसे होते हैं"
"I have never met such a pilgrim"
"मैंने ऐसे तीर्थयात्री से कभी मुलाकात नहीं की"
"and I have been a pilgrim for many years"
"और मैं कई वर्षों से तीर्थयात्री रहा हूँ"
"I believe you, my dear Govinda"
"मुझे तुम पर विश्वास है, मेरे प्यारे गोविंदा"
"But now, today, you've met a pilgrim just like this"
"लेकिन अब, आज, आप ऐसे ही एक तीर्थयात्री से मिले हैं"
"a pilgrim wearing these kinds of shoes and garment"
"इस प्रकार के जूते और परिधान पहने हुए एक तीर्थयात्री"

"Remember, my dear, the world of appearances is not eternal"
"याद रखो, मेरे प्रिय, दिखावे की दुनिया शाश्वत नहीं है"
"our shoes and garments are anything but eternal"
"हमारे जूते और वस्त्र शाश्वत नहीं हैं"
"our hair and bodies are not eternal either"
"हमारे बाल और शरीर भी शाश्वत नहीं हैं"
I'm wearing a rich man's clothes"
मैं एक अमीर आदमी के कपड़े पहन रहा हूँ"
"you've seen this quite right"
"आपने यह बिल्कुल सही देखा है"
"I'm wearing them, because I have been a rich man"
"मैं इन्हें पहन रहा हूं, क्योंकि मैं एक अमीर आदमी रहा हूं"
"and I'm wearing my hair like the worldly and lustful people"
"और मैं अपने बाल सांसारिक और कामुक लोगों की तरह रख रही हूँ"
"because I have been one of them"
"क्योंकि मैं उनमें से एक रहा हूँ"
"And what are you now, Siddhartha?" Govinda asked
"और अब तुम क्या हो, सिद्धार्थ?" गोविंदा ने पूछा
"I don't know it, just like you"
"मैं यह नहीं जानता, ठीक आपकी तरह"
"I was a rich man, and now I am not a rich man anymore"
"मैं एक अमीर आदमी था, और अब मैं एक अमीर आदमी नहीं हूँ"
"and what I'll be tomorrow, I don't know"
"और कल मैं क्या बनूंगा, मुझे नहीं पता"
"You've lost your riches?" asked Govinda
गोविंदा ने पूछा, "क्या तुमने अपना धन खो दिया है?"
"I've lost my riches, or they have lost me"

"मैंने अपनी संपत्ति खो दी है, या उन्होंने मुझे खो दिया है"
"My riches somehow happened to slip away from me"
"मेरी दौलत किसी तरह मुझसे छूट गई"
"The wheel of physical manifestations is turning quickly, Govinda"
"भौतिक अभिव्यक्तियों का चक्र तेजी से घूम रहा है, गोविंदा"
"Where is Siddhartha the Brahman?"
"सिद्धार्थ ब्राह्मण कहाँ है?"
"Where is Siddhartha the Samana?"
"सिद्धार्थ समाना कहाँ है?"
"Where is Siddhartha the rich man?"
"सिद्धार्थ वह धनवान व्यक्ति कहां है?"
"Non-eternal things change quickly, Govinda, you know it"
"अनन्त चीजें शीघ्र बदल जाती हैं, गोविंदा, आप यह जानते हैं।"
Govinda looked at the friend of his youth for a long time
गोविंदा अपनी जवानी के दोस्त को बहुत देर तक देखते रहे
he looked at him with doubt in his eyes
उसने संदेह भरी आँखों से उसकी ओर देखा
After that, he gave him the salutation which one would use on a gentleman
उसके बाद, उन्होंने उसे वह अभिवादन दिया जो एक सज्जन व्यक्ति के लिए किया जाता है।
and he went on his way, and continued his pilgrimage
और वह अपने रास्ते पर चला गया, और अपनी तीर्थयात्रा जारी रखी
With a smiling face, Siddhartha watched him leave
मुस्कुराते हुए चेहरे के साथ सिद्धार्थ ने उसे जाते हुए देखा
he loved him still, this faithful, fearful man

वह अब भी उससे प्यार करता था, इस वफादार, डरपोक आदमी से

how could he not have loved everybody and everything in this moment?

इस क्षण में वह हर किसी और हर चीज़ से प्यार कैसे नहीं कर सकता था?

in the glorious hour after his wonderful sleep, filled with Om!

उनकी अद्भुत नींद के बाद के गौरवशाली घंटे में, जो ॐ से भरा हुआ है!

The enchantment, which had happened inside of him in his sleep

वह जादू, जो नींद में उसके अंदर घटित हुआ था

this enchantment was everything that he loved

यह जादू ही वह सब कुछ था जो उसे प्रिय था

he was full of joyful love for everything he saw

वह जो कुछ भी देखता था उसके प्रति आनंदित प्रेम से भरा होता था

exactly this had been his sickness before

ठीक यही उसकी बीमारी पहले भी थी

he had not been able to love anybody or anything

वह किसी से या किसी चीज़ से प्यार नहीं कर पाया था

With a smiling face, Siddhartha watched the leaving monk

मुस्कुराते हुए चेहरे के साथ सिद्धार्थ ने जाते हुए भिक्षु को देखा

The sleep had strengthened him a lot

नींद ने उसे बहुत ताकत दी थी

but hunger gave him great pain

लेकिन भूख ने उसे बहुत पीड़ा दी

by now he had not eaten for two days

अब तक उसने दो दिनों से कुछ नहीं खाया था
the times were long past when he could resist such hunger
वह समय बहुत पहले बीत चुका था जब वह ऐसी भूख का विरोध कर सकता था
With sadness, and yet also with a smile, he thought of that time
दुख के साथ, और फिर भी मुस्कुराहट के साथ, उसने उस समय के बारे में सोचा
In those days, so he remembered, he had boasted of three things to Kamala
उसे याद आया, उन दिनों उसने कमला के सामने तीन बातें शेखी बघारी थीं।
he had been able to do three noble and undefeatable feats
वह तीन महान और अपराजेय कारनामे करने में सक्षम था
he was able to fast, wait, and think
वह उपवास करने, प्रतीक्षा करने और सोचने में सक्षम था
These had been his possessions; his power and strength
ये उसकी सम्पत्तियाँ थीं; उसकी शक्ति और ताकत
in the busy, laborious years of his youth, he had learned these three feats
अपनी युवावस्था के व्यस्त, परिश्रमी वर्षों में उन्होंने ये तीन कार्य सीखे थे
And now, his feats had abandoned him
और अब, उसके कारनामों ने उसे छोड़ दिया था
none of his feats were his any more
अब उसकी कोई भी उपलब्धि उसकी नहीं रही
neither fasting, nor waiting, nor thinking
न उपवास, न प्रतीक्षा, न चिंतन
he had given them up for the most wretched things
उसने उन्हें सबसे बुरी चीजों के लिए छोड़ दिया था
what is it that fades most quickly?

वह क्या है जो सबसे जल्दी लुप्त हो जाता है?
sensual lust, the good life, and riches!
कामुक वासना, अच्छा जीवन, और धन!
His life had indeed been strange
उसका जीवन सचमुच अजीब था
And now, so it seemed, he had really become a childlike person
और अब तो ऐसा लग रहा था कि वह सचमुच एक बच्चे जैसा व्यक्ति बन गया है
Siddhartha thought about his situation
सिद्धार्थ ने अपनी स्थिति के बारे में सोचा
Thinking was hard for him now
अब उसके लिए सोचना कठिन था
he did not really feel like thinking
उसे सचमुच सोचने का मन नहीं था
but he forced himself to think
लेकिन उसने खुद को सोचने पर मजबूर कर दिया
"all these most easily perishing things have slipped from me"
"ये सभी आसानी से नष्ट हो जाने वाली चीजें मुझसे दूर हो गई हैं"
"again, now I'm standing here under the sun"
"फिर से, अब मैं यहाँ सूरज के नीचे खड़ा हूँ"
"I am standing here just like a little child"
"मैं यहाँ एक छोटे बच्चे की तरह खड़ा हूँ"
"nothing is mine, I have no abilities"
"कुछ भी मेरा नहीं है, मुझमें कोई योग्यता नहीं है"
"there is nothing I could bring about"
"मैं कुछ नहीं कर सकता"
"I have learned nothing from my life"
"मैंने अपने जीवन से कुछ भी नहीं सीखा"

"How wondrous all of this is!"
"यह सब कितना अद्भुत है!"
"it's wondrous that I'm no longer young"
"यह आश्चर्य की बात है कि मैं अब जवान नहीं रहा"
"my hair is already half gray and my strength is fading"
"मेरे बाल पहले ही आधे सफेद हो चुके हैं और मेरी ताकत खत्म होती जा रही है"
"and now I'm starting again at the beginning, as a child!"
"और अब मैं फिर से शुरुआत कर रहा हूँ, एक बच्चे की तरह!"
Again, he had to smile to himself
फिर से, उसे खुद पर मुस्कुराना पड़ा
Yes, his fate had been strange!
हां, उसका भाग्य अजीब था!
Things were going downhill with him
उसके साथ चीजें खराब होती जा रही थीं
and now he was again facing the world naked and stupid
और अब वह फिर से दुनिया के सामने नंगा और बेवकूफ था
But he could not feel sad about this
लेकिन वह इस बात से दुखी नहीं हो सकता था
no, he even felt a great urge to laugh
नहीं, उसे तो हंसने की तीव्र इच्छा भी हुई
he felt an urge to laugh about himself
उसे अपने ऊपर हंसने की इच्छा हुई
he felt an urge to laugh about this strange, foolish world
उसे इस अजीब, मूर्खतापूर्ण दुनिया पर हंसने की इच्छा हुई
"Things are going downhill with you!" he said to himself
"तुम्हारे साथ चीजें ख़राब होती जा रही हैं!" उसने खुद से कहा
and he laughed about his situation
और वह अपनी स्थिति पर हंसने लगा
as he was saying it he happened to glance at the river

जब वह यह कह रहा था तो उसकी नजर नदी पर पड़ी
and he also saw the river going downhill
और उसने नदी को नीचे की ओर जाते हुए भी देखा
it was singing and being happy about everything
यह गाना था और हर चीज पर खुश होना था
He liked this, and kindly he smiled at the river
उसे यह अच्छा लगा, और वह नदी की ओर देखकर मुस्कुराया।
Was this not the river in which he had intended to drown himself?
क्या यह वही नदी नहीं थी जिसमें वह डूबना चाहता था?
in past times, a hundred years ago
बीते समय में, सौ साल पहले
or had he dreamed this?
या क्या उसने यह सपना देखा था?
"Wondrous indeed was my life" he thought
"वास्तव में मेरा जीवन अद्भुत था" उसने सोचा
"my life has taken wondrous detours"
"मेरे जीवन ने अद्भुत मोड़ ले लिए हैं"
"As a boy, I only dealt with gods and offerings"
"एक लड़के के रूप में, मैं केवल देवताओं और प्रसाद से ही संबंधित था"
"As a youth, I only dealt with asceticism"
"युवावस्था में मेरा सम्बन्ध केवल तप से था"
"I spent my time in thinking and meditation"
"मैंने अपना समय चिंतन और ध्यान में बिताया"
"I was searching for Brahman
"मैं ब्रह्म की खोज कर रहा था
"and I worshipped the eternal in the Atman"
"और मैंने आत्मा में स्थित शाश्वत की पूजा की"
"But as a young man, I followed the penitents"

"लेकिन एक युवा के रूप में, मैंने पश्चाताप करने वालों का अनुसरण किया"
"I lived in the forest and suffered heat and frost"
"मैं जंगल में रहता था और गर्मी और ठंड को सहता था"
"there I learned how to overcome hunger"
"वहां मैंने भूख पर काबू पाना सीखा"
"and I taught my body to become dead"
"और मैंने अपने शरीर को मृत होना सिखाया"
"Wonderfully, soon afterwards, insight came towards me"
"आश्चर्यजनक रूप से, इसके तुरंत बाद, मेरी समझ में अंतर्दृष्टि आ गई"
"insight in the form of the great Buddha's teachings"
"महान बुद्ध की शिक्षाओं के रूप में अंतर्दृष्टि"
"I felt the knowledge of the oneness of the world"
"मुझे विश्व की एकता का ज्ञान हुआ"
"I felt it circling in me like my own blood"
"मुझे लगा कि यह मेरे अंदर मेरे खून की तरह घूम रहा है"
"But I also had to leave Buddha and the great knowledge"
"लेकिन मुझे बुद्ध और महान ज्ञान को भी छोड़ना पड़ा"
"I went and learned the art of love with Kamala"
"मैंने कमला के पास जाकर प्रेम की कला सीखी"
"I learned trading and business with Kamaswami"
"मैंने कामस्वामी से व्यापार और कारोबार सीखा"
"I piled up money, and wasted it again"
"मैंने पैसा इकट्ठा किया और उसे फिर बर्बाद कर दिया"
"I learned to love my stomach and please my senses"
"मैंने अपने पेट से प्यार करना और अपनी इंद्रियों को प्रसन्न करना सीखा"
"I had to spend many years losing my spirit"
"मुझे कई साल अपनी हिम्मत खोने में बिताने पड़े"

"and I had to unlearn thinking again"
"और मुझे फिर से सोचना भूलना पड़ा"
"there I had forgotten the oneness"
"वहां मैं एकता भूल गया था"
"Isn't it just as if I had turned slowly from a man into a child"?
"क्या यह ऐसा नहीं है जैसे मैं धीरे-धीरे एक आदमी से एक बच्चे में बदल गया हूँ?"
"from a thinker into a childlike person"
"एक विचारक से एक बच्चे जैसे व्यक्ति में बदलना"
"And yet, this path has been very good"
"और फिर भी, यह रास्ता बहुत अच्छा रहा है"
"and yet, the bird in my chest has not died"
"और फिर भी, मेरे सीने में पक्षी मरा नहीं है"
"what a path has this been!"
"यह कैसा रास्ता है!"
"I had to pass through so much stupidity"
"मुझे बहुत सारी मूर्खता से गुजरना पड़ा"
"I had to pass through so much vice"
"मुझे बहुत सारी बुराइयों से गुजरना पड़ा"
"I had to make so many errors"
"मुझे बहुत सारी गलतियाँ करनी पड़ीं"
"I had to feel so much disgust and disappointment"
"मुझे बहुत घृणा और निराशा महसूस हुई"
"I had to do all this to become a child again"
"मुझे फिर से बच्चा बनने के लिए यह सब करना पड़ा"
"and then I could start over again"
"और फिर मैं फिर से शुरू कर सकता हूँ"
"But it was the right way to do it"
"लेकिन यह सही तरीका था"
"my heart says yes to it and my eyes smile to it"

"मेरा दिल इसके लिए हाँ कहता है और मेरी आँखें इस पर मुस्कुराती हैं"
"I've had to experience despair"
"मुझे निराशा का अनुभव करना पड़ा"
"I've had to sink down to the most foolish of all thoughts"
"मुझे सबसे मूर्खतापूर्ण विचारों में डूबना पड़ा है"
"I've had to think to the thoughts of suicide"
"मुझे आत्महत्या के बारे में सोचना पड़ा"
"only then would I be able to experience divine grace"
"केवल तभी मैं ईश्वरीय कृपा का अनुभव कर पाऊंगा"
"only then could I hear Om again"
"तभी मैं पुनः ओम सुन सका"
"only then would I be able to sleep properly and awake again"
"तभी मैं ठीक से सो पाऊँगा और फिर जाग पाऊँगा"
"I had to become a fool, to find Atman in me again"
"मुझे पुनः अपने अन्दर आत्मा को खोजने के लिए मूर्ख बनना पड़ा"
"I had to sin, to be able to live again"
"मुझे पाप करना पड़ा, ताकि मैं फिर से जी सकूँ"
"Where else might my path lead me to?"
"मेरा मार्ग मुझे और कहाँ ले जाएगा?"
"It is foolish, this path, it moves in loops"
"यह रास्ता मूर्खतापूर्ण है, यह घुमावदार रास्ते पर चलता है"
"perhaps it is going around in a circle"
"शायद यह एक चक्र में घूम रहा है"
"Let this path go where it likes"
"इस रास्ते को जहाँ चाहे जाने दो"
"where ever this path goes, I want to follow it"

"यह रास्ता जहाँ भी जाए, मैं उसका अनुसरण करना चाहता हूँ"

he felt joy rolling like waves in his chest
उसे लगा जैसे उसकी छाती में लहरें उठ रही हैं
he asked his heart, "from where did you get this happiness?"
उसने अपने दिल से पूछा, "तुम्हें यह खुशी कहां से मिली?"
"does it perhaps come from that long, good sleep?"
"क्या यह संभवतः लम्बी, अच्छी नींद से आता है?"
"the sleep which has done me so much good"
"नींद जिसने मुझे बहुत लाभ पहुंचाया है"
"or does it come from the word Om, which I said?"
"या यह शब्द ॐ से आया है, जो मैंने कहा था?"
"Or does it come from the fact that I have escaped?"
"या फिर इसका कारण यह है कि मैं बच निकला हूँ?"
"does this happiness come from standing like a child under the sky?"
"क्या यह खुशी आसमान के नीचे एक बच्चे की तरह खड़े होने से आती है?"
"Oh how good is it to have fled"
"ओह, भाग जाना कितना अच्छा है"
"it is great to have become free!"
"स्वतंत्र होना बहुत अच्छी बात है!"
"How clean and beautiful the air here is"
"यहाँ की हवा कितनी स्वच्छ और सुन्दर है"
"the air is good to breath"
"हवा साँस लेने के लिए अच्छी है"
"where I ran away from everything smelled of ointments"
"जहाँ से मैं भाग गया वहाँ हर जगह मलहम की गंध आती थी"
"spices, wine, excess, sloth"

"मसाले, शराब, अधिकता, आलस्य"
"How I hated this world of the rich"
"मुझे अमीरों की इस दुनिया से कितनी नफरत थी"
"I hated those who revel in fine food and the gamblers!"
"मुझे उन लोगों से नफरत है जो बढ़िया भोजन का आनंद लेते हैं और जुआरियों से!"
"I hated myself for staying in this terrible world for so long!
"मुझे इस भयानक दुनिया में इतने लंबे समय तक रहने के लिए खुद से नफरत हो रही थी!
"I have deprived, poisoned, and tortured myself"
"मैंने खुद को वंचित किया, जहर दिया और प्रताड़ित किया"
"I have made myself old and evil!"
"मैंने अपने आप को बूढ़ा और बुरा बना लिया है!"
"No, I will never again do the things I liked doing so much"
"नहीं, मैं कभी भी वो काम नहीं करूंगा जो मुझे करना बहुत पसंद था"
"I won't delude myself into thinking that Siddhartha was wise!"
"मैं यह सोचकर अपने आप को धोखा नहीं दूँगा कि सिद्धार्थ बुद्धिमान थे!"
"But this one thing I have done well"
"लेकिन यह एक काम मैंने अच्छा किया है"
"this I like, this I must praise"
"यह मुझे पसंद है, इसकी मुझे प्रशंसा करनी चाहिए"
"I like that there is now an end to that hatred against myself"
"मुझे अच्छा लगा कि अब मेरे प्रति घृणा समाप्त हो गयी है"
"there is an end to that foolish and dreary life!"
"उस मूर्खतापूर्ण और नीरस जीवन का अंत हो गया है!"
"I praise you, Siddhartha, after so many years of foolishness"

"मैं तुम्हारी प्रशंसा करता हूँ, सिद्धार्थ, इतने वर्षों की मूर्खता के बाद"
"you have once again had an idea"
"आपको एक बार फिर एक विचार आया है"
"you have heard the bird in your chest singing"
"तुमने अपनी छाती में बैठे पक्षी को गाते हुए सुना है"
"and you followed the song of the bird!"
"और तुम पक्षी के गीत का अनुसरण करने लगे!"
with these thoughts he praised himself
इन विचारों के साथ उन्होंने खुद की प्रशंसा की
he had found joy in himself again
उसने फिर से अपने अंदर खुशी पा ली थी
he listened curiously to his stomach rumbling with hunger
वह उत्सुकता से अपने पेट की भूख से मचलती हुई आवाज़ सुन रहा था
he had tasted and spat out a piece of suffering and misery
उसने दुख और पीड़ा का एक टुकड़ा चखा और थूक दिया
in these recent times and days, this is how he felt
इन हाल के दिनों और दिनों में, उन्हें ऐसा ही महसूस हुआ
he had devoured it up to the point of desperation and death
उसने इसे हताशा और मृत्यु की हद तक निगल लिया था
how everything had happened was good
जो कुछ भी हुआ वह अच्छा था
he could have stayed with Kamaswami for much longer
वह कामास्वामी के साथ बहुत लंबे समय तक रह सकता था
he could have made more money, and then wasted it
वह और अधिक पैसा कमा सकता था, और फिर उसे बर्बाद कर सकता था
he could have filled his stomach and let his soul die of thirst

वह अपना पेट भर सकता था और अपनी आत्मा को प्यास से मर जाने दे सकता था

he could have lived in this soft upholstered hell much longer

वह इस नरम असबाब वाले नरक में बहुत लंबे समय तक रह सकता था

if this had not happened, he would have continued this life

यदि ऐसा न हुआ होता तो वह यह जीवन जारी रखता

the moment of complete hopelessness and despair

पूर्ण निराशा और हताशा का क्षण

the most extreme moment when he hung over the rushing waters

वह सबसे चरम क्षण जब वह बहते पानी के ऊपर लटका हुआ था

the moment he was ready to destroy himself

वह क्षण जब वह खुद को नष्ट करने के लिए तैयार था

the moment he had felt this despair and deep disgust

जिस क्षण उसने यह निराशा और गहरी घृणा महसूस की थी

he had not succumbed to it

वह इसके आगे नहीं झुका था

the bird was still alive after all

पक्षी अभी भी जीवित था

this was why he felt joy and laughed

यही कारण था कि वह खुशी महसूस करता था और हंसता था

this was why his face was smiling brightly under his hair

यही कारण था कि उसका चेहरा उसके बालों के नीचे चमक रहा था

his hair which had now turned gray

उसके बाल जो अब सफ़ेद हो चुके थे

"It is good," he thought, "to get a taste of everything for oneself"

"यह अच्छी बात है," उसने सोचा, "हर चीज का स्वाद खुद चखना"
"everything which one needs to know"
"सब कुछ जो जानना आवश्यक है"
"lust for the world and riches do not belong to the good things"
"संसार की अभिलाषा और धन-संपत्ति अच्छी वस्तुओं में नहीं होती"
"I have already learned this as a child"
"मैंने यह बचपन में ही सीख लिया था"
"I have known it for a long time"
"मैं इसे बहुत समय से जानता हूं"
"but I hadn't experienced it until now"
"लेकिन मैंने अब तक इसका अनुभव नहीं किया था"
"And now that I I've experienced it I know it"
"और अब जब मैंने इसका अनुभव कर लिया है तो मुझे यह पता है"
"I don't just know it in my memory, but in my eyes, heart, and stomach"
"मैं इसे सिर्फ अपनी याददाश्त में ही नहीं, बल्कि अपनी आंखों, दिल और पेट में भी जानता हूं।"
"it is good for me to know this!"
"यह जानना मेरे लिए अच्छा है!"

For a long time, he pondered his transformation
लंबे समय तक वह अपने परिवर्तन पर विचार करता रहा
he listened to the bird, as it sang for joy
वह पक्षी की आवाज सुन रहा था, वह खुशी से गा रहा था
Had this bird not died in him?
क्या यह पक्षी उसके अन्दर नहीं मर गया था?

had he not felt this bird's death?
क्या उसने इस पक्षी की मृत्यु को महसूस नहीं किया था?
No, something else from within him had died
नहीं, उसके भीतर से कुछ और मर गया था
something which yearned to die had died
कुछ जो मरने को तरस रहा था, मर गया
Was it not this that he used to intend to kill?
क्या वह इसी को मारने का इरादा नहीं रखता था?
Was it not his his small, frightened, and proud self that had died?
क्या यह उसका छोटा, भयभीत और गर्वित व्यक्तित्व नहीं था जो मर गया था?
he had wrestled with his self for so many years
वह कई वर्षों तक अपने आप से जूझता रहा
the self which had defeated him again and again
वह आत्म जिसने उसे बार-बार हराया था
the self which was back again after every killing
वह आत्मा जो हर हत्या के बाद वापस आ जाती थी
the self which prohibited joy and felt fear?
वह आत्मा जो आनंद को रोकती थी और भय महसूस करती थी?
Was it not this self which today had finally come to its death?
क्या यह वही आत्मा नहीं थी जो आज अंततः मर गयी थी?
here in the forest, by this lovely river
यहाँ जंगल में, इस प्यारी नदी के किनारे
Was it not due to this death, that he was now like a child?
क्या यह इस मृत्यु के कारण नहीं था कि वह अब बच्चे जैसा हो गया था?
so full of trust and joy, without fear
पूर्ण विश्वास और आनंद से, बिना किसी भय के

Now Siddhartha also got some idea of why he had fought this self in vain
अब सिद्धार्थ को भी कुछ-कुछ समझ में आया कि उसने इस आत्म से व्यर्थ ही क्यों संघर्ष किया था?
he knew why he couldn't fight his self as a Brahman
वह जानता था कि वह ब्राह्मण होने के नाते अपने आप से क्यों नहीं लड़ सकता
Too much knowledge had held him back
बहुत अधिक ज्ञान ने उसे पीछे धकेल दिया था
too many holy verses, sacrificial rules, and self-castigation
बहुत सारे पवित्र श्लोक, बलिदान संबंधी नियम और आत्म-दंड
all these things held him back
इन सभी चीजों ने उसे पीछे धकेल दिया
so much doing and striving for that goal!
उस लक्ष्य के लिए इतना कुछ करना और प्रयास करना!
he had been full of arrogance
वह अहंकार से भरा हुआ था
he was always the smartest
वह हमेशा सबसे चतुर था
he was always working the most
वह हमेशा सबसे ज्यादा काम करता था
he had always been one step ahead of all others
वह हमेशा बाकी सभी से एक कदम आगे रहता था
he was always the knowing and spiritual one
वह हमेशा ज्ञानवान और आध्यात्मिक व्यक्ति थे
he was always considered the priest or wise one
उन्हें हमेशा पुजारी या बुद्धिमान माना जाता था
his self had retreated into being a priest, arrogance, and spirituality
उसका आत्म एक पुजारी, अहंकार और आध्यात्मिकता में पीछे हट गया था

there it sat firmly and grew all this time
वहाँ यह दृढ़ता से बैठा रहा और इस पूरे समय बढ़ता रहा
and he had thought he could kill it by fasting
और उसने सोचा था कि वह उपवास करके उसे मार सकता है
Now he saw his life as it had become
अब उसे अपना जीवन वैसा ही दिखाई देने लगा जैसा वह बन गया था
he saw that the secret voice had been right
उसने देखा कि गुप्त आवाज़ सही थी
no teacher would ever have been able to bring about his salvation
कोई भी शिक्षक कभी भी उसका उद्धार नहीं कर पाता
Therefore, he had to go out into the world
इसलिए, उसे दुनिया में जाना पड़ा
he had to lose himself to lust and power
उसे वासना और शक्ति के आगे खुद को खोना पड़ा
he had to lose himself to women and money
उसे औरतों और पैसों के लिए खुद को खोना पड़ा
he had to become a merchant, a dice-gambler, a drinker
उसे व्यापारी, जुआरी, शराबी बनना पड़ा
and he had to become a greedy person
और उसे एक लालची व्यक्ति बनना पड़ा
he had to do this until the priest and Samana in him was dead
उसे ऐसा तब तक करना पड़ा जब तक कि उसके अंदर का पुजारी और समाना मर नहीं गया
Therefore, he had to continue bearing these ugly years
इसलिए, उन्हें ये बुरे साल झेलने पड़े
he had to bear the disgust and the teachings
उसे घृणा और शिक्षाओं को सहना पड़ा
he had to bear the pointlessness of a dreary and wasted life

उसे एक नीरस और व्यर्थ जीवन की व्यर्थता सहन करनी पड़ी
he had to conclude it up to its bitter end
उसे इसे इसके कड़वे अंत तक समाप्त करना पड़ा
he had to do this until Siddhartha the lustful could also die
उसे ऐसा तब तक करना था जब तक कि कामातुर सिद्धार्थ की भी मृत्यु न हो जाए
He had died and a new Siddhartha had woken up from the sleep
वह मर चुका था और एक नया सिद्धार्थ नींद से जाग चुका था
this new Siddhartha would also grow old
यह नया सिद्धार्थ भी बूढ़ा हो जाएगा
he would also have to die eventually
उसे भी अंततः मरना ही होगा
Siddhartha was still mortal, as is every physical form
सिद्धार्थ अभी भी नश्वर थे, जैसा कि हर भौतिक रूप है
But today he was young and a child and full of joy
लेकिन आज वह जवान और बच्चा था और खुशियों से भरा हुआ था
He thought these thoughts to himself
उसने मन ही मन ये विचार सोचे
he listened with a smile to his stomach
उसने मुस्कुराते हुए अपने पेट की बात सुनी
he listened gratefully to a buzzing bee
वह कृतज्ञतापूर्वक भिनभिनाती हुई मधुमक्खी की आवाज सुनता रहा
Cheerfully, he looked into the rushing river
प्रसन्नतापूर्वक उसने बहती नदी की ओर देखा
he had never before liked a water as much as this one
उसे पहले कभी इतना पानी पसंद नहीं आया था
he had never before perceived the voice so stronger

उसने पहले कभी इतनी मजबूत आवाज नहीं सुनी थी
he had never understood the parable of the moving water so strongly
उसने बहते पानी के दृष्टांत को कभी इतनी गहराई से नहीं समझा था
he had never before noticed how beautifully the river moved
उसने पहले कभी इस बात पर ध्यान नहीं दिया था कि नदी कितनी खूबसूरती से बहती है
It seemed to him, as if the river had something special to tell him
उसे ऐसा लगा, मानो नदी उससे कुछ विशेष कहना चाहती हो
something he did not know yet, which was still awaiting him
कुछ ऐसा जो उसे अभी तक पता नहीं था, जो अभी भी उसका इंतज़ार कर रहा था
In this river, Siddhartha had intended to drown himself
इस नदी में सिद्धार्थ ने खुद को डुबोने का इरादा किया था
in this river the old, tired, desperate Siddhartha had drowned today
इसी नदी में आज बूढ़ा, थका हुआ, हताश सिद्धार्थ डूब गया था
But the new Siddhartha felt a deep love for this rushing water
लेकिन नये सिद्धार्थ को इस बहते पानी से गहरा प्रेम था
and he decided for himself, not to leave it very soon
और उसने खुद के लिए फैसला किया, कि वह इसे इतनी जल्दी नहीं छोड़ेगा

The Ferryman
फेरीवाला

"By this river I want to stay," thought Siddhartha
"मैं इसी नदी के किनारे रहना चाहता हूँ," सिद्धार्थ ने सोचा
"it is the same river which I have crossed a long time ago"
"यह वही नदी है जिसे मैंने बहुत समय पहले पार किया था"
"I was on my way to the childlike people"
"मैं बच्चों जैसे लोगों की ओर जा रहा था"
"a friendly ferryman had guided me across the river"
"एक मित्रवत मांझी ने मुझे नदी पार कराई थी"
"he is the one I want to go to"
"वह वही है जिसके पास मैं जाना चाहता हूँ"
"starting out from his hut, my path led me to a new life"
"उसकी झोपड़ी से शुरू होकर, मेरा रास्ता मुझे एक नए जीवन की ओर ले गया"
"a path which had grown old and is now dead"
"एक रास्ता जो पुराना हो गया था और अब मृत हो गया है"
"my present path shall also take its start there!"
"मेरा वर्तमान मार्ग भी वहीं से प्रारम्भ होगा!"
Tenderly, he looked into the rushing water
उसने कोमलता से बहते पानी की ओर देखा
he looked into the transparent green lines the water drew
उसने पानी द्वारा खींची गई पारदर्शी हरी रेखाओं को देखा
the crystal lines of water were rich in secrets
पानी की क्रिस्टल रेखाएं रहस्यों से भरपूर थीं
he saw bright pearls rising from the deep
उसने गहरे समुद्र से चमकते मोती निकलते देखे
quiet bubbles of air floating on the reflecting surface
परावर्तक सतह पर तैरते हवा के शांत बुलबुले
the blue of the sky depicted in the bubbles

बुलबुलों में दर्शाया गया आकाश का नीला रंग
the river looked at him with a thousand eyes
नदी ने उसे हज़ार आँखों से देखा
the river had green eyes and white eyes
नदी की हरी आंखें और सफेद आंखें थीं
the river had crystal eyes and sky-blue eyes
नदी की आंखें क्रिस्टल जैसी और आसमानी नीली थीं
he loved this water very much, it delighted him
उसे यह पानी बहुत पसंद था, इससे उसे खुशी मिलती थी
he was grateful to the water
वह पानी के प्रति आभारी था
In his heart he heard the voice talking
उसने अपने हृदय में एक आवाज सुनी जो बोल रही थी
"Love this water! Stay near it!"
"इस पानी से प्यार करो! इसके पास रहो!"
"Learn from the water!" his voice commanded him
"पानी से सीखो!" उसकी आवाज़ ने उसे आदेश दिया
Oh yes, he wanted to learn from it
अरे हाँ, वह इससे सीखना चाहता था।
he wanted to listen to the water
वह पानी की आवाज़ सुनना चाहता था
He who would understand this water's secrets
जो इस जल के रहस्य को समझेगा
he would also understand many other things
वह कई अन्य बातें भी समझेगा
this is how it seemed to him
उसे ऐसा ही लगा
But out of all secrets of the river, today he only saw one
लेकिन नदी के सभी रहस्यों में से, आज उसने केवल एक ही रहस्य देखा
this secret touched his soul

this water ran and ran, incessantly
इस रहस्य ने उसकी आत्मा को छू लिया
यह पानी लगातार बहता रहा
the water ran, but nevertheless it was always there
पानी बहता था, लेकिन फिर भी वह हमेशा वहाँ था
the water always, at all times, was the same
पानी हमेशा, हर समय, एक जैसा था
and at the same time it was new in every moment
और साथ ही यह हर पल नया था
he who could grasp this would be great
जो इसे समझ सके वह महान होगा
but he didn't understand or grasp it
लेकिन वह इसे समझ या ग्रहण नहीं कर सका
he only felt some idea of it stirring
उसे केवल इसकी हलचल का कुछ विचार महसूस हुआ
it was like a distant memory, a divine voices
यह एक दूर की याद की तरह था, एक दिव्य आवाज

Siddhartha rose as the workings of hunger in his body became unbearable
सिद्धार्थ उठे क्योंकि उनके शरीर में भूख की पीड़ा असहनीय हो गई थी
In a daze he walked further away from the city
वह अचंभित होकर शहर से दूर चला गया
he walked up the river along the path by the bank
वह नदी के किनारे बने रास्ते पर चला गया
he listened to the current of the water
उसने पानी की धारा सुनी
he listened to the rumbling hunger in his body
उसने अपने शरीर में गड़गड़ाती भूख की आवाज़ सुनी
When he reached the ferry, the boat was just arriving

जब वह घाट पर पहुंचा तो नाव बस आ ही रही थी।
the same ferryman who had once transported the young Samana across the river
वही मांझी जिसने कभी युवा समाना को नदी पार कराया था
he stood in the boat and Siddhartha recognised him
वह नाव में खड़ा था और सिद्धार्थ ने उसे पहचान लिया
he had also aged very much
वह भी बहुत बूढ़ा हो गया था
the ferryman was astonished to see such an elegant man walking on foot
मांझी इतने सुंदर आदमी को पैदल चलते देख कर आश्चर्यचकित हो गया
"Would you like to ferry me over?" he asked
"क्या आप मुझे नाव से ले जाना चाहेंगे?" उसने पूछा
he took him into his boat and pushed it off the bank
उसने उसे अपनी नाव में ले लिया और किनारे से धक्का दे दिया
"It's a beautiful life you have chosen for yourself" the passenger spoke
यात्री बोला, "यह एक सुंदर जीवन है जो आपने अपने लिए चुना है।"
"It must be beautiful to live by this water every day"
"हर दिन इस पानी के पास रहना बहुत सुन्दर होगा"
"and it must be beautiful to cruise on it on the river"
"और नदी पर इस पर यात्रा करना बहुत सुन्दर होगा"
With a smile, the man at the oar moved from side to side
मुस्कुराते हुए चप्पू चलाने वाला आदमी इधर-उधर घूमने लगा।
"It is as beautiful as you say, sir"
"यह उतना ही सुन्दर है जितना आप कहते हैं, सर"
"But isn't every life and all work beautiful?"
"लेकिन क्या हर जीवन और हर काम सुंदर नहीं है?"

"This may be true" replied Siddhartha
"यह सच हो सकता है" सिद्धार्थ ने उत्तर दिया
"But I envy you for your life"
"लेकिन मैं आपके जीवन से ईर्ष्या करता हूं"
"Ah, you would soon stop enjoying it"
"आह, जल्द ही आप इसका आनंद लेना बंद कर देंगे"
"This is no work for people wearing fine clothes"
"यह अच्छे कपड़े पहनने वाले लोगों के लिए कोई काम नहीं है"
Siddhartha laughed at the observation
सिद्धार्थ इस टिप्पणी पर हंसे.
"Once before, I have been looked upon today because of my clothes"
"एक बार पहले भी लोग मुझे मेरे कपड़ों की वजह से देख चुके हैं"
"I have been looked upon with distrust"
"मुझ पर अविश्वास की दृष्टि से देखा गया है"
"they are a nuisance to me"
"वे मेरे लिए परेशानी का सबब हैं"
"Wouldn't you, ferryman, like to accept these clothes"
"क्या तुम, मांझी, ये कपड़े स्वीकार नहीं करोगे?"
"because you must know, I have no money to pay your fare"
"क्योंकि तुम्हें मालूम होना चाहिए, मेरे पास तुम्हारा किराया देने के लिए पैसे नहीं हैं"
"You're joking, sir," the ferryman laughed
"आप मज़ाक कर रहे हैं, सर," मांझी हँसा
"I'm not joking, friend"
"मैं मजाक नहीं कर रहा हूं, दोस्त"
"once before you have ferried me across this water in your boat"

"इससे पहले भी एक बार आपने मुझे अपनी नाव में बैठाकर इस पानी के पार पहुंचाया था"

"you did it for the immaterial reward of a good deed"
"तुमने यह सब एक अच्छे काम के अमूर्त पुरस्कार के लिए किया"

"ferry me across the river and accept my clothes for it"
"मुझे नदी पार कराओ और इसके बदले मेरे कपड़े स्वीकार करो"

"And do you, sir, intent to continue travelling without clothes?"
"और क्या आप, श्रीमान, बिना कपड़ों के यात्रा जारी रखने का इरादा रखते हैं?"

"Ah, most of all I wouldn't want to continue travelling at all"
"आह, सबसे बड़ी बात तो यह है कि मैं यात्रा करना बिल्कुल भी नहीं चाहूँगा"

"I would rather you gave me an old loincloth"
"मैं चाहूँगा कि आप मुझे एक पुरानी लंगोटी दे दें"

"I would like it if you kept me with you as your assistant"
"मुझे अच्छा लगेगा अगर आप मुझे अपने सहायक के रूप में अपने साथ रखें"

"or rather, I would like if you accepted me as your trainee"
"या फिर, मैं चाहूँगा कि आप मुझे अपने प्रशिक्षु के रूप में स्वीकार करें"

"because first I'll have to learn how to handle the boat"
"क्योंकि पहले मुझे नाव को संभालना सीखना होगा"

For a long time, the ferryman looked at the stranger
बहुत देर तक मांझी अजनबी को देखता रहा।

he was searching in his memory for this strange man
वह अपनी यादों में इस अजीब आदमी को खोज रहा था

"Now I recognise you," he finally said

"अब मैं तुम्हें पहचानता हूँ," उसने अंततः कहा
"At one time, you've slept in my hut"
"एक समय तुम मेरी झोपड़ी में सोये थे"
"this was a long time ago, possibly more than twenty years"
"यह बहुत समय पहले की बात है, संभवतः बीस साल से भी अधिक समय पहले की"
"and you've been ferried across the river by me"
"और मैं तुम्हें नाव से नदी पार ले गया हूँ"
"that day we parted like good friends"
"उस दिन हम अच्छे दोस्तों की तरह अलग हुए"
"Haven't you been a Samana?"
"क्या आप समाना नहीं रहे हैं?"
"I can't think of your name anymore"
"मैं अब तुम्हारा नाम नहीं सोच सकता"
"My name is Siddhartha, and I was a Samana"
"मेरा नाम सिद्धार्थ है और मैं समाना था"
"I had still been a Samana when you last saw me"
"जब तुमने मुझे आखिरी बार देखा था तब मैं अभी भी समाना ही था"
"So be welcome, Siddhartha. My name is Vasudeva"
"तो स्वागत है सिद्धार्थ। मेरा नाम वासुदेव है।"
"You will, so I hope, be my guest today as well"
"मुझे आशा है कि आप आज भी मेरे मेहमान होंगे।"
"and you may sleep in my hut"
"और तुम मेरी झोपड़ी में सो सकते हो"
"and you may tell me, where you're coming from"
"और आप मुझे बता सकते हैं कि आप कहां से आ रहे हैं"
"and you may tell me why these beautiful clothes are such a nuisance to you"

"और आप मुझे बताइए कि ये सुंदर कपड़े आपके लिए इतने परेशानी का कारण क्यों हैं?"

They had reached the middle of the river

वे नदी के मध्य में पहुँच चुके थे

Vasudeva pushed the oar with more strength

वासुदेव ने अधिक बल से चप्पू चलाया

in order to overcome the current

वर्तमान पर काबू पाने के लिए

He worked calmly, with brawny arms

वह शांत भाव से, बलवान भुजाओं के साथ काम करता था

his eyes were fixed in on the front of the boat

उसकी आँखें नाव के अगले हिस्से पर टिकी थीं

Siddhartha sat and watched him

सिद्धार्थ बैठा उसे देखता रहा

he remembered his time as a Samana

उन्हें समाना के रूप में अपना समय याद आया

he remembered how love for this man had stirred in his heart

उसे याद आया कि कैसे इस आदमी के लिए उसके दिल में प्यार उमड़ आया था

Gratefully, he accepted Vasudeva's invitation

कृतज्ञतापूर्वक उन्होंने वासुदेव का निमंत्रण स्वीकार कर लिया।

When they had reached the bank, he helped him to tie the boat to the stakes

जब वे किनारे पर पहुँचे, तो उसने नाव को खूंटे से बाँधने में उसकी मदद की

after this, the ferryman asked him to enter the hut

इसके बाद, मांझी ने उसे झोपड़ी में प्रवेश करने को कहा

he offered him bread and water, and Siddhartha ate with eager pleasure

उन्होंने उसे रोटी और पानी दिया और सिद्धार्थ ने उत्सुकता से खाया

and he also ate with eager pleasure of the mango fruits Vasudeva offered him
और उसने वसुदेव द्वारा दिए गए आम के फल भी बड़े चाव से खाए

Afterwards, it was almost the time of the sunset
इसके बाद, लगभग सूर्यास्त का समय हो गया
they sat on a log by the bank
वे किनारे पर एक लकड़ी पर बैठे थे
Siddhartha told the ferryman about where he originally came from
सिद्धार्थ ने नाव वाले को बताया कि वह मूलतः कहाँ से आया है
he told him about his life as he had seen it today
उसने उसे अपने जीवन के बारे में बताया जैसा उसने आज देखा था
the way he had seen it in that hour of despair
जिस तरह से उसने निराशा के उस घंटे में इसे देखा था
the tale of his life lasted late into the night
उनकी जिंदगी की कहानी देर रात तक चलती रही
Vasudeva listened with great attention
वसुदेव ने बड़े ध्यान से सुना
Listening carefully, he let everything enter his mind
ध्यान से सुनते हुए उसने सब कुछ अपने मन में आने दिया
birthplace and childhood, all that learning
जन्मस्थान और बचपन, वह सब सीख
all that searching, all joy, all distress
सारी खोज, सारी खुशियाँ, सारी परेशानी

This was one of the greatest virtues of the ferryman
यह मांझी का सबसे बड़ा गुण था
like only a few, he knew how to listen
कुछ ही लोगों की तरह, वह सुनना जानता था
he did not have to speak a word
उसे एक शब्द भी बोलने की ज़रूरत नहीं थी
but the speaker sensed how Vasudeva let his words enter his mind
लेकिन वक्ता को यह अहसास हो गया कि कैसे वासुदेव ने उसके शब्दों को अपने मन में प्रवेश करने दिया
his mind was quiet, open, and waiting
उसका मन शांत, खुला और प्रतीक्षारत था
he did not lose a single word
उसने एक भी शब्द नहीं खोया
he did not await a single word with impatience
उसने अधीरता से एक भी शब्द का इंतजार नहीं किया
he did not add his praise or rebuke
उन्होंने अपनी प्रशंसा या फटकार नहीं जोड़ी
he was just listening, and nothing else
वह सिर्फ सुन रहा था, और कुछ नहीं
Siddhartha felt what a happy fortune it is to confess to such a listener
सिद्धार्थ को लगा कि ऐसे श्रोता के सामने अपनी बात स्वीकार करना कितना सौभाग्य की बात है।
he felt fortunate to bury in his heart his own life
वह अपने दिल में अपने जीवन को दफनाने के लिए भाग्यशाली महसूस करता था
he buried his own search and suffering
उसने अपनी खोज और पीड़ा को दफन कर दिया
he told the tale of Siddhartha's life
उन्होंने सिद्धार्थ के जीवन की कहानी सुनाई

when he spoke of the tree by the river
जब उसने नदी के किनारे के पेड़ की बात की
when he spoke of his deep fall
जब उसने अपनी गहरी गिरावट के बारे में बात की
when he spoke of the holy Om
जब उन्होंने पवित्र ओम के बारे में बात की
when he spoke of how he had felt such a love for the river
जब उन्होंने बताया कि उन्हें नदी से कितना प्यार है
the ferryman listened to these things with twice as much attention
मांझी ने ये बातें दुगने ध्यान से सुनीं
he was entirely and completely absorbed by it
वह पूरी तरह से उसमें लीन था
he was listening with his eyes closed
वह आँखें बंद करके सुन रहा था
when Siddhartha fell silent a long silence occurred
जब सिद्धार्थ चुप हो गए तो एक लंबी खामोशी छा गई
then Vasudeva spoke "It is as I thought"
तब वासुदेव बोले "यह वैसा ही है जैसा मैंने सोचा था"
"The river has spoken to you"
"नदी ने तुमसे बात की है"
"the river is your friend as well"
"नदी भी आपकी मित्र है"
"the river speaks to you as well"
"नदी भी आपसे बात करती है"
"That is good, that is very good"
"यह अच्छा है, यह बहुत अच्छा है"
"Stay with me, Siddhartha, my friend"
"मेरे साथ रहो, सिद्धार्थ, मेरे दोस्त"
"I used to have a wife"
"मेरी एक पत्नी थी"

"her bed was next to mine"
"उसका बिस्तर मेरे बगल में था"
"but she has died a long time ago"
"लेकिन वह बहुत पहले मर चुकी है"
"for a long time, I have lived alone"
"लंबे समय से मैं अकेला रह रहा हूँ"
"Now, you shall live with me"
"अब तुम मेरे साथ रहोगे"
"there is enough space and food for both of us"
"हम दोनों के लिए पर्याप्त जगह और भोजन है"
"I thank you," said Siddhartha
सिद्धार्थ ने कहा, "मैं आपका धन्यवाद करता हूं।"
"I thank you and accept"
"मैं आपको धन्यवाद देता हूं और स्वीकार करता हूं"
"And I also thank you for this, Vasudeva"
"और इसके लिए भी मैं आपको धन्यवाद देता हूं, वासुदेव"
"I thank you for listening to me so well"
"मुझे इतनी अच्छी तरह से सुनने के लिए मैं आपको धन्यवाद देता हूँ"
"people who know how to listen are rare"
"जो लोग सुनना जानते हैं वे दुर्लभ हैं"
"I have not met a single person who knew it as well as you do"
"मैं एक भी ऐसे व्यक्ति से नहीं मिला जो इसे आपकी तरह अच्छी तरह जानता हो"
"I will also learn in this respect from you"
"मैं भी इस संबंध में आपसे सीखूंगा"
"You will learn it," spoke Vasudeva
"तुम इसे सीख जाओगे," वासुदेव बोले
"but you will not learn it from me"
"लेकिन तुम मुझसे यह नहीं सीखोगे"

"The river has taught me to listen"
"नदी ने मुझे सुनना सिखाया है"
"you will learn to listen from the river as well"
"आप नदी से भी सुनना सीखेंगे"
"It knows everything, the river"
"नदी सब कुछ जानती है"
"everything can be learned from the river"
"नदी से सब कुछ सीखा जा सकता है"
"See, you've already learned this from the water too"
"देखो, तुमने यह पानी से भी सीख लिया है"
"you have learned that it is good to strive downwards"
"आपने सीखा है कि नीचे की ओर प्रयास करना अच्छा है"
"you have learned to sink and to seek depth"
"तुमने डूबना और गहराई तलाशना सीख लिया है"
"The rich and elegant Siddhartha is becoming an oarsman's servant"
"धनवान और सुंदर सिद्धार्थ एक नाविक का सेवक बन रहा है"
"the learned Brahman Siddhartha becomes a ferryman"
"विद्वान ब्राह्मण सिद्धार्थ एक नाविक बन जाता है"
"this has also been told to you by the river"
"यह बात भी नदी ने तुम्हें बतायी है"
"You'll learn the other thing from it as well"
"आप इससे दूसरी चीजें भी सीखेंगे"
Siddhartha spoke after a long pause
सिद्धार्थ ने काफी देर तक चुप रहने के बाद कहा
"What other things will I learn, Vasudeva?"
"मैं और क्या सीखूंगा, वासुदेव?"
Vasudeva rose. "It is late," he said
वासुदेव उठे और बोले, "बहुत देर हो गई है।"
and Vasudeva proposed going to sleep
और वासुदेव ने सोने का प्रस्ताव रखा

"I can't tell you that other thing, oh friend"
"मैं तुम्हें वह दूसरी बात नहीं बता सकता, हे मित्र"
"You'll learn the other thing, or perhaps you know it already"
"आप दूसरी चीज़ सीखेंगे, या शायद आप इसे पहले से ही जानते हों"
"See, I'm no learned man"
"देखिये, मैं कोई विद्वान आदमी नहीं हूं"
"I have no special skill in speaking"
"मुझे बोलने में कोई विशेष कौशल नहीं है"
"I also have no special skill in thinking"
"मेरे पास सोचने का कोई विशेष कौशल भी नहीं है"
"All I'm able to do is to listen and to be godly"
"मैं केवल इतना ही कर सकता हूँ कि सुनूं और ईश्वरीय बनूं"
"I have learned nothing else"
"मैंने और कुछ नहीं सीखा"
"If I was able to say and teach it, I might be a wise man"
"यदि मैं यह कह पाता और सिखा पाता, तो शायद मैं एक बुद्धिमान व्यक्ति होता"
"but like this I am only a ferryman"
"लेकिन इस तरह तो मैं केवल एक मांझी हूँ"
"and it is my task to ferry people across the river"
"और लोगों को नदी पार कराना मेरा काम है"
"I have transported many thousands of people"
"मैंने कई हज़ार लोगों को परिवहन किया है"
"and to all of them, my river has been nothing but an obstacle"
"और उन सभी के लिए, मेरी नदी एक बाधा के अलावा कुछ नहीं रही है"
"it was something that got in the way of their travels"

"यह कुछ ऐसा था जो उनकी यात्रा के रास्ते में बाधा बन गया"
"they travelled to seek money and business"
"वे धन और व्यवसाय की तलाश में यात्रा करते थे"
"they travelled for weddings and pilgrimages"
"वे विवाहों और तीर्थयात्राओं के लिए यात्रा करते थे"
"and the river was obstructing their path"
"और नदी उनके रास्ते में बाधा बन रही थी"
"the ferryman's job was to get them quickly across that obstacle"
"नौका चालक का काम उन्हें शीघ्रता से उस बाधा के पार पहुंचाना था"
"But for some among thousands, a few, the river has stopped being an obstacle"
"लेकिन हजारों लोगों में से कुछ के लिए, नदी अब बाधा नहीं रह गयी है"
"they have heard its voice and they have listened to it"
"उन्होंने इसकी आवाज़ सुनी है और उन्होंने इसे ध्यान से सुना है"
"and the river has become sacred to them"
"और नदी उनके लिए पवित्र हो गयी है"
"it become sacred to them as it has become sacred to me"
"यह उनके लिए पवित्र हो गया है जैसे यह मेरे लिए पवित्र हो गया है"
"for now, let us rest, Siddhartha"
"अभी हम आराम करें, सिद्धार्थ"

Siddhartha stayed with the ferryman and learned to operate the boat
सिद्धार्थ मांझी के साथ रहे और नाव चलाना सीखा

when there was nothing to do at the ferry, he worked with Vasudeva in the rice-field
जब घाट पर काम करने को कुछ नहीं होता था, तो वह वासुदेव के साथ चावल के खेत में काम करता था
he gathered wood and plucked the fruit off the banana-trees
उसने लकड़ियाँ इकट्ठी कीं और केले के पेड़ों से फल तोड़े
He learned to build an oar and how to mend the boat
उन्होंने चप्पू बनाना और नाव की मरम्मत करना सीखा
he learned how to weave baskets and repaid the hut
उसने टोकरियाँ बुनना सीखा और झोपड़ी का कर्ज चुकाया
and he was joyful because of everything he learned
और वह जो कुछ भी सीख रहा था उससे खुश था
the days and months passed quickly
दिन और महीने जल्दी बीत गए
But more than Vasudeva could teach him, he was taught by the river
लेकिन वासुदेव उसे जितना सिखा सकते थे, उससे कहीं अधिक उसे नदी ने सिखाया था।
Incessantly, he learned from the river
वह लगातार नदी से सीखता रहा
Most of all, he learned to listen
सबसे बढ़कर, उसने सुनना सीखा
he learned to pay close attention with a quiet heart
उसने शांत मन से ध्यानपूर्वक ध्यान देना सीखा
he learned to keep a waiting, open soul
उसने प्रतीक्षाशील, खुली आत्मा रखना सीखा
he learned to listen without passion
उसने बिना किसी जुनून के सुनना सीखा
he learned to listen without a wish
उसने बिना इच्छा के सुनना सीखा
he learned to listen without judgement

उसने बिना किसी निर्णय के सुनना सीखा
he learned to listen without an opinion
उसने बिना किसी राय के सुनना सीखा

In a friendly manner, he lived side by side with Vasudeva
वह मित्रतापूर्वक वासुदेव के साथ रहता था।
occasionally they exchanged some words
कभी-कभी वे कुछ शब्दों का आदान-प्रदान करते थे
then, at length, they thought about the words
फिर, अंत में, उन्होंने शब्दों के बारे में सोचा
Vasudeva was no friend of words
वासुदेव शब्दों के मित्र नहीं थे
Siddhartha rarely succeeded in persuading him to speak
सिद्धार्थ उन्हें बोलने के लिए राजी करने में शायद ही कभी सफल हुए
"did you too learn that secret from the river?"
"क्या तुमने भी नदी से वह रहस्य सीखा?"
"the secret that there is no time?"
"समय न होने का रहस्य क्या है?"
Vasudeva's face was filled with a bright smile
वासुदेव के चेहरे पर चमकीली मुस्कान थी
"Yes, Siddhartha," he spoke
"हाँ, सिद्धार्थ," उन्होंने कहा
"I learned that the river is everywhere at once"
"मैंने सीखा कि नदी एक साथ हर जगह मौजूद है"
"it is at the source and at the mouth of the river"
"यह नदी के उद्गम और मुहाने पर है"
"it is at the waterfall and at the ferry"
"यह झरने और नौका पर है"
"it is at the rapids and in the sea"

"यह रैपिड्स और समुद्र में है"
"it is in the mountains and everywhere at once"
"यह पहाड़ों में और हर जगह एक साथ मौजूद है"
"and I learned that there is only the present time for the river"
"और मैंने जाना कि नदी के लिए केवल वर्तमान समय ही है"
"it does not have the shadow of the past"
"इसमें अतीत की छाया नहीं है"
"and it does not have the shadow of the future"
"और इसमें भविष्य की छाया नहीं है"
"is this what you mean?" he asked
"क्या आपका मतलब यही है?" उसने पूछा
"This is what I meant," said Siddhartha
सिद्धार्थ ने कहा, "मेरा यही मतलब था।"
"And when I had learned it, I looked at my life"
"और जब मैंने यह जान लिया, तो मैंने अपने जीवन पर गौर किया"
"and my life was also a river"
"और मेरा जीवन भी एक नदी था"
"the boy Siddhartha was only separated from the man Siddhartha by a shadow"
"बालक सिद्धार्थ, पुरुष सिद्धार्थ से केवल एक छाया से अलग था"
"and a shadow separated the man Siddhartha from the old man Siddhartha"
"और एक छाया ने मनुष्य सिद्धार्थ को वृद्ध सिद्धार्थ से अलग कर दिया"
"things are separated by a shadow, not by something real"
"चीजें एक छाया से अलग होती हैं, किसी वास्तविक चीज़ से नहीं"
"Also, Siddhartha's previous births were not in the past"

"इसके अलावा, सिद्धार्थ के पिछले जन्म अतीत में नहीं थे"
"and his death and his return to Brahma is not in the future"
"और उसकी मृत्यु और ब्रह्मा के पास उसकी वापसी भविष्य में नहीं है"
"nothing was, nothing will be, but everything is"
"कुछ नहीं था, कुछ नहीं होगा, लेकिन सब कुछ है"
"everything has existence and is present"
"हर चीज़ का अस्तित्व है और वह मौजूद है"
Siddhartha spoke with ecstasy
सिद्धार्थ ने हर्ष से कहा
this enlightenment had delighted him deeply
इस ज्ञान से उन्हें बहुत खुशी हुई
"was not all suffering time?"
"क्या यह सब दुःख का समय नहीं था?"
"were not all forms of tormenting oneself a form of time?"
"क्या स्वयं को कष्ट देने के सभी प्रकार समय का ही एक रूप नहीं हैं?"
"was not everything hard and hostile because of time?"
"क्या समय के कारण सब कुछ कठिन और प्रतिकूल नहीं था?"
"is not everything evil overcome when one overcomes time?"
"क्या समय पर विजय पाने से सभी बुराइयां दूर नहीं हो जातीं?"
"as soon as time leaves the mind, does suffering leave too?"
"क्या जैसे ही समय मन से चला जाता है, दुःख भी चला जाता है?"
Siddhartha had spoken in ecstatic delight
सिद्धार्थ ने प्रसन्नता से कहा था
but Vasudeva smiled at him brightly and nodded in confirmation

लेकिन वासुदेव ने उनकी ओर देखकर मुस्कुराकर पुष्टि में सिर हिलाया
silently he nodded and brushed his hand over Siddhartha's shoulder
चुपचाप उसने सिर हिलाया और सिद्धार्थ के कंधे पर हाथ फेरा
and then he turned back to his work
और फिर वह अपने काम पर वापस लौट गया

And Siddhartha asked Vasudeva again another time
और सिद्धार्थ ने वासुदेव से पुनः एक बार पूछा
the river had just increased its flow in the rainy season
बरसात के मौसम में नदी का प्रवाह अभी बढ़ा था
and it made a powerful noise
और इसने एक शक्तिशाली शोर बनाया
"Isn't it so, oh friend, the river has many voices?"
"क्या ऐसा नहीं है, हे मित्र, नदी की भी अनेक आवाजें होती हैं?"
"Hasn't it the voice of a king and of a warrior?"
"क्या यह किसी राजा और योद्धा की आवाज नहीं है?"
"Hasn't it the voice of of a bull and of a bird of the night?"
"क्या यह किसी बैल या रात्रि पक्षी की आवाज नहीं है?"
"Hasn't it the voice of a woman giving birth and of a sighing man?"
"क्या यह आवाज़ बच्चे को जन्म देने वाली स्त्री और आहें भरने वाले पुरुष की नहीं है?"
"and does it not also have a thousand other voices?"
"और क्या इसमें एक हजार अन्य आवाजें भी नहीं हैं?"
"it is as you say it is," Vasudeva nodded
"यह वैसा ही है जैसा आप कहते हैं," वासुदेव ने सिर हिलाया
"all voices of the creatures are in its voice"

"सभी प्राणियों की आवाज़ें इसकी आवाज़ में हैं"
"And do you know..." Siddhartha continued
"और क्या तुम्हें पता है..." सिद्धार्थ ने आगे कहा
"what word does it speak when you succeed in hearing all of voices at once?"
"जब आप एक साथ सभी आवाजें सुनने में सफल हो जाते हैं तो वह कौन सा शब्द बोलता है?"
Happily, Vasudeva's face was smiling
खुशी से, वासुदेव का चेहरा मुस्कुरा रहा था
he bent over to Siddhartha and spoke the holy Om into his ear
वह सिद्धार्थ के पास झुका और उसके कान में पवित्र ओम बोला
And this had been the very thing which Siddhartha had also been hearing
और यही बात सिद्धार्थ भी सुन रहा था

time after time, his smile became more similar to the ferryman's
बार-बार उसकी मुस्कान उस नाव वाले की मुस्कान से मिलती-जुलती होती गई
his smile became almost just as bright as the ferryman's
उसकी मुस्कान भी लगभग उतनी ही चमकदार हो गई जितनी कि मांझी की थी
it was almost just as thoroughly glowing with bliss
यह लगभग पूरी तरह से आनंद से चमक रहा था
shining out of thousand small wrinkles
हज़ारों छोटी-छोटी झुर्रियों से चमकती हुई
just like the smile of a child
बिल्कुल एक बच्चे की मुस्कान की तरह
just like the smile of an old man

बिल्कुल एक बूढ़े आदमी की मुस्कान की तरह

Many travellers, seeing the two ferrymen, thought they were brothers

कई यात्रियों ने दोनों नाव वालों को देखकर सोचा कि वे भाई हैं

Often, they sat in the evening together by the bank

अक्सर वे शाम को बैंक के पास एक साथ बैठते थे

they said nothing and both listened to the water

वे कुछ नहीं बोले और दोनों पानी की आवाज़ सुनते रहे

the water, which was not water to them

वह पानी, जो उनके लिए पानी नहीं था

it wasn't water, but the voice of life

यह पानी नहीं, बल्कि जीवन की आवाज़ थी

the voice of what exists and what is eternally taking shape

जो विद्यमान है और जो सदैव आकार ले रहा है उसकी आवाज

it happened from time to time that both thought of the same thing

समय-समय पर ऐसा होता था कि दोनों एक ही बात सोचते थे

they thought of a conversation from the day before

उन्हें पिछले दिन की बातचीत याद आ गई

they thought of one of their travellers

उन्होंने अपने एक यात्री के बारे में सोचा

they thought of death and their childhood

वे मृत्यु और अपने बचपन के बारे में सोचते थे

they heard the river tell them the same thing

उन्होंने नदी को भी यही बात कहते सुना

both delighted about the same answer to the same question

एक ही प्रश्न के एक ही उत्तर से दोनों प्रसन्न हैं

There was something about the two ferrymen which was transmitted to others

उन दो नाविकों में कुछ ऐसा था जो दूसरों तक भी पहुँचा
it was something which many of the travellers felt
यह कुछ ऐसा था जो कई यात्रियों ने महसूस किया
travellers would occasionally look at the faces of the ferrymen
यात्री कभी-कभी नाव वालों के चेहरों को देखते थे
and then they told the story of their life
और फिर उन्होंने अपनी जिंदगी की कहानी सुनाई
they confessed all sorts of evil things
उन्होंने सभी प्रकार की बुरी बातें कबूल कीं
and they asked for comfort and advice
और उन्होंने सांत्वना और सलाह मांगी
occasionally someone asked for permission to stay for a night
कभी-कभी कोई व्यक्ति एक रात रुकने की अनुमति मांगता था
they also wanted to listen to the river
वे भी नदी की आवाज़ सुनना चाहते थे
It also happened that curious people came
ऐसा भी हुआ कि जिज्ञासु लोग आये
they had been told that there were two wise men
उन्हें बताया गया था कि वहाँ दो बुद्धिमान व्यक्ति थे
or they had been told there were two sorcerers
या उन्हें बताया गया था कि वहाँ दो जादूगर थे
The curious people asked many questions
जिज्ञासु लोगों ने कई प्रश्न पूछे
but they got no answers to their questions
लेकिन उन्हें अपने सवालों का कोई जवाब नहीं मिला
they found neither sorcerers nor wise men
उन्हें न तो कोई जादूगर मिला और न ही कोई बुद्धिमान व्यक्ति

they only found two friendly little old men, who seemed to be mute
उन्हें केवल दो मिलनसार छोटे बूढ़े आदमी मिले, जो मूक लग रहे थे
they seemed to have become a bit strange in the forest by themselves
वे जंगल में अकेले ही कुछ अजीब हो गए थे
And the curious people laughed about what they had heard
और जिज्ञासु लोग जो कुछ उन्होंने सुना था उस पर हंसने लगे
they said common people were foolishly spreading empty rumours
उन्होंने कहा कि आम लोग मूर्खतापूर्ण तरीके से खोखली अफवाहें फैला रहे हैं

The years passed by, and nobody counted them
साल बीत गए, और किसी ने उनकी गिनती नहीं की
Then, at one time, monks came by on a pilgrimage
फिर, एक समय, भिक्षु तीर्थयात्रा पर आए
they were followers of Gotama, the Buddha
वे गौतम बुद्ध के अनुयायी थे
they asked to be ferried across the river
उन्होंने नदी पार कराने के लिए नाव मांगी
they told them they were in a hurry to get back to their wise teacher
उन्होंने बताया कि वे अपने बुद्धिमान शिक्षक के पास वापस जाने की जल्दी में थे
news had spread the exalted one was deadly sick
खबर फैल गई थी कि महान व्यक्ति गंभीर रूप से बीमार था
he would soon die his last human death
वह जल्द ही अपनी अंतिम मानवीय मृत्यु मरेगा
in order to become one with the salvation

मोक्ष के साथ एक होने के लिए
It was not long until a new flock of monks came
बहुत समय नहीं बीता था कि भिक्षुओं का एक नया समूह आ गया

they were also on their pilgrimage
वे भी तीर्थ यात्रा पर थे

most of the travellers spoke of nothing other than Gotama
अधिकांश यात्रियों ने गौतम के अलावा किसी और के बारे में बात नहीं की

his impending death was all they thought about
वे केवल उसकी आसन्न मृत्यु के बारे में ही सोचते थे

if there had been war, just as many would travel
यदि युद्ध होता तो भी बहुत से लोग यात्रा करते

just as many would come to the coronation of a king
जैसे राजा के राज्याभिषेक में बहुत से लोग आते हैं

they gathered like ants in droves
वे चींटियों की तरह झुंड में इकट्ठे हुए

they flocked, like being drawn onwards by a magic spell
वे झुंड में चले आ रहे थे, जैसे किसी जादुई मंत्र से उन्हें आगे की ओर खींचा जा रहा हो

they went to where the great Buddha was awaiting his death
वे वहां गए जहां महान बुद्ध अपनी मृत्यु की प्रतीक्षा कर रहे थे

the perfected one of an era was to become one with the glory
एक युग का पूर्ण होना महिमा के साथ एक हो जाना था

Often, Siddhartha thought in those days of the dying wise man
उन दिनों सिद्धार्थ अक्सर उस मरते हुए बुद्धिमान व्यक्ति के बारे में सोचते थे

the great teacher whose voice had admonished nations
महान शिक्षक जिसकी आवाज़ ने राष्ट्रों को चेतावनी दी थी

the one who had awoken hundreds of thousands
जिसने लाखों लोगों को जगाया था
a man whose voice he had also once heard
एक आदमी जिसकी आवाज़ उसने भी एक बार सुनी थी
a teacher whose holy face he had also once seen with respect
एक शिक्षक जिसका पवित्र चेहरा भी उसने एक बार सम्मान के साथ देखा था
Kindly, he thought of him
कृपया, उसने उसके बारे में सोचा
he saw his path to perfection before his eyes
उसने अपनी आँखों के सामने पूर्णता का मार्ग देखा
and he remembered with a smile those words he had said to him
और उसे मुस्कुराते हुए वे शब्द याद आ गए जो उसने उससे कहे थे
when he was a young man and spoke to the exalted one
जब वह एक जवान आदमी था और महान व्यक्ति से बात करता था
They had been, so it seemed to him, proud and precious words
उसे ऐसा लगा कि ये गर्वपूर्ण और अनमोल शब्द थे
with a smile, he remembered the the words
एक मुस्कान के साथ, उसे शब्द याद आ गए
he knew that there was nothing standing between Gotama and him any more
वह जानता था कि गौतम और उसके बीच अब कुछ भी नहीं है
he had known this for a long time already
वह यह बात बहुत पहले से जानता था
though he was still unable to accept his teachings

हालाँकि वह अभी भी उनकी शिक्षाओं को स्वीकार करने में असमर्थ था
there was no teaching a truly searching person
वहाँ कोई शिक्षण नहीं था एक सच में खोजी व्यक्ति
someone who truly wanted to find, could accept
कोई व्यक्ति जो वास्तव में खोजना चाहता था, स्वीकार कर सकता था
But he who had found the answer could approve of any teaching
लेकिन जिसने उत्तर पा लिया है वह किसी भी शिक्षा को स्वीकार कर सकता है
every path, every goal, they were all the same
हर रास्ता, हर लक्ष्य, वे सब एक ही थे
there was nothing standing between him and all the other thousands any more
अब उसके और अन्य हज़ारों लोगों के बीच कुछ भी नहीं था
the thousands who lived in that what is eternal
हज़ारों लोग जो उस शाश्वत में रहते थे
the thousands who breathed what is divine
हज़ारों लोग जिन्होंने दिव्य साँस ली

On one of these days, Kamala also went to him
एक दिन कमला भी उसके पास गयी।
she used to be the most beautiful of the courtesans
वह वेश्याओं में सबसे सुंदर हुआ करती थी
A long time ago, she had retired from her previous life
बहुत समय पहले, वह अपने पिछले जीवन से सेवानिवृत्त हो चुकी थी
she had given her garden to the monks of Gotama as a gift

उसने अपना बगीचा गौतम के भिक्षुओं को उपहार के रूप में दे दिया था

she had taken her refuge in the teachings
उसने शिक्षाओं में शरण ली थी

she was among the friends and benefactors of the pilgrims
वह तीर्थयात्रियों के मित्रों और लाभार्थियों में से एक थीं

she was together with Siddhartha, the boy
वह सिद्धार्थ नामक लड़के के साथ थी

Siddhartha the boy was her son
सिद्धार्थ नाम का लड़का उसका बेटा था

she had gone on her way due to the news of the near death of Gotama
गौतम की मृत्यु का समाचार सुनकर वह अपने मार्ग पर चली गयी थी।

she was in simple clothes and on foot
वह साधारण कपड़े पहने हुए थी और पैदल चल रही थी

and she was With her little son
और वह अपने छोटे बेटे के साथ थी

she was travelling by the river
वह नदी के किनारे यात्रा कर रही थी

but the boy had soon grown tired
लेकिन लड़का जल्द ही थक गया था

he desired to go back home
वह घर वापस जाना चाहता था

he desired to rest and eat
वह आराम करना और खाना चाहता था

he became disobedient and started whining
वह अवज्ञाकारी हो गया और रोना शुरू कर दिया

Kamala often had to take a rest with him
कमला को अक्सर उसके साथ आराम करना पड़ता था

he was accustomed to getting what he wanted

वह जो चाहता था उसे पाने का आदी था
she had to feed him and comfort him
उसे उसे खाना खिलाना और दिलासा देना था
she had to scold him for his behaviour
उसे उसके व्यवहार के लिए डांटना पड़ा
He did not comprehend why he had to go on this exhausting pilgrimage
उसे समझ में नहीं आ रहा था कि उसे इस थकाऊ तीर्थयात्रा पर क्यों जाना पड़ा
he did not know why he had to go to an unknown place
उसे नहीं पता था कि उसे अनजान जगह क्यों जाना पड़ा
he did know why he had to see a holy dying stranger
वह जानता था कि उसे एक पवित्र मरते हुए अजनबी को क्यों देखना पड़ा
"So what if he died?" he complained
"तो क्या हुआ अगर वह मर गया?" उसने शिकायत की
why should this concern him?
उसे इसकी चिंता क्यों करनी चाहिए?
The pilgrims were getting close to Vasudeva's ferry
तीर्थयात्री वासुदेव की नौका के निकट पहुँच रहे थे
little Siddhartha once again forced his mother to rest
छोटे सिद्धार्थ ने एक बार फिर अपनी मां को आराम करने पर मजबूर कर दिया
Kamala had also become tired
कमला भी थक गई थी
while the boy was chewing a banana, she crouched down on the ground
जब लड़का केला चबा रहा था, वह ज़मीन पर बैठ गई
she closed her eyes a bit and rested
उसने अपनी आँखें थोड़ी बंद कीं और आराम किया
But suddenly, she uttered a wailing scream

लेकिन अचानक, वह जोर से चीखी
the boy looked at her in fear
लड़के ने डर कर उसकी ओर देखा
he saw her face had grown pale from horror
उसने देखा कि उसका चेहरा भय से पीला पड़ गया था
and from under her dress, a small, black snake fled
और उसके कपड़ों के नीचे से एक छोटा, काला साँप भाग गया
a snake by which Kamala had been bitten
वह साँप जिसने कमला को डसा था
Hurriedly, they both ran along the path, to reach people
वे दोनों जल्दी से रास्ते पर दौड़े, लोगों तक पहुंचने के लिए
they got near to the ferry and Kamala collapsed
वे नौका के पास पहुंचे और कमला बेहोश हो गई
she was not able to go any further
वह आगे नहीं जा सकी
the boy started crying miserably
लड़का बुरी तरह रोने लगा
his cries were only interrupted when he kissed his mother
उसकी चीखें तभी रुकीं जब उसने अपनी माँ को चूमा
she also joined his loud screams for help
वह भी मदद के लिए उसकी तेज चीखों में शामिल हो गई
she screamed until the sound reached Vasudeva's ears
वह तब तक चिल्लाती रही जब तक कि आवाज वासुदेव के कानों तक नहीं पहुंची
Vasudeva quickly came and took the woman on his arms
वासुदेव तुरंत आये और उस स्त्री को अपनी गोद में उठा लिया।
he carried her into the boat and the boy ran along
वह उसे नाव में ले गया और लड़का उसके साथ भाग गया
soon they reached the hut, where Siddhartha stood by the stove

जल्द ही वे झोपड़ी के पास पहुंच गए, जहां सिद्धार्थ चूल्हे के पास खड़ा था

he was just lighting the fire
वह तो बस आग जला रहा था
He looked up and first saw the boy's face
उसने ऊपर देखा और सबसे पहले लड़के का चेहरा देखा
it wondrously reminded him of something
इससे उसे आश्चर्यजनक रूप से कुछ याद आ गया
like a warning to remember something he had forgotten
जैसे कि उसे कुछ भूल जाने की चेतावनी दी गई हो
Then he saw Kamala, whom he instantly recognised
तभी उसकी नज़र कमला पर पड़ी, जिसे उसने तुरंत पहचान लिया।
she lay unconscious in the ferryman's arms
वह मांझी की बाहों में बेहोश पड़ी थी
now he knew that it was his own son
अब उसे पता चल गया कि यह उसका अपना बेटा था
his son whose face had been such a warning reminder to him
उसका बेटा जिसका चेहरा उसके लिए एक चेतावनी की तरह था
and the heart stirred in his chest
और उसके सीने में दिल धड़क उठा
Kamala's wound was washed, but had already turned black
कमला का घाव धोया गया, लेकिन वह पहले ही काला पड़ चुका था
and her body was swollen
और उसका शरीर सूज गया था
she was made to drink a healing potion
उसे एक उपचार औषधि पीने के लिए मजबूर किया गया

Her consciousness returned and she lay on Siddhartha's bed
उसकी चेतना लौट आई और वह सिद्धार्थ के बिस्तर पर लेट गई

Siddhartha stood over Kamala, who he used to love so much
सिद्धार्थ कमला के पास खड़ा था, जिसे वह बहुत प्यार करता था

It seemed like a dream to her
उसे यह एक स्वप्न जैसा लगा

with a smile, she looked at her friend's face
मुस्कुराकर उसने अपनी सहेली के चेहरे की ओर देखा

slowly she realized her situation
धीरे-धीरे उसे अपनी स्थिति का एहसास हुआ

she remembered she had been bitten
उसे याद आया कि उसे काट लिया गया था

and she timidly called for her son
और उसने डरते-डरते अपने बेटे को बुलाया

"He's with you, don't worry," said Siddhartha
"वह तुम्हारे साथ है, चिंता मत करो," सिद्धार्थ ने कहा

Kamala looked into his eyes
कमला ने उसकी आँखों में देखा

She spoke with a heavy tongue, paralysed by the poison
वह ज़हर के कारण लकवाग्रस्त होकर भारी ज़बान से बोल रही थी

"You've become old, my dear," she said
"तुम बूढ़ी हो गई हो, मेरी प्यारी," उसने कहा

"you've become gray," she added
"तुम्हारे बाल सफ़ेद हो गए हैं," उसने आगे कहा

"But you are like the young Samana, who came without clothes"

"लेकिन तुम उस युवा समाना की तरह हो, जो बिना कपड़ों के आई थी"
"you're like the Samana who came into my garden with dusty feet"
"तुम उस समाना की तरह हो जो धूल भरे पैरों के साथ मेरे बगीचे में आई थी"
"You are much more like him than you were when you left me"
"जब तुम मुझे छोड़कर गए थे, उससे कहीं अधिक तुम उसके जैसे हो"
"In the eyes, you're like him, Siddhartha"
"आँखों में तो तुम भी उसके जैसे हो, सिद्धार्थ"
"Alas, I have also grown old"
"अफसोस, मैं भी बूढ़ा हो गया हूँ"
"could you still recognise me?"
"क्या आप अब भी मुझे पहचान सकते हैं?"
Siddhartha smiled, "Instantly, I recognised you, Kamala, my dear"
सिद्धार्थ मुस्कुराया, "तुरंत ही मैंने तुम्हें पहचान लिया, कमला, मेरी प्यारी।"
Kamala pointed to her boy
कमला ने अपने लड़के की ओर इशारा किया
"Did you recognise him as well?"
"क्या तुमने भी उसे पहचाना?"
"He is your son," she confirmed
"वह आपका बेटा है," उसने पुष्टि की
Her eyes became confused and fell shut
उसकी आँखें भ्रमित हो गईं और बंद हो गईं
The boy wept and Siddhartha took him on his knees
लड़का रोया और सिद्धार्थ ने उसे घुटनों पर बैठा लिया
he let him weep and petted his hair

उसने उसे रोने दिया और उसके बालों को सहलाया

at the sight of the child's face, a Brahman prayer came to his mind

बालक का मुख देखकर उसके मन में ब्राह्मण प्रार्थना आई।

a prayer which he had learned a long time ago

एक प्रार्थना जो उसने बहुत समय पहले सीखी थी

a time when he had been a little boy himself

एक समय जब वह स्वयं एक छोटा बालक था

Slowly, with a singing voice, he started to speak

धीरे-धीरे, गाने वाली आवाज़ में, वह बोलने लगा

from his past and childhood, the words came flowing to him

उसके अतीत और बचपन से शब्द बहकर उसके पास आ गए

And with that song, the boy became calm

और उस गाने के साथ ही लड़का शांत हो गया

he was only now and then uttering a sob

वह कभी-कभी केवल सिसकियाँ भर रहा था

and finally he fell asleep

और अंततः वह सो गया

Siddhartha placed him on Vasudeva's bed

सिद्धार्थ ने उसे वासुदेव के बिस्तर पर लिटा दिया

Vasudeva stood by the stove and cooked rice

वासुदेव चूल्हे के पास खड़े होकर चावल पका रहे थे

Siddhartha gave him a look, which he returned with a smile

सिद्धार्थ ने उसे देखा, जिसका उसने मुस्कुराकर जवाब दिया।

"She'll die," Siddhartha said quietly

"वह मर जाएगी," सिद्धार्थ ने धीरे से कहा

Vasudeva knew it was true, and nodded

वासुदेव को पता था कि यह सच था, और उन्होंने सिर हिलाया

over his friendly face ran the light of the stove's fire

उसके दोस्ताना चेहरे पर चूल्हे की आग की रोशनी दौड़ रही थी

once again, Kamala returned to consciousness
एक बार फिर कमला होश में आ गई
the pain of the poison distorted her face
ज़हर के दर्द ने उसके चेहरे को विकृत कर दिया
Siddhartha's eyes read the suffering on her mouth
सिद्धार्थ की आँखों ने उसके मुँह पर व्यथा पढ़ ली
from her pale cheeks he could see that she was suffering
उसके पीले गालों से वह देख सकता था कि वह पीड़ित थी
Quietly, he read the pain in her eyes
चुपचाप, उसने उसकी आँखों में दर्द पढ़ा
attentively, waiting, his mind become one with her suffering
ध्यानपूर्वक, प्रतीक्षा करते हुए, उसका मन उसकी पीड़ा के साथ एक हो गया
Kamala felt it and her gaze sought his eyes
कमला ने इसे महसूस किया और उसकी निगाहें उसकी आँखों की ओर लगी रहीं
Looking at him, she spoke
उसकी ओर देखते हुए वह बोली,
"Now I see that your eyes have changed as well"
"अब मैं देख रहा हूँ कि तुम्हारी आँखें भी बदल गयी हैं"
"They've become completely different"
"वे पूरी तरह से अलग हो गए हैं"
"what do I still recognise in you that is Siddhartha?
"मैं अब भी तुममें क्या पहचानता हूँ जो सिद्धार्थ है?
"It's you, and it's not you"
"यह आप हैं, और यह आप नहीं हैं"
Siddhartha said nothing, quietly his eyes looked at hers
सिद्धार्थ ने कुछ नहीं कहा, चुपचाप उसकी आँखें उसकी ओर देखने लगीं।
"You have achieved it?" she asked

"तुमने इसे हासिल कर लिया है?" उसने पूछा
"You have found peace?"
"तुम्हें शांति मिल गई?"
He smiled and placed his hand on hers
वह मुस्कुराया और अपना हाथ उसके हाथ पर रख दिया
"I'm seeing it" she said
"मैं इसे देख रही हूँ" उसने कहा
"I too will find peace"
"मुझे भी शांति मिलेगी"
"You have found it," Siddhartha spoke in a whisper
"तुमने उसे पा लिया है," सिद्धार्थ ने फुसफुसाते हुए कहा
Kamala never stopped looking into his eyes
कमला ने कभी उसकी आँखों में देखना बंद नहीं किया
She thought about her pilgrimage to Gotama
वह गौतम की तीर्थयात्रा के बारे में सोचने लगी
the pilgrimage which she wanted to take
वह तीर्थयात्रा जो वह करना चाहती थी
in order to see the face of the perfected one
उस सिद्ध व्यक्ति का चेहरा देखने के लिए
in order to breathe his peace
ताकि उसे चैन की साँस मिल सके
but she had now found it in another place
लेकिन अब उसे यह दूसरी जगह मिल गया था
and this she thought that was good too
और उसने सोचा कि यह भी अच्छा था
it was just as good as if she had seen the other one
यह उतना ही अच्छा था जैसे कि उसने दूसरे को देखा हो
She wanted to tell this to him
वह उसे यह बताना चाहती थी
but her tongue no longer obeyed her will

लेकिन उसकी जीभ अब उसकी इच्छा का पालन नहीं करती थी
Without speaking, she looked at him
बिना कुछ बोले, उसने उसकी ओर देखा
he saw the life fading from her eyes
उसने उसकी आँखों से जीवन लुप्त होते देखा
the final pain filled her eyes and made them grow dim
अंतिम पीड़ा ने उसकी आँखों को भर दिया और उन्हें धुंधला कर दिया
the final shiver ran through her limbs
उसके अंगों में अंतिम सिहरन दौड़ गई
his finger closed her eyelids
उसकी उंगली ने उसकी पलकें बंद कर दीं

For a long time, he sat and looked at her peacefully dead face
वह बहुत देर तक बैठा रहा और उसके शांत मृत चेहरे को देखता रहा।
For a long time, he observed her mouth
वह बहुत देर तक उसके मुंह को देखता रहा
her old, tired mouth, with those lips, which had become thin
उसका बूढ़ा, थका हुआ मुँह, उन होंठों के साथ, जो पतले हो गए थे
he remembered he used to compare this mouth with a freshly cracked fig
उसे याद आया कि वह इस मुँह की तुलना ताज़े तोड़े गए अंजीर से करता था
this was in the spring of his years
यह उनके जीवन के वसंत ऋतु में था
For a long time, he sat and read the pale face

वह बहुत देर तक बैठा रहा और पीले चेहरे को पढ़ता रहा
he read the tired wrinkles
उसने थकी हुई झुर्रियों को पढ़ा
he filled himself with this sight
उसने खुद को इस दृश्य से भर लिया
he saw his own face in the same manner
उसने अपना चेहरा भी उसी तरह देखा
he saw his face was just as white
उसने देखा उसका चेहरा भी उतना ही सफ़ेद था
he saw his face was just as quenched out
उसने देखा कि उसका चेहरा भी उतना ही बुझा हुआ था
at the same time he saw his face and hers being young
उसी समय उसने अपना और उसका चेहरा जवान होते हुए देखा
their faces with red lips and fiery eyes
उनके चेहरे लाल होठ और ज्वलंत आँखें
the feeling of both being real at the same time
एक ही समय में दोनों के वास्तविक होने का एहसास
the feeling of eternity completely filled every aspect of his being
अनंत काल की भावना उसके अस्तित्व के हर पहलू को पूरी तरह से भर देती थी
in this hour he felt more deeply than than he had ever felt before
इस घंटे में उसने पहले से कहीं अधिक गहराई से महसूस किया
he felt the indestructibility of every life
उन्होंने हर जीवन की अविनाशीता को महसूस किया
he felt the eternity of every moment
उसे हर पल की अनंतता का एहसास हुआ
When he rose, Vasudeva had prepared rice for him

जब वह उठे तो वासुदेव ने उनके लिए चावल तैयार कर रखे थे।

But Siddhartha did not eat that night
लेकिन सिद्धार्थ ने उस रात खाना नहीं खाया

In the stable their goat stood
अस्तबल में उनकी बकरी खड़ी थी

the two old men prepared beds of straw for themselves
दोनों बूढ़ों ने अपने लिए पुआल के बिस्तर तैयार किए

Vasudeva laid himself down to sleep
वासुदेव सो गए

But Siddhartha went outside and sat before the hut
लेकिन सिद्धार्थ बाहर चले गए और झोपड़ी के सामने बैठ गए

he listened to the river, surrounded by the past
वह नदी की आवाज़ सुन रहा था, जो अतीत से घिरी हुई थी

he was touched and encircled by all times of his life at the same time
वह एक ही समय में अपने जीवन के सभी समयों से प्रभावित और घिरा हुआ था

occasionally he rose and he stepped to the door of the hut
कभी-कभी वह उठता और झोपड़ी के दरवाजे की ओर कदम बढ़ाता

he listened whether the boy was sleeping
उसने सुना कि क्या लड़का सो रहा था

before the sun could be seen, Vasudeva came out of the stable
सूर्य के दिखाई देने से पहले ही वासुदेव अस्तबल से बाहर आ गए

he walked over to his friend
वह अपने दोस्त के पास चला गया

"You haven't slept," he said
"तुम सोये नहीं हो," उसने कहा
"No, Vasudeva. I sat here"
"नहीं, वासुदेव। मैं यहीं बैठा था।"
"I was listening to the river"
"मैं नदी की आवाज़ सुन रहा था"
"the river has told me a lot"
"नदी ने मुझे बहुत कुछ बताया है"
"it has deeply filled me with the healing thought of oneness"
"इसने मुझे एकता के उपचारात्मक विचार से गहराई से भर दिया है"
"You've experienced suffering, Siddhartha"
"सिद्धार्थ, तुमने दुख का अनुभव किया है।"
"but I see no sadness has entered your heart"
"लेकिन मैं देख रहा हूँ कि आपके दिल में कोई दुख नहीं आया है"
"No, my dear, how should I be sad?"
"नहीं, मेरे प्रिय, मैं कैसे दुखी हो सकता हूँ?"
"I, who have been rich and happy"
"मैं, जो अमीर और खुश रहा हूँ"
"I have become even richer and happier now"
"मैं अब और भी अधिक अमीर और खुश हो गया हूँ"
"My son has been given to me"
"मेरा बेटा मुझे दे दिया गया है"
"Your son shall be welcome to me as well"
"आपके बेटे का भी मेरे यहां स्वागत होगा"
"But now, Siddhartha, let's get to work"
"लेकिन अब, सिद्धार्थ, चलो काम पर लग जाएं"
"there is much to be done"
"अभी बहुत कुछ किया जाना बाकी है"

"Kamala has died on the same bed on which my wife had died"

"कमला की मृत्यु उसी बिस्तर पर हुई है जिस पर मेरी पत्नी की मृत्यु हुई थी"

"Let us build Kamala's funeral pile on the hill"

"आइये हम पहाड़ी पर कमला का अंतिम संस्कार स्थल बनाएं"

"the hill on which I my wife's funeral pile is"

"वह पहाड़ी जिस पर मेरी पत्नी का अंतिम संस्कार किया गया है।"

While the boy was still asleep, they built the funeral pile

जब लड़का अभी भी सो रहा था, उन्होंने अंतिम संस्कार के लिए ढेर बनाया

- 281 -

The Son
बेटा

Timid and weeping, the boy had attended his mother's funeral
डरपोक और रोता हुआ लड़का अपनी मां के अंतिम संस्कार में गया था
gloomy and shy, he had listened to Siddhartha
उदास और शर्मीले मन से उसने सिद्धार्थ की बात सुनी थी
Siddhartha greeted him as his son
सिद्धार्थ ने उन्हें अपने पुत्र के रूप में स्वागत किया
he welcomed him at his place in Vasudeva's hut
उन्होंने वासुदेव की कुटिया में उनका स्वागत किया
Pale, he sat for many days by the hill of the dead
पीला पड़कर वह कई दिनों तक मृतकों की पहाड़ी के पास बैठा रहा
he did not want to eat
वह खाना नहीं चाहता था
he did not look at anyone
उसने किसी की तरफ़ नहीं देखा
he did not open his heart
उसने अपना दिल नहीं खोला
he met his fate with resistance and denial
उसे प्रतिरोध और इनकार का सामना करना पड़ा
Siddhartha spared giving him lessons
सिद्धार्थ ने उसे शिक्षा देने से इन्कार कर दिया
and he let him do as he pleased
और उसने उसे अपनी मर्जी से करने दिया
Siddhartha honoured his son's mourning
सिद्धार्थ ने अपने पुत्र के शोक का सम्मान किया
he understood that his son did not know him

वह समझ गया कि उसका बेटा उसे नहीं जानता
he understood that he could not love him like a father
उसे समझ आ गया कि वह उससे पिता जैसा प्यार नहीं कर सकता
Slowly, he also understood that the eleven-year-old was a pampered boy
धीरे-धीरे उसे यह भी समझ में आ गया कि ग्यारह साल का वह लड़का लाड़-प्यार में पाला गया था।
he saw that he was a mother's boy
उसने देखा कि वह एक माँ का बेटा था
he saw that he had grown up in the habits of rich people
उसने देखा कि वह अमीर लोगों की आदतों में पला बढ़ा था
he was accustomed to finer food and a soft bed
वह बढ़िया भोजन और मुलायम बिस्तर का आदी था
he was accustomed to giving orders to servants
वह नौकरों को आदेश देने का आदी था
the mourning child could not suddenly be content with a life among strangers
शोकग्रस्त बच्चा अचानक अजनबियों के बीच जीवन से संतुष्ट नहीं हो सकता था
Siddhartha understood the pampered child would not willingly be in poverty
सिद्धार्थ समझ गए कि लाड़-प्यार से पाला गया बच्चा स्वेच्छा से गरीबी में नहीं रहेगा
He did not force him to do these these things
उसने उसे ये सब करने के लिए मजबूर नहीं किया
Siddhartha did many chores for the boy
सिद्धार्थ ने लड़के के लिए कई काम किए
he always saved the best piece of the meal for him

वह हमेशा भोजन का सबसे अच्छा टुकड़ा उसके लिए बचा कर रखता था

Slowly, he hoped to win him over, by friendly patience
धीरे-धीरे, उसे उम्मीद थी कि वह उसे मित्रतापूर्ण धैर्य से जीत लेगा

Rich and happy, he had called himself, when the boy had come to him
जब लड़का उसके पास आया था, तब उसने खुद को अमीर और खुश कहा था

Since then some time had passed
तब से कुछ समय बीत चुका था

but the boy remained a stranger and in a gloomy disposition
लेकिन लड़का अजनबी और उदास स्वभाव का बना रहा

he displayed a proud and stubbornly disobedient heart
उसने एक अभिमानी और हठीले अवज्ञाकारी हृदय का प्रदर्शन किया

he did not want to do any work
वह कोई काम नहीं करना चाहता था

he did not pay his respect to the old men
उसने बूढ़ों को सम्मान नहीं दिया

he stole from Vasudeva's fruit-trees
उसने वासुदेव के फलों के पेड़ों से चोरी की

his son had not brought him happiness and peace
उसका बेटा उसे खुशी और शांति नहीं लाया था

the boy had brought him suffering and worry
लड़का उसके लिए दुख और चिंता लेकर आया था

slowly Siddhartha began to understand this
धीरे-धीरे सिद्धार्थ को यह बात समझ में आने लगी

But he loved him regardless of the suffering he brought him

लेकिन वह उससे प्यार करता था चाहे उसने उसे कितनी भी तकलीफ क्यों न दी हो
he preferred the suffering and worries of love over happiness and joy without the boy
वह लड़के के बिना खुशी और आनंद के बजाय प्यार की पीड़ा और चिंताओं को पसंद करता था
from when young Siddhartha was in the hut the old men had split the work
जब युवा सिद्धार्थ झोपड़ी में रहते थे तब से ही बूढ़ों ने काम बांट लिया था
Vasudeva had again taken on the job of the ferryman
वासुदेव ने फिर से मांझी का काम संभाल लिया था
and Siddhartha, in order to be with his son, did the work in the hut and the field
और सिद्धार्थ अपने बेटे के साथ रहने के लिए झोपड़ी और खेत में काम करते थे

for long months Siddhartha waited for his son to understand him
कई महीनों तक सिद्धार्थ को अपने बेटे के समझने का इंतजार रहा
he waited for him to accept his love
वह उसके प्यार को स्वीकार करने का इंतज़ार करता रहा
and he waited for his son to perhaps reciprocate his love
और वह अपने बेटे का इंतज़ार कर रहा था कि शायद वह उसके प्यार का बदला चुकाए
For long months Vasudeva waited, watching
कई महीनों तक वासुदेव प्रतीक्षा करते रहे, देखते रहे
he waited and said nothing
वह इंतज़ार करता रहा और कुछ नहीं बोला

One day, young Siddhartha tormented his father very much
एक दिन, युवा सिद्धार्थ ने अपने पिता को बहुत सताया
he had broken both of his rice-bowls
उसने अपने दोनों चावल के कटोरे तोड़ दिए थे
Vasudeva took his friend aside and talked to him
वसुदेव अपने मित्र को एक ओर ले गए और उससे बात की।
"Pardon me," he said to Siddhartha
"मुझे क्षमा करें," उन्होंने सिद्धार्थ से कहा
"from a friendly heart, I'm talking to you"
"मैं आपसे मित्रतापूर्ण हृदय से बात कर रहा हूँ"
"I'm seeing that you are tormenting yourself"
"मैं देख रहा हूँ कि तुम खुद को कष्ट दे रहे हो"
"I'm seeing that you're in grief"
"मैं देख रहा हूँ कि तुम दुःख में हो"
"Your son, my dear, is worrying you"
"आपका बेटा, मेरे प्रिय, आपको चिंतित कर रहा है"
"and he is also worrying me"
"और वह मुझे भी चिंतित कर रहा है"
"That young bird is accustomed to a different life"
"वह युवा पक्षी एक अलग जीवन का आदी है"
"he is used to living in a different nest"
"वह एक अलग घोंसले में रहने का आदी है"
"he has not, like you, run away from riches and the city"
"वह तुम्हारी तरह धन-संपत्ति और शहर छोड़कर नहीं भागा है"
"he was not disgusted and fed up with the life in Sansara"
"वह संसार के जीवन से निराश या तंग नहीं था"
"he had to do all these things against his will"
"उसे ये सब काम अपनी इच्छा के विरुद्ध करने पड़े"
"he had to leave all this behind"
"उसे यह सब पीछे छोड़ना पड़ा"

"I asked the river, oh friend"
"मैंने नदी से पूछा, हे मित्र"
"many times I have asked the river"
"मैंने नदी से कई बार पूछा है"
"But the river laughs at all of this"
"लेकिन नदी इस सब पर हंसती है"
"it laughs at me and it laughs at you"
"यह मुझ पर हंसता है और यह आप पर हंसता है"
"the river is shaking with laughter at our foolishness"
"नदी हमारी मूर्खता पर हँसी से काँप रही है"
"Water wants to join water as youth wants to join youth"
"पानी पानी से जुड़ना चाहता है, जैसे युवा युवा से जुड़ना चाहता है"
"your son is not in the place where he can prosper"
"आपका बेटा उस स्थान पर नहीं है जहाँ वह समृद्ध हो सके"
"you too should ask the river"
"तुम्हें भी नदी से पूछना चाहिए"
"you too should listen to it!"
"तुम्हें भी इसे सुनना चाहिए!"
Troubled, Siddhartha looked into his friendly face
परेशान होकर सिद्धार्थ ने उसके मित्रवत चेहरे की ओर देखा।
he looked at the many wrinkles in which there was incessant cheerfulness
उसने उन ढेरों झुर्रियों को देखा जिनमें निरंतर प्रसन्नता थी
"How could I part with him?" he said quietly, ashamed
"मैं उससे कैसे अलग हो सकता हूँ?" उसने शर्म से धीरे से कहा।
"Give me some more time, my dear"
"मुझे कुछ और समय दो, मेरे प्रिय"
"See, I'm fighting for him"
"देखो, मैं उसके लिए लड़ रहा हूँ"

"I'm seeking to win his heart"
"मैं उसका दिल जीतना चाहता हूँ"
"with love and with friendly patience I intend to capture it"
"प्यार और मैत्रीपूर्ण धैर्य के साथ मैं इसे पकड़ने का इरादा रखता हूं"
"One day, the river shall also talk to him"
"एक दिन नदी भी उससे बात करेगी"
"he also is called upon"
"उसे भी बुलाया गया है"
Vasudeva's smile flourished more warmly
वासुदेव की मुस्कान और अधिक गर्मजोशी से खिल उठी
"Oh yes, he too is called upon"
"ओह हाँ, उसे भी बुलाया गया है"
"he too is of the eternal life"
"वह भी अनन्त जीवन का है"
"But do we, you and me, know what he is called upon to do?"
"लेकिन क्या हम, आप और मैं, जानते हैं कि उसे क्या करने के लिए कहा गया है?"
"we know what path to take and what actions to perform"
"हम जानते हैं कि हमें कौन सा रास्ता अपनाना है और कौन से कार्य करने हैं"
"we know what pain we have to endure"
"हम जानते हैं कि हमें क्या दर्द सहना होगा"
"but does he know these things?"
"परन्तु क्या वह इन बातों को जानता है?"
"Not a small one, his pain will be"
"कोई छोटा सा नहीं, उसका दर्द होगा"
"after all, his heart is proud and hard"
"आखिरकार, उसका दिल गर्व और कठोर है"
"people like this have to suffer and err a lot"

"इस तरह के लोगों को कष्ट भोगना पड़ता है और बहुत सारी गलतियाँ करनी पड़ती हैं"
"they have to do much injustice"
"उन्हें बहुत अन्याय करना पड़ता है"
"and they have burden themselves with much sin"
"और उन्होंने अपने ऊपर बहुत पाप का बोझ लाद लिया है"
"Tell me, my dear," he asked of Siddhartha
"मुझे बताओ, मेरे प्रिय," उन्होंने सिद्धार्थ से पूछा
"you're not taking control of your son's upbringing?"
"आप अपने बेटे के पालन-पोषण पर नियंत्रण नहीं रख रहे हैं?"
"You don't force him, beat him, or punish him?"
"आप उस पर दबाव नहीं डालते, उसे मारते नहीं, या उसे सज़ा नहीं देते?"
"No, Vasudeva, I don't do any of these things"
"नहीं, वासुदेव, मैं इनमें से कोई भी काम नहीं करता।"
"I knew it. You don't force him"
"मुझे पता था। तुम उस पर दबाव मत डालो"
"you don't beat him and you don't give him orders"
"आप उसे मारते नहीं और उसे आदेश नहीं देते"
"because you know softness is stronger than hard"
"क्योंकि आप जानते हैं कि कोमलता कठोरता से अधिक मजबूत होती है"
"you know water is stronger than rocks"
"आप जानते हैं कि पानी चट्टानों से अधिक मजबूत है"
"and you know love is stronger than force"
"और आप जानते हैं कि प्रेम बल से अधिक शक्तिशाली है"
"Very good, I praise you for this"
"बहुत बढ़िया, मैं इसके लिए आपकी प्रशंसा करता हूँ"
"But aren't you mistaken in some way?"

"लेकिन क्या आप किसी तरह से गलत नहीं हैं?"
"don't you think that you are forcing him?"
"क्या आपको नहीं लगता कि आप उसे मजबूर कर रहे हैं?"
"don't you perhaps punish him a different way?"
"क्या आप उसे किसी दूसरे तरीके से सज़ा नहीं देंगे?"
"Don't you shackle him with your love?"
"क्या तुम उसे अपने प्यार की ज़ंजीरों में नहीं बाँधते?"
"Don't you make him feel inferior every day?"
"क्या तुम उसे हर दिन हीन भावना नहीं महसूस कराते?"
"doesn't your kindness and patience make it even harder for him?"
"क्या आपकी दयालुता और धैर्य उसके लिए इसे और भी कठिन नहीं बना देता?"
"aren't you forcing him to live in a hut with two old banana-eaters?"
"क्या आप उसे दो बूढ़े केला खाने वालों के साथ झोपड़ी में रहने के लिए मजबूर नहीं कर रहे हैं?"
"old men to whom even rice is a delicacy"
"बूढ़े लोग जिनके लिए चावल भी एक स्वादिष्ट व्यंजन है"
"old men whose thoughts can't be his"
"बूढ़े आदमी जिनके विचार उसके नहीं हो सकते"
"old men whose hearts are old and quiet"
"बूढ़े लोग जिनके दिल बूढ़े और शांत हैं"
"old men whose hearts beat in a different pace than his"
"बूढ़े आदमी जिनके दिल की धड़कन उसकी धड़कन से अलग गति से होती है"
"Isn't he forced and punished by all this?""
"क्या वह इन सब से मजबूर और दंडित नहीं है?"
Troubled, Siddhartha looked to the ground
परेशान होकर सिद्धार्थ ने ज़मीन की ओर देखा
Quietly, he asked, "What do you think should I do?"

उसने शांति से पूछा, "आपको क्या लगता है मुझे क्या करना चाहिए?"

Vasudeva spoke, "Bring him into the city"

वासुदेव बोले, "उसे नगर में ले आओ"

"bring him into his mother's house"

"उसे उसकी माँ के घर ले आओ"

"there'll still be servants around, give him to them"

"वहाँ अभी भी नौकर होंगे, उसे उन्हें दे दो"

"And if there aren't any servants, bring him to a teacher"

"और यदि वहाँ कोई नौकर न हो तो उसे किसी गुरु के पास ले जाओ"

"but don't bring him to a teacher for teachings' sake"

"परन्तु शिक्षा के लिए उसे गुरु के पास मत ले जाओ"

"bring him to a teacher so that he is among other children"

"उसे शिक्षक के पास ले जाओ ताकि वह अन्य बच्चों के बीच रहे"

"and bring him to the world which is his own"

"और उसे उस जगत में ले आओ जो उसका अपना है"

"have you never thought of this?"

"क्या तुमने कभी इस बारे में नहीं सोचा?"

"you're seeing into my heart," Siddhartha spoke sadly

"तुम मेरे दिल में झांक रहे हो," सिद्धार्थ ने उदास होकर कहा

"Often, I have thought of this"

"अक्सर, मैंने इस बारे में सोचा है"

"but how can I put him into this world?"

"लेकिन मैं उसे इस दुनिया में कैसे ला सकता हूँ?"

"Won't he become exuberant?"

"क्या वह अतिउत्साही नहीं हो जाएगा?"

"won't he lose himself to pleasure and power?"

"क्या वह स्वयं को सुख और शक्ति में नहीं खो देगा?"

"won't he repeat all of his father's mistakes?"
"क्या वह अपने पिता की सभी गलतियाँ नहीं दोहराएगा?"
"won't he perhaps get entirely lost in Sansara?"
"क्या वह संभवतः संसार में पूरी तरह से खो नहीं जाएगा?"
Brightly, the ferryman's smile lit up
नाव वाले की मुस्कान चमक उठी
softly, he touched Siddhartha's arm
धीरे से उसने सिद्धार्थ की बांह को छुआ
"Ask the river about it, my friend!"
"इसके बारे में नदी से पूछो, मेरे दोस्त!"
"Hear the river laugh about it!"
"नदी को इस पर हंसते हुए सुनो!"
"Would you actually believe that you had committed your foolish acts?
"क्या तुम सचमुच विश्वास करोगे कि तुमने मूर्खतापूर्ण कार्य किये हैं?
"in order to spare your son from committing them too"
"ताकि आपका बेटा भी ऐसी गलती करने से बच जाए"
"And could you in any way protect your son from Sansara?"
"और क्या आप किसी भी तरह से अपने बेटे को संसार से बचा सकते हैं?"
"How could you protect him from Sansara?"
"तुम उसे संसार से कैसे बचा सकते थे?"
"By means of teachings, prayer, admonition?"
"शिक्षा, प्रार्थना, चेतावनी के माध्यम से?"
"My dear, have you entirely forgotten that story?"
"मेरे प्रिय, क्या तुम वह कहानी पूरी तरह भूल गये हो?"
"the story containing so many lessons"
"कहानी में बहुत सारे सबक हैं"
"the story about Siddhartha, a Brahman's son"
"एक ब्राह्मण पुत्र सिद्धार्थ की कहानी"

"the story which you once told me here on this very spot?"
"वह कहानी जो तुमने मुझे एक बार यहीं पर सुनाई थी?"
"Who has kept the Samana Siddhartha safe from Sansara?"
"समान सिद्धार्थ को संसार से किसने सुरक्षित रखा है?"
"who has kept him from sin, greed, and foolishness?"
"किसने उसे पाप, लोभ और मूर्खता से बचाया है?"
"Were his father's religious devotion able to keep him safe?
"क्या उसके पिता की धार्मिक निष्ठा उसे सुरक्षित रख सकी?
"were his teacher's warnings able to keep him safe?"
"क्या उसके शिक्षक की चेतावनियाँ उसे सुरक्षित रखने में सक्षम थीं?"
"could his own knowledge keep him safe?"
"क्या उसका अपना ज्ञान उसे सुरक्षित रख सकता है?"
"was his own search able to keep him safe?"
"क्या उसकी अपनी खोज उसे सुरक्षित रखने में सक्षम थी?"
"What father has been able to protect his son?"
"कौन पिता अपने बेटे की रक्षा करने में सक्षम रहा है?"
"what father could keep his son from living his life for himself?"
"कौन पिता अपने बेटे को अपना जीवन स्वयं जीने से रोक सकता है?"
"what teacher has been able to protect his student?"
"कौन सा शिक्षक अपने छात्र की रक्षा करने में सक्षम रहा है?"
"what teacher can stop his student from soiling himself with life?"
"कौन शिक्षक अपने विद्यार्थी को जीवन में गंदगी फैलाने से रोक सकता है?"
"who could stop him from burdening himself with guilt?"
"उसे अपराध बोध से स्वयं को बोझिल करने से कौन रोक सकता है?"

"who could stop him from drinking the bitter drink for himself?"
"उसे स्वयं कड़वा पेय पीने से कौन रोक सकता है?"
"who could stop him from finding his path for himself?"
"उसे अपना रास्ता स्वयं खोजने से कौन रोक सकता है?"
"did you think anybody could be spared from taking this path?"
"क्या आपने सोचा था कि इस रास्ते पर जाने से कोई बच सकता है?"
"did you think that perhaps your little son would be spared?"
"क्या आपने सोचा था कि शायद आपका छोटा बेटा बच जाएगा?"
"did you think your love could do all that?"
"क्या तुमने सोचा था कि तुम्हारा प्यार यह सब कर सकता है?"
"did you think your love could keep him from suffering"
"क्या तुमने सोचा था कि तुम्हारा प्यार उसे पीड़ा से बचा सकता है?"
"did you think your love could protect him from pain and disappointment?
"क्या तुमने सोचा था कि तुम्हारा प्यार उसे दर्द और निराशा से बचा सकता है?
"you could die ten times for him"
"आप उसके लिए दस बार मर सकते हैं"
"but you could take no part of his destiny upon yourself"
"लेकिन आप उसके भाग्य का कोई भी हिस्सा अपने ऊपर नहीं ले सकते"
Never before, Vasudeva had spoken so many words
इससे पहले कभी भी वासुदेव ने इतने शब्द नहीं बोले थे
Kindly, Siddhartha thanked him

सिद्धार्थ ने विनम्रतापूर्वक उनका धन्यवाद किया।
he went troubled into the hut
वह परेशान होकर झोपड़ी में चला गया

he could not sleep for a long time
वह बहुत देर तक सो नहीं सका
Vasudeva had told him nothing he had not already thought and known
वासुदेव ने उसे कुछ भी नहीं बताया था जो उसने पहले से सोचा या जाना न हो
But this was a knowledge he could not act upon
लेकिन यह एक ऐसा ज्ञान था जिस पर वह अमल नहीं कर सकता था
stronger than knowledge was his love for the boy
ज्ञान से भी अधिक शक्तिशाली था उस लड़के के प्रति उसका प्रेम
stronger than knowledge was his tenderness
ज्ञान से भी अधिक शक्तिशाली थी उसकी कोमलता
stronger than knowledge was his fear to lose him
ज्ञान से भी अधिक शक्तिशाली था उसे खो देने का भय
had he ever lost his heart so much to something?
क्या उसने कभी किसी चीज़ के लिए इतना दिल खोया था?
had he ever loved any person so blindly?
क्या उसने कभी किसी व्यक्ति से इतना अंधा प्रेम किया था?
had he ever suffered for someone so unsuccessfully?
क्या उसने कभी किसी के लिए इतनी असफलता से कष्ट सहा था?
had he ever made such sacrifices for anyone and yet been so unhappy?

क्या उसने कभी किसी के लिए ऐसा त्याग किया था और फिर भी वह इतना दुखी हुआ था?

Siddhartha could not heed his friend's advice
सिद्धार्थ अपने मित्र की सलाह पर ध्यान नहीं दे सके
he could not give up the boy
वह लड़के को नहीं छोड़ सकता था
He let the boy give him orders
उसने लड़के को आदेश देने दिया
he let him disregard him
उसने उसे उसकी उपेक्षा करने दिया
He said nothing and waited
वह कुछ नहीं बोला और इंतजार करने लगा
daily, he attempted the struggle of friendliness
प्रतिदिन, वह मित्रता के संघर्ष का प्रयास करता था
he initiated the silent war of patience
उन्होंने धैर्य का मौन युद्ध शुरू किया
Vasudeva also said nothing and waited
वसुदेव भी कुछ नहीं बोले और प्रतीक्षा करने लगे।
They were both masters of patience
वे दोनों धैर्य के स्वामी थे

one time the boy's face reminded him very much of Kamala
एक बार लड़के का चेहरा उसे बहुत हद तक कमला की याद दिलाता था
Siddhartha suddenly had to think of something Kamala had once said
सिद्धार्थ को अचानक कमला की कही हुई बात याद आ गई
"You cannot love" she had said to him
"तुम प्यार नहीं कर सकते" उसने उससे कहा था
and he had agreed with her

और वह उससे सहमत था
and he had compared himself with a star
और उसने खुद की तुलना एक सितारे से की थी
and he had compared the childlike people with falling leaves
और उसने बच्चों जैसे लोगों की तुलना गिरते पत्तों से की थी
but nevertheless, he had also sensed an accusation in that line
लेकिन फिर भी, उन्होंने उस पंक्ति में एक आरोप भी महसूस किया था
Indeed, he had never been able to love
दरअसल, वह कभी प्यार नहीं कर पाया था
he had never been able to devote himself completely to another person
वह कभी भी खुद को किसी दूसरे व्यक्ति के लिए पूरी तरह से समर्पित नहीं कर पाया था
he had never been able to to forget himself
वह कभी भी खुद को भूल नहीं पाया
he had never been able to commit foolish acts for the love of another person
वह कभी किसी दूसरे व्यक्ति के प्यार के लिए मूर्खतापूर्ण कार्य करने में सक्षम नहीं था
at that time it seemed to set him apart from the childlike people
उस समय ऐसा लगता था कि यह बात उसे बच्चों जैसे लोगों से अलग करती है
But ever since his son was here, Siddhartha also become a childlike person
लेकिन जब से उनका बेटा यहाँ आया है, सिद्धार्थ भी एक बच्चे की तरह हो गए हैं
he was suffering for the sake of another person

he was loving another person
वह किसी दूसरे व्यक्ति के लिए कष्ट सह रहा था
he was lost to a love for someone else
वह किसी दूसरे व्यक्ति से प्यार करता था
he had become a fool on account of love
वह किसी और के प्यार में खो गया था
Now he too felt the strongest and strangest of all passions
वह प्यार के कारण मूर्ख बन गया था
he suffered from this passion miserably
अब उसे भी सभी जुनूनों में सबसे मजबूत और अजीब महसूस हुआ
and he was nevertheless in bliss
वह इस जुनून से बुरी तरह पीड़ित था
he was nevertheless renewed in one respect
और फिर भी वह आनंद में था
he was enriched by this one thing
फिर भी एक मामले में उनका नवीनीकरण किया गया
He sensed very well that this blind love for his son was a passion
वह इस एक चीज़ से समृद्ध हुआ
he knew that it was something very human
उन्होंने अच्छी तरह महसूस किया कि अपने बेटे के प्रति यह अंधा प्यार एक जुनून था
he knew that it was Sansara
वह जानता था कि यह बहुत ही मानवीय बात है
he knew that it was a murky source, dark waters
वह जानता था कि यह संसार था
but he felt it was not worthless, but necessary
वह जानता था कि यह एक गन्दला स्रोत था, काला पानी
it came from the essence of his own being
लेकिन उन्हें लगा कि यह बेकार नहीं, बल्कि ज़रूरी है

यह उसके अपने अस्तित्व के सार से आया

This pleasure also had to be atoned for
इस खुशी का भी प्रायश्चित करना पड़ा
this pain also had to be endured
ये दर्द भी सहना पड़ा
these foolish acts also had to be committed
ये मूर्खतापूर्ण कार्य भी करने पड़े
Through all this, the son let him commit his foolish acts
इन सबके बीच, बेटे ने उसे अपनी मूर्खतापूर्ण हरकतें करने दीं
he let him court for his affection
उसने उसे अपने स्नेह के लिए प्रणय निवेदन करने दिया
he let him humiliate himself every day
उसने उसे हर दिन खुद को अपमानित करने दिया
he gave in to the moods of his son
उसने अपने बेटे के मूड के आगे घुटने टेक दिए
his father had nothing which could have delighted him
उसके पिता के पास ऐसा कुछ नहीं था जिससे वह प्रसन्न हो सके
and he nothing that the boy feared
और उसने कुछ भी नहीं कहा जिससे लड़का डरता था
He was a good man, this father
वह एक अच्छा आदमी था, यह पिता
he was a good, kind, soft man
वह एक अच्छा, दयालु, मृदु व्यक्ति था
perhaps he was a very devout man
शायद वह बहुत ही धार्मिक व्यक्ति था
perhaps he was a saint, the boy thought
शायद वह कोई संत था, लड़के ने सोचा
but all these attributes could not win the boy over
लेकिन ये सभी गुण लड़के को जीत नहीं सके
He was bored by this father, who kept him imprisoned

वह अपने पिता से ऊब गया था, जिसने उसे कैद करके रखा था

a prisoner in this miserable hut of his
अपनी इस दयनीय झोपड़ी में एक कैदी

he was bored of him answering every naughtiness with a smile
वह उसकी हर शरारत का मुस्कुराकर जवाब देने से ऊब गया था

he didn't appreciate insults being responded to by friendliness
वह अपमान का जवाब मित्रता से दिए जाने को पसंद नहीं करते थे

he didn't like viciousness returned in kindness
उसे दयालुता के बदले में क्रूरता पसंद नहीं थी

this very thing was the hated trick of this old sneak
यह वही बात थी जो इस बूढ़े चोर की घिनौनी चाल थी

Much more the boy would have liked it if he had been threatened by him
लड़के को तो और भी अच्छा लगता अगर उसे उससे धमकी मिलती

he wanted to be abused by him
वह चाहता था कि उसके साथ दुर्व्यवहार किया जाए

A day came when young Siddhartha had had enough
एक दिन ऐसा आया जब युवा सिद्धार्थ को बहुत कुछ सहना पड़ा

what was on his mind came bursting forth
उसके मन में जो था वह फूट पड़ा

and he openly turned against his father
और वह खुलेआम अपने पिता के खिलाफ हो गया

Siddhartha had given him a task
सिद्धार्थ ने उसे एक कार्य दिया था
he had told him to gather brushwood
उसने उसे झाड़ियाँ इकट्ठा करने को कहा था
But the boy did not leave the hut
लेकिन लड़का झोपड़ी से बाहर नहीं निकला
in stubborn disobedience and rage, he stayed where he was
हठी अवज्ञा और क्रोध में, वह वहीं रुका रहा जहाँ था
he thumped on the ground with his feet
उसने अपने पैरों से ज़मीन पर धमाका किया
he clenched his fists and screamed in a powerful outburst
उसने अपनी मुट्ठियाँ भींच लीं और ज़ोर से चिल्लाया
he screamed his hatred and contempt into his father's face
उसने अपने पिता के चेहरे पर अपनी घृणा और घृणा चिल्लाई
"Get the brushwood for yourself!" he shouted, foaming at the mouth
"अपने लिए झाड़-झंखाड़ ले आओ!" वह मुंह से झाग निकालते हुए चिल्लाया।
"I'm not your servant"
"मैं आपका नौकर नहीं हूं"
"I know that you won't hit me, you wouldn't dare"
"मुझे पता है कि तुम मुझे नहीं मारोगे, तुम्हारी हिम्मत नहीं होगी"
"I know that you constantly want to punish me"
"मैं जानता हूं कि तुम लगातार मुझे दंडित करना चाहते हो"
"you want to put me down with your religious devotion and your indulgence"
"आप अपनी धार्मिक भक्ति और भोग-विलास से मुझे नीचा दिखाना चाहते हैं"
"You want me to become like you"
"तुम चाहते हो कि मैं तुम्हारे जैसा बन जाऊं"

"you want me to be just as devout, soft, and wise as you"
"आप चाहते हैं कि मैं भी आपकी तरह ही भक्त, कोमल और बुद्धिमान बनूं"

"but I won't do it, just to make you suffer"
"लेकिन मैं ऐसा नहीं करूंगा, सिर्फ तुम्हें तकलीफ देने के लिए"

"I would rather become a highway-robber than be as soft as you"
"मैं तुम्हारी तरह नरम बनने की बजाय लुटेरा बनना पसंद करूंगा"

"I would rather be a murderer than be as wise as you"
"मैं आप जैसा बुद्धिमान बनने की अपेक्षा हत्यारा बनना पसंद करूंगा"

"I would rather go to hell, than to become like you!"
"मैं तुम्हारे जैसा बनने की अपेक्षा नरक में जाना पसंद करूंगा!"

"I hate you, you're not my father
"मैं तुमसे नफरत करता हूँ, तुम मेरे पिता नहीं हो

"even if you've slept with my mother ten times, you are not my father!"
"भले ही आप मेरी माँ के साथ दस बार सो चुके हों, आप मेरे पिता नहीं हैं!"

Rage and grief boiled over in him
क्रोध और दुःख उसके अंदर उबलने लगा

he foamed at his father in a hundred savage and evil words
उसने अपने पिता पर सौ क्रूर और बुरे शब्द कहे

Then the boy ran away into the forest
फिर लड़का जंगल में भाग गया

it was late at night when the boy returned
जब लड़का वापस लौटा तो रात काफी हो चुकी थी

But the next morning, he had disappeared

लेकिन अगली सुबह वह गायब हो गया था
What had also disappeared was a small basket
एक छोटी टोकरी भी गायब हो गई थी
the basket in which the ferrymen kept those copper and silver coins
वह टोकरी जिसमें नाविक तांबे और चांदी के सिक्के रखते थे
the coins which they received as a fare
वे सिक्के जो उन्हें किराये के रूप में मिले थे
The boat had also disappeared
नाव भी गायब हो गई थी
Siddhartha saw the boat lying by the opposite bank
सिद्धार्थ ने देखा कि नाव विपरीत किनारे पर पड़ी हुई है।
Siddhartha had been shivering with grief
सिद्धार्थ दुःख से काँप रहे थे
the ranting speeches the boy had made touched him
लड़के ने जो बड़बड़ाहट भरे भाषण दिए थे, उनसे वह बहुत प्रभावित हुआ
"I must follow him," said Siddhartha
"मुझे उसका पीछा करना चाहिए," सिद्धार्थ ने कहा
"A child can't go through the forest all alone, he'll perish"
"एक बच्चा जंगल में अकेले नहीं जा सकता, वह नष्ट हो जाएगा"
"We must build a raft, Vasudeva, to get over the water"
"हमें पानी पार करने के लिए एक बेड़ा बनाना होगा, वासुदेव"
"We will build a raft" said Vasudeva
"हम एक बेड़ा बनाएंगे" वासुदेव ने कहा
"we will build it to get our boat back"
"हम अपनी नाव वापस पाने के लिए इसका निर्माण करेंगे"
"But you shall not run after your child, my friend"
"लेकिन तुम अपने बच्चे के पीछे नहीं भागोगे, मेरे दोस्त"
"he is no child anymore"

"वह अब बच्चा नहीं रहा"
"he knows how to get around"
"वह जानता है कि कैसे घूमना है"
"He's looking for the path to the city"
"वह शहर का रास्ता खोज रहा है"
"and he is right, don't forget that"
"और वह सही है, यह मत भूलना"
"he's doing what you've failed to do yourself"
"वह वही कर रहा है जो आप स्वयं करने में असफल रहे हैं"
"he's taking care of himself"
"वह अपना ख्याल खुद रख रहा है"
"he's taking his course for himself"
"वह अपना रास्ता खुद चुन रहा है"
"Alas, Siddhartha, I see you suffering"
"हाय सिद्धार्थ, मैं तुम्हें कष्ट में देख रहा हूँ"
"but you're suffering a pain at which one would like to laugh"
"लेकिन आप उस दर्द से पीड़ित हैं जिस पर कोई हंसना चाहेगा"
"you're suffering a pain at which you'll soon laugh yourself"
"आप एक ऐसे दर्द से पीड़ित हैं जिस पर आप जल्द ही खुद हँसेंगे"
Siddhartha did not answer his friend
सिद्धार्थ ने अपने मित्र को कोई उत्तर नहीं दिया।
He already held the axe in his hands
उसने पहले से ही कुल्हाड़ी अपने हाथ में पकड़ रखी थी
and he began to make a raft of bamboo
और वह बांस का बेड़ा बनाने लगा
Vasudeva helped him to tie the canes together with ropes of grass

वासुदेव ने घास की रस्सियों से बेंतों को बांधने में उनकी मदद की

When they crossed the river they drifted far off their course
जब वे नदी पार कर रहे थे तो वे अपने रास्ते से बहुत दूर चले गए

they pulled the raft upriver on the opposite bank
उन्होंने बेड़ा नदी के विपरीत किनारे पर खींच लिया

"Why did you take the axe along?" asked Siddhartha
"तुम कुल्हाड़ी क्यों ले गए?" सिद्धार्थ ने पूछा

"It might have been possible that the oar of our boat got lost"
"यह संभव है कि हमारी नाव का चप्पू खो गया हो"

But Siddhartha knew what his friend was thinking
लेकिन सिद्धार्थ जानता था कि उसका दोस्त क्या सोच रहा था

He thought, the boy would have thrown away the oar
उसने सोचा, लड़के ने चप्पू फेंक दिया होगा

in order to get some kind of revenge
किसी तरह का बदला लेने के लिए

and in order to keep them from following him
और उन्हें उसका अनुसरण करने से रोकने के लिए

And in fact, there was no oar left in the boat
और सच तो यह है कि नाव में कोई पतवार भी नहीं बची थी

Vasudeva pointed to the bottom of the boat
वासुदेव ने नाव के नीचे की ओर इशारा किया

and he looked at his friend with a smile
और उसने अपने दोस्त की तरफ मुस्कुरा कर देखा

he smiled as if he wanted to say something
वह मुस्कुराया जैसे वह कुछ कहना चाहता हो

"Don't you see what your son is trying to tell you?"
"क्या आप नहीं समझ रहे कि आपका बेटा आपको क्या बताना चाह रहा है?"

"Don't you see that he doesn't want to be followed?"
"क्या आप नहीं देखते कि वह नहीं चाहता कि उसका पीछा किया जाए?"
But he did not say this in words
लेकिन उन्होंने यह बात शब्दों में नहीं कही
He started making a new oar
उसने एक नया चप्पू बनाना शुरू किया
But Siddhartha bid his farewell, to look for the run-away
लेकिन सिद्धार्थ ने भागे हुए राजा को ढूंढने के लिए उससे विदा ली।
Vasudeva did not stop him from looking for his child
वासुदेव ने उसे अपने बच्चे की तलाश करने से नहीं रोका

Siddhartha had been walking through the forest for a long time
सिद्धार्थ बहुत देर तक जंगल में घूमते रहे।
the thought occurred to him that his search was useless
उसके मन में यह विचार आया कि उसकी खोज बेकार थी
Either the boy was far ahead and had already reached the city
या तो लड़का बहुत आगे निकल गया था और शहर पहुंच चुका था
or he would conceal himself from him
या वह खुद को उससे छुपा लेगा
he continued thinking about his son
वह अपने बेटे के बारे में सोचता रहा
he found that he was not worried for his son
उसने पाया कि वह अपने बेटे के लिए चिंतित नहीं था
he knew deep inside that he had not perished
वह अंदर से जानता था कि वह नष्ट नहीं हुआ है
nor was he in any danger in the forest

न ही उसे जंगल में कोई खतरा था
Nevertheless, he ran without stopping
फिर भी, वह बिना रुके भागता रहा
he was not running to save him
वह उसे बचाने के लिए नहीं दौड़ रहा था
he was running to satisfy his desire
वह अपनी इच्छा पूरी करने के लिए दौड़ रहा था
he wanted to perhaps see him one more time
वह शायद उसे एक बार और देखना चाहता था
And he ran up to just outside of the city
और वह शहर के बाहर तक भाग गया
When, near the city, he reached a wide road
जब वह शहर के पास एक चौड़ी सड़क पर पहुंचा
he stopped, by the entrance of the beautiful pleasure-garden
वह सुंदर आनंद-उद्यान के प्रवेश द्वार पर रुक गया
the garden which used to belong to Kamala
वह बगीचा जो कभी कमला का था
the garden where he had seen her for the first time
वह बगीचा जहाँ उसने उसे पहली बार देखा था
when she was sitting in her sedan-chair
जब वह अपनी पालकी में बैठी थी
The past rose up in his soul
अतीत उसकी आत्मा में उभर आया
again, he saw himself standing there
फिर, उसने खुद को वहाँ खड़ा देखा
a young, bearded, naked Samana
एक युवा, दाढ़ी वाला, नग्न समाना
his hair hair was full of dust
उसके बाल धूल से भरे हुए थे
For a long time, Siddhartha stood there
सिद्धार्थ बहुत देर तक वहीं खड़ा रहा।

he looked through the open gate into the garden
उसने खुले गेट से बगीचे में झाँका
he saw monks in yellow robes walking among the beautiful trees
उसने पीले वस्त्र पहने भिक्षुओं को सुंदर वृक्षों के बीच चलते देखा
For a long time, he stood there, pondering
वह बहुत देर तक वहीं खड़ा सोचता रहा
he saw images and listened to the story of his life
उसने तस्वीरें देखीं और अपने जीवन की कहानी सुनी
For a long time, he stood there looking at the monks
वह बहुत देर तक वहीं खड़ा भिक्षुओं को देखता रहा।
he saw young Siddhartha in their place
उन्होंने उनकी जगह युवा सिद्धार्थ को देखा
he saw young Kamala walking among the high trees
उसने युवा कमला को ऊंचे पेड़ों के बीच चलते देखा
Clearly, he saw himself being served food and drink by Kamala
स्पष्टतः, उसने देखा कि कमला उसे खाना-पीना परोस रही है।
he saw himself receiving his first kiss from her
उसने खुद को उससे पहला चुंबन प्राप्त करते हुए देखा
he saw himself looking proudly and disdainfully back on his life as a Brahman
उसने स्वयं को गर्व और घृणा से अपने ब्राह्मण जीवन की ओर देखते हुए देखा
he saw himself beginning his worldly life, proudly and full of desire
उसने खुद को गर्व और इच्छा से भरा हुआ अपना सांसारिक जीवन शुरू करते देखा
He saw Kamaswami, the servants, the orgies
उसने कामस्वामी, नौकरों, अनैतिक कार्यों को देखा

he saw the gamblers with the dice
उसने जुआरियों को पासे के साथ देखा
he saw Kamala's song-bird in the cage
उसने पिंजरे में कमला के गीत-पक्षी को देखा
he lived through all this again
वह फिर से इन सब से गुजरा
he breathed Sansara and was once again old and tired
उसने संसार की सांस ली और एक बार फिर बूढ़ा और थका हुआ था
he felt the disgust and the wish to annihilate himself again
उसे घृणा और खुद को फिर से नष्ट करने की इच्छा महसूस हुई
and he was healed again by the holy Om
और वह पवित्र ओम द्वारा फिर से ठीक हो गया
for a long time Siddhartha had stood by the gate
सिद्धार्थ बहुत देर तक गेट के पास खड़ा रहा
he realised his desire was foolish
उसे एहसास हुआ कि उसकी इच्छा मूर्खतापूर्ण थी
he realized it was foolishness which had made him go up to this place
उसे एहसास हुआ कि यह मूर्खता थी जिसने उसे इस स्थान तक पहुंचाया था
he realized he could not help his son
उसे एहसास हुआ कि वह अपने बेटे की मदद नहीं कर सकता
and he realized that he was not allowed to cling to him
और उसे एहसास हुआ कि उसे उससे चिपके रहने की अनुमति नहीं थी
he felt the love for the run-away deeply in his heart
उसने अपने दिल में भागे हुए के लिए गहरा प्यार महसूस किया

the love for his son felt like a wound
अपने बेटे के प्रति प्रेम एक घाव की तरह महसूस हुआ
but this wound had not been given to him in order to turn the knife in it
लेकिन यह घाव उसे चाकू घुमाने के लिए नहीं दिया गया था
the wound had to become a blossom
घाव को फूल बनना था
and his wound had to shine
और उसके घाव को चमकना था
That this wound did not blossom or shine yet made him sad
यह घाव अभी तक न खिल पाया, न चमक पाया, इससे वह दुखी हो गया
Instead of the desired goal, there was emptiness
इच्छित लक्ष्य के स्थान पर, खालीपन था
emptiness had drawn him here, and sadly he sat down
खालीपन उसे यहाँ खींच लाया था, और वह उदास होकर बैठ गया
he felt something dying in his heart
उसे लगा जैसे उसके दिल में कुछ मर रहा है
he experienced emptiness and saw no joy any more
उसने खालीपन का अनुभव किया और फिर कोई खुशी नहीं देखी
there was no goal for which to aim for
ऐसा कोई लक्ष्य नहीं था जिस पर ध्यान दिया जा सके
He sat lost in thought and waited
वह विचारों में खोया बैठा इंतजार करने लगा
This he had learned by the river
यह बात उसने नदी के किनारे सीखी थी
waiting, having patience, listening attentively
इंतज़ार करना, धैर्य रखना, ध्यानपूर्वक सुनना
And he sat and listened, in the dust of the road

और वह सड़क की धूल में बैठकर सुनता रहा
he listened to his heart, beating tiredly and sadly
उसने अपने दिल की धड़कन सुनी, जो थक कर और उदास होकर धड़क रहा था
and he waited for a voice
और वह किसी आवाज़ का इंतज़ार करने लगा
Many an hour he crouched, listening
कई घंटे वह झुका हुआ सुनता रहा
he saw no images any more
उसने अब कोई छवि नहीं देखी
he fell into emptiness and let himself fall
वह शून्यता में गिर गया और खुद को गिरने दिया
he could see no path in front of him
उसे अपने सामने कोई रास्ता नज़र नहीं आ रहा था
And when he felt the wound burning, he silently spoke the Om
और जब उसे घाव जलने का अहसास हुआ, तो उसने चुपचाप ओम का उच्चारण किया
he filled himself with Om
उसने स्वयं को ओम से भर लिया
The monks in the garden saw him
बगीचे में भिक्षुओं ने उसे देखा
dust was gathering on his gray hair
उसके सफ़ेद बालों पर धूल जम रही थी
since he crouched for many hours, one of monks placed two bananas in front of him
चूँकि वह कई घंटों से झुका हुआ था, इसलिए एक भिक्षु ने उसके सामने दो केले रख दिए
The old man did not see him
बूढ़े आदमी ने उसे नहीं देखा

From this petrified state, he was awoken by a hand touching his shoulder
इस भयभीत अवस्था से वह तब जागा जब उसके कंधे पर एक हाथ पड़ा।
Instantly, he recognised this tender bashful touch
तुरन्त ही उसने इस कोमल लज्जापूर्ण स्पर्श को पहचान लिया
Vasudeva had followed him and waited
वासुदेव उनके पीछे चले गए और प्रतीक्षा करने लगे।
he regained his senses and rose to greet Vasudeva
वह होश में आया और वासुदेव का अभिवादन करने के लिए उठ खड़ा हुआ
he looked into Vasudeva's friendly face
उसने वासुदेव के मित्रवत चेहरे की ओर देखा
he looked into the small wrinkles
उसने छोटी-छोटी झुर्रियों को देखा
his wrinkles were as if they were filled with nothing but his smile
उसकी झुर्रियाँ ऐसी थीं मानो उनमें सिर्फ़ उसकी मुस्कुराहट ही भरी हो
he looked into the happy eyes, and then he smiled too
उसने खुश आँखों में देखा, और फिर वह भी मुस्कुराया
Now he saw the bananas lying in front of him
अब उसने देखा कि केले उसके सामने पड़े हैं।
he picked the bananas up and gave one to the ferryman
उसने केले उठाए और एक केला नाव वाले को दे दिया
After eating the bananas, they silently went back into the forest
केले खाने के बाद वे चुपचाप जंगल में वापस चले गए
they returned home to the ferry
वे नौका से घर लौट आए

Neither one talked about what had happened that day
उस दिन क्या हुआ था, इस बारे में किसी ने बात नहीं की
neither one mentioned the boy's name
किसी ने भी लड़के का नाम नहीं बताया
neither one spoke about him running away
किसी ने भी उसके भागने की बात नहीं कही
neither one spoke about the wound
किसी ने भी घाव के बारे में बात नहीं की
In the hut, Siddhartha lay down on his bed
झोपड़ी में सिद्धार्थ अपने बिस्तर पर लेट गए।
after a while Vasudeva came to him
थोड़ी देर बाद वासुदेव उसके पास आये
he offered him a bowl of coconut-milk
उसने उसे नारियल के दूध का एक कटोरा दिया
but he was already asleep
लेकिन वह पहले से ही सो रहा था

Om
ओम

For a long time the wound continued to burn
बहुत देर तक घाव जलता रहा
Siddhartha had to ferry many travellers across the river
सिद्धार्थ को कई यात्रियों को नदी पार कराना पड़ा
many of the travellers were accompanied by a son or a daughter
कई यात्रियों के साथ बेटा या बेटी भी थे
and he saw none of them without envying them
और वह उनमें से किसी को भी ईर्ष्या के बिना नहीं देखता था
he couldn't see them without thinking about his lost son
वह अपने खोए हुए बेटे के बारे में सोचे बिना उन्हें देख नहीं सकता था
"So many thousands possess the sweetest of good fortunes"
"हज़ारों लोगों के पास मधुरतम सौभाग्य है"
"why don't I also possess this good fortune?"
"मुझे भी यह सौभाग्य क्यों नहीं प्राप्त हो?"
"even thieves and robbers have children and love them"
"यहां तक कि चोर और लुटेरे भी बच्चे रखते हैं और उनसे प्यार करते हैं"
"and they are being loved by their children"
"और उन्हें उनके बच्चों से प्यार मिल रहा है"
"all are loved by their children except for me"
"सभी को अपने बच्चों से प्यार है, सिवाय मेरे"
he now thought like the childlike people, without reason
वह अब बच्चों जैसे लोगों की तरह बिना किसी कारण के सोचने लगा
he had become one of the childlike people

वह बच्चों जैसे लोगों में से एक बन गया था
he looked upon people differently than before
वह लोगों को पहले से अलग नजर से देखता था
he was less smart and less proud of himself
वह कम बुद्धिमान था और उसे खुद पर कम गर्व था
but instead, he was warmer and more curious
लेकिन इसके बजाय, वह अधिक गर्म और अधिक जिज्ञासु था
when he ferried travellers, he was more involved than before
जब वह यात्रियों को ले जाता था, तो वह पहले से अधिक शामिल रहता था
childlike people, businessmen, warriors, women
बच्चों जैसे लोग, व्यापारी, योद्धा, महिलाएं
these people did not seem alien to him, as they used to
ये लोग उसे अजनबी नहीं लगे, जैसे पहले लगते थे
he understood them and shared their life
वह उन्हें समझता था और उनके जीवन को साझा करता था
a life which was not guided by thoughts and insight
एक ऐसा जीवन जो विचारों और अंतर्दृष्टि से निर्देशित नहीं था
but a life guided solely by urges and wishes
लेकिन एक जीवन केवल आग्रहों और इच्छाओं द्वारा निर्देशित होता है
he felt like the the childlike people
उसे लगा जैसे वह बच्चों जैसे लोग हैं
he was bearing his final wound
वह अपना अंतिम घाव सह रहा था
he was nearing perfection
वह पूर्णता के करीब था
but the childlike people still seemed like his brothers

लेकिन वे बच्चे जैसे लोग अभी भी उसके भाई जैसे लगते थे

their vanities, desires for possession were no longer ridiculous to him

उनकी व्यर्थताएं, संपत्ति की इच्छाएं अब उसके लिए हास्यास्पद नहीं थीं

they became understandable and lovable

वे समझने योग्य और प्यारे बन गए

they even became worthy of veneration to him

वे उसके लिए आदर के पात्र भी बन गए

The blind love of a mother for her child

एक माँ का अपने बच्चे के प्रति अंधा प्रेम

the stupid, blind pride of a conceited father for his only son

एक अहंकारी पिता का अपने इकलौते बेटे के प्रति मूर्खतापूर्ण, अंधा अभिमान

the blind, wild desire of a young, vain woman for jewellery

एक युवा, घमंडी महिला की आभूषणों के प्रति अंधी, जंगली इच्छा

her wish for admiring glances from men

पुरुषों से प्रशंसा भरी नज़रों की उसकी इच्छा

all of these simple urges were not childish notions

ये सभी सरल आग्रह बचकानी धारणाएँ नहीं थीं

but they were immensely strong, living, and prevailing urges

लेकिन वे अत्यंत मजबूत, जीवंत और प्रबल आवेग थे

he saw people living for the sake of their urges

उसने लोगों को अपनी इच्छाओं के लिए जीते देखा

he saw people achieving rare things for their urges

उन्होंने लोगों को अपनी इच्छाओं के लिए दुर्लभ चीजें हासिल करते देखा

travelling, conducting wars, suffering

यात्रा करना, युद्ध करना, कष्ट सहना
they bore an infinite amount of suffering
उन्होंने असीम पीड़ा सहन की
and he could love them for it, because he saw life
और वह इसके लिए उनसे प्यार कर सकता था, क्योंकि उसने जीवन को देखा था
that what is alive was in each of their passions
कि जो जीवित है वह उनके प्रत्येक जुनून में था
that what is is indestructible was in their urges, the Brahman
जो कुछ है वह अविनाशी है, यही उनकी आकांक्षा थी, ब्रह्म
these people were worthy of love and admiration
ये लोग प्यार और प्रशंसा के पात्र थे
they deserved it for their blind loyalty and blind strength
वे अपनी अंध निष्ठा और अंध शक्ति के कारण इसके हकदार थे
there was nothing that they lacked
उनमें किसी चीज़ की कमी नहीं थी
Siddhartha had nothing which would put him above the rest, except one thing
सिद्धार्थ के पास ऐसा कुछ भी नहीं था जो उसे बाकियों से बेहतर बनाता, सिवाय एक चीज के
there still was a small thing he had which they didn't
अभी भी एक छोटी सी चीज़ थी जो उनके पास नहीं थी
he had the conscious thought of the oneness of all life
उन्हें सभी जीवन की एकता का सचेत विचार था
but Siddhartha even doubted whether this knowledge should be valued so highly
लेकिन सिद्धार्थ को तो इस बात पर भी संदेह था कि क्या इस ज्ञान को इतना महत्व दिया जाना चाहिए
it might also be a childish idea of the thinking people

यह सोच रखने वाले लोगों का बचकाना विचार भी हो सकता है

the worldly people were of equal rank to the wise men
सांसारिक लोग बुद्धिमान लोगों के बराबर दर्जा के थे
animals too can in some moments seem to be superior to humans
जानवर भी कभी-कभी इंसानों से श्रेष्ठ लग सकते हैं
they are superior in their tough, unrelenting performance of what is necessary
वे जो आवश्यक है उसके कठिन, अथक प्रदर्शन में श्रेष्ठ हैं
an idea slowly blossomed in Siddhartha
सिद्धार्थ के मन में धीरे-धीरे एक विचार पनपा
and the idea slowly ripened in him
और यह विचार धीरे-धीरे उसके मन में परिपक्व हुआ
he began to see what wisdom actually was
वह समझने लगा कि वास्तव में बुद्धि क्या है
he saw what the goal of his long search was
उसने देखा कि उसकी लंबी खोज का लक्ष्य क्या था
his search was nothing but a readiness of the soul
उसकी खोज आत्मा की तत्परता के अलावा और कुछ नहीं थी
a secret art to think every moment, while living his life
जीवन जीते हुए हर पल सोचने की एक गुप्त कला
it was the thought of oneness
यह एकता का विचार था
to be able to feel and inhale the oneness
एकता को महसूस करने और उसमें सांस लेने में सक्षम होना
Slowly this awareness blossomed in him
धीरे-धीरे यह जागरूकता उसके अंदर पनपने लगी
it was shining back at him from Vasudeva's old, childlike face
यह वासुदेव के बूढ़े, बच्चों जैसे चेहरे से चमक रहा था

harmony and knowledge of the eternal perfection of the world
दुनिया की शाश्वत पूर्णता का सामंजस्य और ज्ञान
smiling and to be part of the oneness
मुस्कुराना और एकता का हिस्सा बनना
But the wound still burned
लेकिन घाव अभी भी जल रहा था
longingly and bitterly Siddhartha thought of his son
सिद्धार्थ ने लालसा और कटुता से अपने बेटे के बारे में सोचा
he nurtured his love and tenderness in his heart
उसने अपने हृदय में प्रेम और कोमलता को पोषित किया
he allowed the pain to gnaw at him
उसने दर्द को अपने ऊपर हावी होने दिया
he committed all foolish acts of love
उसने प्रेम के सभी मूर्खतापूर्ण कार्य किये
this flame would not go out by itself
यह ज्वाला अपने आप नहीं बुझेगी

one day the wound burned violently
एक दिन घाव बहुत तेज़ जलने लगा
driven by a yearning, Siddhartha crossed the river
एक लालसा से प्रेरित होकर, सिद्धार्थ ने नदी पार की
he got off the boat and was willing to go to the city
वह नाव से उतर गया और शहर जाने को तैयार हो गया
he wanted to look for his son again
वह अपने बेटे को फिर से ढूँढना चाहता था
The river flowed softly and quietly
नदी धीरे-धीरे और शांति से बह रही थी
it was the dry season, but its voice sounded strange
यह शुष्क मौसम था, लेकिन इसकी आवाज़ अजीब लग रही थी

it was clear to hear that the river laughed
यह सुनकर स्पष्ट था कि नदी हँस रही थी
it laughed brightly and clearly at the old ferryman
वह बूढ़े मांझी पर स्पष्ट रूप से हंसा
he bent over the water, in order to hear even better
वह पानी पर झुका, ताकि और भी बेहतर सुन सके
and he saw his face reflected in the quietly moving waters
और उसने अपना चेहरा शांत बहते पानी में प्रतिबिंबित देखा
in this reflected face there was something
इस प्रतिबिंबित चेहरे में कुछ था
something which reminded him, but he had forgotten
कुछ ऐसा जो उसे याद दिलाता था, लेकिन वह भूल गया था
as he thought about it, he found it
जब उसने इसके बारे में सोचा तो उसे पता चला
this face resembled another face which he used to know and love
यह चेहरा किसी दूसरे चेहरे जैसा था जिसे वह जानता था और प्यार करता था
but he also used to fear this face
पर उसे भी इस चेहरे से डर लगता था
It resembled his father's face, the Brahman
यह उसके पिता ब्राह्मण के चेहरे से मिलता जुलता था।
he remembered how he had forced his father to let him go
उसे याद आया कि कैसे उसने अपने पिता को उसे जाने देने के लिए मजबूर किया था
he remembered how he had bid his farewell to him
उसे याद आया कि कैसे उसने उससे विदाई ली थी
he remembered how he had gone and had never come back
उसे याद आया कि वह कैसे चला गया था और कभी वापस नहीं आया
Had his father not also suffered the same pain for him?

क्या उसके पिता को भी उसके लिए वही पीड़ा नहीं सहनी पड़ी थी?

was his father's pain not the pain Siddhartha is suffering now?

क्या उसके पिता का दर्द वही दर्द नहीं था जो सिद्धार्थ अब झेल रहा है?

Had his father not long since died?

क्या उसके पिता की मृत्यु कुछ समय पहले ही हुई थी?

had he died without having seen his son again?

क्या वह अपने बेटे को दोबारा देखे बिना ही मर गया था?

Did he not have to expect the same fate for himself?

क्या उसे अपने लिए भी इसी भाग्य की अपेक्षा नहीं करनी चाहिए थी?

Was it not a comedy in a fateful circle?

क्या यह एक भाग्यवान मंडली की कॉमेडी नहीं थी?

The river laughed about all of this

नदी यह सब देखकर हँसी।

everything came back which had not been suffered

सब कुछ वापस आ गया जो नहीं झेला था

everything came back which had not been solved

सब कुछ वापस आ गया जो हल नहीं हुआ था

the same pain was suffered over and over again

वही दर्द बार बार सहा गया

Siddhartha went back into the boat

सिद्धार्थ नाव में वापस चले गए

and he returned back to the hut

और वह झोपड़ी में वापस लौट आया

he was thinking of his father and of his son

वह अपने पिता और अपने बेटे के बारे में सोच रहा था

he thought of having been laughed at by the river

उसने सोचा कि नदी ने उसका मजाक उड़ाया है
he was at odds with himself and tending towards despair
वह खुद से असहमत था और निराशा की ओर बढ़ रहा था
but he was also tempted to laugh
लेकिन उसे हँसने का भी मन हुआ
he could laugh at himself and the entire world
वह खुद पर और पूरी दुनिया पर हंस सकता था
Alas, the wound was not blossoming yet
अफ़सोस, घाव अभी तक नहीं भरा था
his heart was still fighting his fate
उसका दिल अभी भी अपनी किस्मत से लड़ रहा था
cheerfulness and victory were not yet shining from his suffering
उसकी पीड़ा से अभी तक प्रसन्नता और विजय की झलक नहीं दिखी थी
Nevertheless, he felt hope along with the despair
फिर भी, उसे निराशा के साथ-साथ आशा भी महसूस हुई
once he returned to the hut he felt an undefeatable desire to open up to Vasudeva
एक बार जब वह झोपड़ी में वापस आया तो उसे वासुदेव के सामने अपने दिल की बात कहने की अदम्य इच्छा महसूस हुई
he wanted to show him everything
वह उसे सब कुछ दिखाना चाहता था
he wanted to say everything to the master of listening
वह सुनने के उस्ताद से सब कुछ कहना चाहता था

Vasudeva was sitting in the hut, weaving a basket
वासुदेव झोपड़ी में बैठे टोकरी बुन रहे थे
He no longer used the ferry-boat

वह अब नौका का उपयोग नहीं करता था
his eyes were starting to get weak
उसकी आँखें कमज़ोर होने लगी थीं
his arms and hands were getting weak as well
उसकी भुजाएँ और हाथ भी कमज़ोर हो रहे थे
only the joy and cheerful benevolence of his face was unchanging
केवल उसके चेहरे की खुशी और हर्षित परोपकारिता अपरिवर्तित थी
Siddhartha sat down next to the old man
सिद्धार्थ उस बूढ़े आदमी के पास बैठ गया।
slowly, he started talking about what they had never spoke about
धीरे-धीरे, वह उन विषयों पर बात करने लगा जिसके बारे में उन्होंने पहले कभी बात नहीं की थी
he told him of his walk to the city
उसने उसे शहर की ओर अपनी यात्रा के बारे में बताया
he told at him of the burning wound
उसने उसे जलते हुए घाव के बारे में बताया
he told him about the envy of seeing happy fathers
उसने उसे खुश पिताओं को देखकर होने वाली ईर्ष्या के बारे में बताया
his knowledge of the foolishness of such wishes
ऐसी इच्छाओं की मूर्खता के बारे में उनका ज्ञान
his futile fight against his wishes
अपनी इच्छाओं के विरुद्ध उसकी निरर्थक लड़ाई
he was able to say everything, even the most embarrassing parts
वह सबकुछ कहने में सक्षम था, यहां तक कि सबसे शर्मनाक बातें भी
he told him everything he could tell him

उसने उसे वह सब कुछ बताया जो वह उसे बता सकता था
he showed him everything he could show him
उसने उसे वह सब कुछ दिखाया जो वह उसे दिखा सकता था
He presented his wound to him
उसने अपना घाव उसके सामने प्रस्तुत किया
he also told him how he had fled today
उसने उसे यह भी बताया कि वह आज कैसे भाग गया था
he told him how he ferried across the water
उसने उसे बताया कि उसने पानी को कैसे पार किया
a childish run-away, willing to walk to the city
एक बचकाना भगोड़ा, जो शहर की ओर पैदल चलने को तैयार है
and he told him how the river had laughed
और उसने उसे बताया कि नदी कैसे हँसी थी
he spoke for a long time
वह बहुत देर तक बोलता रहा
Vasudeva was listening with a quiet face
वासुदेव शांत भाव से सुन रहे थे।
Vasudeva's listening gave Siddhartha a stronger sensation than ever before
वासुदेव की बात सुनकर सिद्धार्थ को पहले से कहीं अधिक तीव्र अनुभूति हुई
he sensed how his pain and fears flowed over to him
उसने महसूस किया कि कैसे उसका दर्द और डर उस पर बह रहा था
he sensed how his secret hope flowed over him
उसने महसूस किया कि कैसे उसकी गुप्त आशा उस पर बह रही थी
To show his wound to this listener was the same as bathing it in the river

इस श्रोता को अपना घाव दिखाना नदी में नहाने के समान था
the river would have cooled Siddhartha's wound
नदी ने सिद्धार्थ के घाव को ठंडा कर दिया होगा
the quiet listening cooled Siddhartha's wound
चुपचाप सुनने से सिद्धार्थ का घाव ठंडा हो गया
it cooled him until he become one with the river
जब तक वह नदी के साथ एक नहीं हो गया, तब तक उसे ठंडक मिलती रही
While he was still speaking, still admitting and confessing
जबकि वह अभी भी बोल रहा था, अभी भी स्वीकार कर रहा था और कबूल कर रहा था
Siddhartha felt more and more that this was no longer Vasudeva
सिद्धार्थ को धीरे-धीरे यह महसूस होने लगा कि यह अब वासुदेव नहीं है।
it was no longer a human being who was listening to him
अब कोई इंसान नहीं था जो उसकी बात सुन रहा था
this motionless listener was absorbing his confession into himself
यह निश्चल श्रोता उसकी स्वीकारोक्ति को अपने में समाहित कर रहा था
this motionless listener was like a tree the rain
यह निश्चल श्रोता एक वृक्ष की तरह था, बारिश
this motionless man was the river itself
यह निश्चल आदमी स्वयं नदी था
this motionless man was God himself
यह निश्चल मनुष्य स्वयं भगवान था
the motionless man was the eternal itself
गतिहीन मनुष्य स्वयं शाश्वत था
Siddhartha stopped thinking of himself and his wound

सिद्धार्थ ने अपने और अपने घाव के बारे में सोचना बंद कर दिया

this realisation of Vasudeva's changed character took possession of him

वासुदेव के बदले हुए चरित्र का यह अहसास उन्हें हो गया

and the more he entered into it, the less wondrous it became

और जितना अधिक वह इसमें प्रवेश करता गया, यह उतना ही कम अद्भुत होता गया

the more he realised that everything was in order and natural

जितना अधिक उसे एहसास हुआ कि सब कुछ व्यवस्थित और स्वाभाविक था

he realised that Vasudeva had already been like this for a long time

उन्होंने महसूस किया कि वासुदेव बहुत समय से ऐसे ही थे

he had just not quite recognised it yet

उसने अभी तक इसे पहचाना नहीं था

yes, he himself had almost reached the same state

हाँ, वह स्वयं भी लगभग उसी स्थिति में पहुँच गया था

He felt, that he was now seeing old Vasudeva as the people see the gods

उसे लगा कि वह अब बूढ़े वासुदेव को देख रहा है जैसे लोग देवताओं को देखते हैं

and he felt that this could not last

और उसे लगा कि यह ज्यादा दिनों तक नहीं चल सकता

in his heart, he started bidding his farewell to Vasudeva

वह मन ही मन वसुदेव को विदा देने लगा।

Throughout all this, he talked incessantly

इस सब के दौरान, वह लगातार बोलता रहा

When he had finished talking, Vasudeva turned his friendly eyes at him

जब उसने बोलना समाप्त किया तो वासुदेव ने मित्रतापूर्ण दृष्टि से उसकी ओर देखा।

the eyes which had grown slightly weak

आंखें जो थोड़ी कमजोर हो गई थीं

he said nothing, but let his silent love and cheerfulness shine

उन्होंने कुछ नहीं कहा, लेकिन अपने मौन प्रेम और प्रसन्नता को चमकने दिया

his understanding and knowledge shone from him

उसकी समझ और ज्ञान उससे चमक उठे

He took Siddhartha's hand and led him to the seat by the bank

उन्होंने सिद्धार्थ का हाथ पकड़ा और उसे बैंक के पास वाली सीट पर ले गए।

he sat down with him and smiled at the river

वह उसके साथ बैठ गया और नदी की ओर देखकर मुस्कुराया

"You've heard it laugh," he said

"आपने इसे हंसते हुए सुना है," उन्होंने कहा

"But you haven't heard everything"

"लेकिन आपने सब कुछ नहीं सुना है"

"Let's listen, you'll hear more"

"आइये सुनें, आप और भी सुनेंगे"

Softly sounded the river, singing in many voices

नदी की धीमी आवाज सुनाई दी, अनेक स्वरों में गाती हुई

Siddhartha looked into the water

सिद्धार्थ ने पानी में देखा

images appeared to him in the moving water

बहते पानी में उसे छवियाँ दिखाई दीं

his father appeared, lonely and mourning for his son

उसके पिता प्रकट हुए, अकेले और अपने बेटे के लिए शोक मनाते हुए
he himself appeared in the moving water
वह स्वयं बहते पानी में प्रकट हुआ
he was also being tied with the bondage of yearning to his distant son
वह भी अपने दूर के बेटे की लालसा के बंधन में बंधा जा रहा था
his son appeared, lonely as well
उसका बेटा भी अकेला दिखाई दिया
the boy, greedily rushing along the burning course of his young wishes
लड़का, लालच से अपनी युवा इच्छाओं की जलती हुई राह पर भाग रहा है
each one was heading for his goal
हर कोई अपने लक्ष्य की ओर बढ़ रहा था
each one was obsessed by the goal
हर एक लक्ष्य से ग्रस्त था
each one was suffering from the pursuit
हर एक को पीछा करने से पीड़ा हो रही थी
The river sang with a voice of suffering
नदी पीड़ा की आवाज में गा रही थी
longingly it sang and flowed towards its goal
वह लालसा से गाता रहा और अपने लक्ष्य की ओर बहता रहा
"Do you hear?" Vasudeva asked with a mute gaze
"क्या तुमने सुना?" वासुदेव ने मूक दृष्टि से पूछा
Siddhartha nodded in reply
सिद्धार्थ ने जवाब में सिर हिलाया
"Listen better!" Vasudeva whispered
"अच्छा सुनो!" वासुदेव फुसफुसाए
Siddhartha made an effort to listen better

सिद्धार्थ ने बेहतर सुनने का प्रयास किया
The image of his father appeared
उसके पिता की छवि प्रकट हुई
his own image merged with his father's
उसकी अपनी छवि उसके पिता के साथ विलीन हो गई
the image of his son merged with his image
उसके बेटे की छवि उसकी छवि के साथ विलीन हो गई
Kamala's image also appeared and was dispersed
कमला की छवि भी प्रकट हुई और बिखर गई
and the image of Govinda, and other images
और गोविंदा की छवि, और अन्य छवियां
and all the imaged merged with each other
और सभी छवियाँ एक दूसरे में विलीन हो गईं
all the imaged turned into the river
सारी छवियाँ नदी में बदल गईं
being the river, they all headed for the goal
नदी होने के कारण, वे सभी लक्ष्य की ओर बढ़ गए
longing, desiring, suffering flowed together
लालसा, अभिलाषा, पीड़ा एक साथ बहे
and the river's voice sounded full of yearning
और नदी की आवाज़ तड़प से भरी हुई लग रही थी
the river's voice was full of burning woe
नदी की आवाज़ जलती हुई पीड़ा से भरी थी
the river's voice was full of unsatisfiable desire
नदी की आवाज़ अतृप्त इच्छा से भरी थी
For the goal, the river was heading
लक्ष्य की ओर, नदी बढ़ रही थी
Siddhartha saw the river hurrying towards its goal
सिद्धार्थ ने देखा कि नदी अपने लक्ष्य की ओर तेजी से बढ़ रही है

the river of him and his loved ones and of all people he had
ever seen
उसकी और उसके प्रियजनों की और उन सभी लोगों की नदी
जिन्हें उसने कभी देखा था
all of these waves and waters were hurrying
ये सभी लहरें और पानी तेज़ी से आगे बढ़ रहे थे
they were all suffering towards many goals
वे सभी कई लक्ष्यों की ओर पीड़ित थे
the waterfall, the lake, the rapids, the sea
झरना, झील, तेज़ धाराएँ, समुद्र
and all goals were reached
और सभी लक्ष्य प्राप्त हो गए
and every goal was followed by a new one
और हर लक्ष्य के बाद एक नया लक्ष्य आता था
and the water turned into vapour and rose to the sky
और पानी भाप बन कर आसमान की ओर उठ गया
the water turned into rain and poured down from the sky
पानी बारिश में बदल गया और आसमान से बरसने लगा
the water turned into a source
पानी एक स्रोत में बदल गया
then the source turned into a stream
फिर स्रोत एक धारा में बदल गया
the stream turned into a river
धारा नदी में बदल गई
and the river headed forwards again
और नदी फिर आगे की ओर बढ़ गई
But the longing voice had changed
लेकिन लालसा भरी आवाज़ बदल गई थी
It still resounded, full of suffering, searching
यह अभी भी गूंज रहा है, पीड़ा से भरा, खोज से भरा
but other voices joined the river

लेकिन अन्य आवाज़ें भी नदी में शामिल हो गईं
there were voices of joy and of suffering
वहाँ खुशी और दुख की आवाज़ें थीं
good and bad voices, laughing and sad ones
अच्छी और बुरी आवाज़ें, हँसती और उदास आवाज़ें
a hundred voices, a thousand voices
सौ आवाज़ें, हज़ार आवाज़ें
Siddhartha listened to all these voices
सिद्धार्थ ने ये सारी आवाज़ें सुनीं
He was now nothing but a listener
अब वह मात्र एक श्रोता मात्र रह गया था
he was completely concentrated on listening
वह पूरी तरह से सुनने पर केंद्रित था
he was completely empty now
वह अब पूरी तरह से खाली था
he felt that he had now finished learning to listen
उसे लगा कि अब उसने सुनना सीखना पूरा कर लिया है
Often before, he had heard all this
पहले भी कई बार उसने ये सब सुना था
he had heard these many voices in the river
उसने नदी में कई आवाज़ें सुनी थीं
today the voices in the river sounded new
आज नदी में नई आवाज़ें सुनाई दीं
Already, he could no longer tell the many voices apart
अब वह कई आवाज़ों में अंतर नहीं बता सकता था
there was no difference between the happy voices and the weeping ones
खुशियों और रोने वालों में कोई अंतर नहीं था
the voices of children and the voices of men were one
बच्चों की आवाज़ें और पुरुषों की आवाज़ें एक थीं
all these voices belonged together

ये सभी आवाजें एक साथ थीं

the lamentation of yearning and the laughter of the knowledgeable one

तड़प का विलाप और ज्ञानी की हंसी

the scream of rage and the moaning of the dying ones

क्रोध की चीख और मरते हुए लोगों की कराह

everything was one and everything was intertwined

सब कुछ एक था और सब कुछ आपस में जुड़ा हुआ था

everything was connected and entangled a thousand times

सब कुछ हज़ार बार जुड़ा और उलझा हुआ था

everything together, all voices, all goals

सब कुछ एक साथ, सभी आवाजें, सभी लक्ष्य

all yearning, all suffering, all pleasure

सारी अभिलाषा, सारे दुःख, सारे सुख

all that was good and evil

जो कुछ भी अच्छा और बुरा था

all of this together was the world

ये सब मिलकर ही दुनिया थी

All of it together was the flow of events

यह सब मिलकर घटनाओं का प्रवाह था

all of it was the music of life

यह सब जीवन का संगीत था

when Siddhartha was listening attentively to this river

जब सिद्धार्थ इस नदी की बात ध्यान से सुन रहे थे

the song of a thousand voices

हज़ारों आवाज़ों का गीत

when he neither listened to the suffering nor the laughter

जब उसने न तो दुख सुना और न ही हँसी

when he did not tie his soul to any particular voice

जब उसने अपनी आत्मा को किसी विशेष आवाज़ से नहीं बांधा

when he submerged his self into the river
जब उसने नदी में खुद को डुबोया
but when he heard them all he perceived the whole, the oneness
लेकिन जब उसने उन सब को सुना तो उसे सम्पूर्णता, एकता का बोध हुआ
then the great song of the thousand voices consisted of a single word
तब हजार स्वरों का महान गीत एक ही शब्द से बना था
this word was Om; the perfection
यह शब्द था ॐ; पूर्णता

"Do you hear" Vasudeva's gaze asked again
"सुनते हो?" वासुदेव की नज़र ने फिर पूछा
Brightly, Vasudeva's smile was shining
वासुदेव की मुस्कान चमक रही थी
it was floating radiantly over all the wrinkles of his old face
यह उसके बूढ़े चेहरे की सभी झुर्रियों पर चमकता हुआ तैर रहा था
the same way the Om was floating in the air over all the voices of the river
उसी तरह ओम नदी की सभी आवाज़ों के ऊपर हवा में तैर रहा था
Brightly his smile was shining, when he looked at his friend
जब उसने अपने दोस्त की तरफ देखा तो उसकी मुस्कान चमक उठी
and brightly the same smile was now starting to shine on Siddhartha's face
और वही मुस्कान अब सिद्धार्थ के चेहरे पर चमकने लगी थी
His wound had blossomed and his suffering was shining
उसका घाव खिल गया था और उसकी पीड़ा चमक रही थी

his self had flown into the oneness
उसका आत्म एकता में उड़ गया था
In this hour, Siddhartha stopped fighting his fate
इस घड़ी में सिद्धार्थ ने अपने भाग्य से लड़ना बंद कर दिया
at the same time he stopped suffering
उसी समय उसने कष्ट सहना बंद कर दिया
On his face flourished the cheerfulness of a knowledge
उसके चेहरे पर ज्ञान की प्रसन्नता खिल उठी
a knowledge which was no longer opposed by any will
एक ऐसा ज्ञान जिसका अब किसी इच्छा द्वारा विरोध नहीं किया जा सकता था
a knowledge which knows perfection
एक ज्ञान जो पूर्णता को जानता है
a knowledge which is in agreement with the flow of events
ऐसा ज्ञान जो घटनाओं के प्रवाह के अनुरूप हो
a knowledge which is with the current of life
ऐसा ज्ञान जो जीवन की धारा के साथ है
full of sympathy for the pain of others
दूसरों के दर्द के प्रति पूरी सहानुभूति
full of sympathy for the pleasure of others
दूसरों की खुशी के प्रति सहानुभूति से भरा हुआ
devoted to the flow, belonging to the oneness
प्रवाह के प्रति समर्पित, एकता से संबंधित
Vasudeva rose from the seat by the bank
वासुदेव बैंक के पास की सीट से उठे
he looked into Siddhartha's eyes
उसने सिद्धार्थ की आँखों में देखा
and he saw the cheerfulness of the knowledge shining in his eyes
और उसने उसकी आँखों में ज्ञान की प्रसन्नता चमकती देखी
he softly touched his shoulder with his hand

उसने धीरे से अपने हाथ से उसके कंधे को छुआ
"I've been waiting for this hour, my dear"
"मैं इस घंटे का इंतजार कर रहा था, मेरे प्रिय"
"Now that it has come, let me leave"
"अब जब यह आ गया है, तो मुझे जाने दो"
"For a long time, I've been waiting for this hour"
"मैं लंबे समय से इस घड़ी का इंतजार कर रहा हूं"
"for a long time, I've been Vasudeva the ferryman"
"लंबे समय से मैं वासुदेव नामक मांझी का नाविक रहा हूं"
"Now it's enough. Farewell"
"अब बहुत हो गया। अलविदा"
"farewell river, farewell Siddhartha!"
"अलविदा नदी, अलविदा सिद्धार्थ!"
Siddhartha made a deep bow before him who bid his farewell
सिद्धार्थ ने उनके सामने गहरा प्रणाम किया और उनसे विदा ली।
"I've known it," he said quietly
"मैं यह जानता हूं," उसने धीरे से कहा
"You'll go into the forests?"
"तुम जंगल में जाओगे?"
"I'm going into the forests"
"मैं जंगल में जा रहा हूँ"
"I'm going into the oneness" spoke Vasudeva with a bright smile
"मैं एकत्व में जा रहा हूँ" वासुदेव ने उज्ज्वल मुस्कान के साथ कहा
With a bright smile, he left
एक उज्ज्वल मुस्कान के साथ, वह चला गया
Siddhartha watched him leaving
सिद्धार्थ ने उसे जाते हुए देखा

With deep joy, with deep solemnity he watched him leave
गहरी खुशी और गहरी गंभीरता के साथ उसने उसे जाते हुए देखा
he saw his steps were full of peace
उसने देखा कि उसके कदम शांति से भरे हुए थे
he saw his head was full of lustre
उसने देखा कि उसका सिर चमक से भरा हुआ था
he saw his body was full of light
उसने देखा कि उसका शरीर प्रकाश से भरा हुआ था

Govinda
गोविंदा

Govinda had been with the monks for a long time
गोविंदा लंबे समय तक भिक्षुओं के साथ रहे थे
when not on pilgrimages, he spent his time in the pleasure-garden
जब वे तीर्थयात्रा पर नहीं होते थे, तो अपना समय आनंद-उद्यान में बिताते थे
the garden which the courtesan Kamala had given the followers of Gotama
वह उद्यान जो वेश्या कमला ने गौतम के अनुयायियों को दिया था
he heard talk of an old ferryman, who lived a day's journey away
उसने एक बूढ़े मांझी की बात सुनी, जो एक दिन की यात्रा की दूरी पर रहता था
he heard many regarded him as a wise man
उसने सुना कि बहुत से लोग उसे बुद्धिमान व्यक्ति मानते हैं
When Govinda went back, he chose the path to the ferry
जब गोविंदा वापस गए तो उन्होंने नाव से जाने वाला रास्ता चुना।
he was eager to see the ferryman
वह मांझी को देखने के लिए उत्सुक था
he had lived his entire life by the rules
उन्होंने अपना पूरा जीवन नियमों के अनुसार जिया था
he was looked upon with veneration by the younger monks
युवा भिक्षुओं द्वारा उनका आदर किया जाता था
they respected his age and modesty
वे उसकी उम्र और विनम्रता का सम्मान करते थे
but his restlessness had not perished from his heart

लेकिन उसकी बेचैनी उसके दिल से ख़त्म नहीं हुई थी
he was searching for what he had not found
वह उसे खोज रहा था जो उसे नहीं मिला था
He came to the river and asked the old man to ferry him over
वह नदी के पास आया और बूढ़े आदमी से नाव से नदी पार ले जाने को कहा।
when they got off the boat on the other side, he spoke with the old man
जब वे नाव से दूसरी ओर उतरे, तो उसने उस बूढ़े आदमी से बात की

"You're very good to us monks and pilgrims"
"आप हम भिक्षुओं और तीर्थयात्रियों के प्रति बहुत अच्छे हैं"
"you have ferried many of us across the river"
"आपने हममें से कई लोगों को नदी पार कराई है"
"Aren't you too, ferryman, a searcher for the right path?"
"क्या तुम भी सही रास्ते के खोजी नहीं हो?"
smiling from his old eyes, Siddhartha spoke
अपनी बूढ़ी आँखों से मुस्कुराते हुए सिद्धार्थ बोला
"oh venerable one, do you call yourself a searcher?"
"हे आदरणीय, क्या आप अपने आप को खोजकर्ता कहते हैं?"
"are you still a searcher, although already well in years?"
"क्या आप अभी भी खोज कर रहे हैं, हालांकि आप पहले से ही काफी उम्र के हो चुके हैं?"
"do you search while wearing the robe of Gotama's monks?"
"क्या आप गौतम के भिक्षुओं का वेश धारण करके खोज करते हैं?"
"It's true, I'm old," spoke Govinda
गोविंदा बोले, "यह सच है, मैं बूढ़ा हो गया हूं।"
"but I haven't stopped searching"

"लेकिन मैंने खोजना बंद नहीं किया है"
"I will never stop searching"
"मैं खोजना कभी बंद नहीं करूंगा"
"this seems to be my destiny"
"ऐसा लगता है कि यही मेरी नियति है"
"You too, so it seems to me, have been searching"
"मुझे लगता है कि आप भी खोज रहे होंगे"
"Would you like to tell me something, oh honourable one?"
"क्या आप मुझे कुछ बताना चाहेंगे, माननीय?"
"What might I have that I could tell you, oh venerable one?"
"हे आदरणीय, मेरे पास ऐसा क्या है जो मैं आपसे कह सकूं?"
"Perhaps I could tell you that you're searching far too much?"
"शायद मैं आपको बता सकूं कि आप बहुत ज्यादा खोज रहे हैं?"
"Could I tell you that you don't make time for finding?"
"क्या मैं आपको बता सकता हूँ कि आप खोजने के लिए समय नहीं निकालते?"
"How come?" asked Govinda
गोविंदा ने पूछा, "कैसे?"
"When someone is searching they might only see what they search for"
"जब कोई व्यक्ति खोज रहा होता है तो उसे केवल वही दिखाई देता है जिसे वह खोज रहा होता है"
"he might not be able to let anything else enter his mind"
"वह शायद अपने मन में कुछ और बात आने ही न दे सके"
"he doesn't see what he is not searching for"
"वह वह नहीं देख पाता जिसे वह खोज नहीं रहा है"
"because he always thinks of nothing but the object of his search"

"क्योंकि वह हमेशा अपनी खोज के विषय के अलावा किसी और विषय के बारे में नहीं सोचता"
"he has a goal, which he is obsessed with"
"उसका एक लक्ष्य है, जिसके प्रति वह जुनूनी है"
"Searching means having a goal"
"खोज का मतलब है एक लक्ष्य रखना"
"But finding means being free, open, and having no goal"
"लेकिन खोजने का मतलब है स्वतंत्र होना, खुला होना, और कोई लक्ष्य न रखना"
"You, oh venerable one, are perhaps indeed a searcher"
"हे आदरणीय, आप शायद सचमुच एक खोजकर्ता हैं"
"because, when striving for your goal, there are many things you don't see"
"क्योंकि, अपने लक्ष्य के लिए प्रयास करते समय, ऐसी कई चीजें होती हैं जिन्हें आप नहीं देख पाते"
"you might not see things which are directly in front of your eyes"
"आप उन चीजों को नहीं देख सकते जो सीधे आपकी आंखों के सामने हैं"
"I don't quite understand yet," said Govinda, "what do you mean by this?"
गोविंदा ने कहा, "मैं अभी तक पूरी तरह से नहीं समझ पाया हूं, आपका क्या मतलब है?"
"oh venerable one, you've been at this river before, a long time ago"
"हे आदरणीय, आप इस नदी पर पहले भी आ चुके हैं, बहुत समय पहले"
"and you have found a sleeping man by the river"
"और तुम्हें नदी के किनारे एक सोता हुआ आदमी मिल गया है"

"you have sat down with him to guard his sleep"
"तुम उसकी नींद की रखवाली करने के लिए उसके साथ बैठ गए हो"
"but, oh Govinda, you did not recognise the sleeping man"
"लेकिन, हे गोविंदा, आपने सोये हुए आदमी को नहीं पहचाना"
Govinda was astonished, as if he had been the object of a magic spell
गोविंदा आश्चर्यचकित थे, मानो उन पर कोई जादू कर दिया गया हो।
the monk looked into the ferryman's eyes
भिक्षु ने मांझी की आंखों में देखा
"Are you Siddhartha?" he asked with a timid voice
"क्या आप सिद्धार्थ हैं?" उसने डरपोक स्वर में पूछा
"I wouldn't have recognised you this time either!"
"मैं इस बार भी तुम्हें नहीं पहचान पाता!"
"from my heart, I'm greeting you, Siddhartha"
"मैं हृदय से तुम्हें नमस्कार करता हूँ, सिद्धार्थ"
"from my heart, I'm happy to see you once again!"
"मैं दिल से आपको एक बार फिर देखकर खुश हूँ!"
"You've changed a lot, my friend"
"तुम बहुत बदल गये हो, मेरे दोस्त"
"and you've now become a ferryman?"
"और अब आप एक मांझी बन गए हैं?"
In a friendly manner, Siddhartha laughed
सिद्धार्थ मित्रवत ढंग से हंसे।
"yes, I am a ferryman"
"हाँ, मैं एक नाव चालक हूँ"
"Many people, Govinda, have to change a lot"
"गोविंदा, बहुत से लोगों को बहुत कुछ बदलना होगा"
"they have to wear many robes"
"उन्हें कई वस्त्र पहनने पड़ते हैं"

"I am one of those who had to change a lot"
"मैं उन लोगों में से हूं जिन्हें बहुत कुछ बदलना पड़ा"
"Be welcome, Govinda, and spend the night in my hut"
"गोविन्द, आपका स्वागत है और आप मेरी झोपड़ी में रात बिताइए।"
Govinda stayed the night in the hut
गोविंदा रातभर झोपड़ी में रुके
he slept on the bed which used to be Vasudeva's bed
वह उस बिस्तर पर सोता था जो वासुदेव का बिस्तर हुआ करता था
he posed many questions to the friend of his youth
उसने अपने युवा मित्र से कई प्रश्न पूछे
Siddhartha had to tell him many things from his life
सिद्धार्थ को अपने जीवन की कई बातें उन्हें बतानी पड़ीं

then the next morning came
फिर अगली सुबह आई
the time had come to start the day's journey
दिन की यात्रा शुरू करने का समय आ गया था
without hesitation, Govinda asked one more question
गोविंदा ने बिना किसी हिचकिचाहट के एक और सवाल पूछा
"Before I continue on my path, Siddhartha, permit me to ask one more question"
"सिद्धार्थ, अपने मार्ग पर आगे बढ़ने से पहले मुझे एक और प्रश्न पूछने की अनुमति दीजिए।"
"Do you have a teaching that guides you?"
"क्या आपके पास कोई ऐसी शिक्षा है जो आपको मार्गदर्शन देती है?"
"Do you have a faith or a knowledge you follow"

"क्या आपके पास कोई आस्था या ज्ञान है जिसका आप अनुसरण करते हैं?"

"is there a knowledge which helps you to live and do right?"

"क्या ऐसा कोई ज्ञान है जो आपको सही जीवन जीने और सही काम करने में मदद करता है?"

"You know well, my dear, I have always been distrustful of teachers"

"तुम अच्छी तरह जानती हो, प्रिय, मैं हमेशा से ही शिक्षकों पर अविश्वास करता रहा हूँ"

"as a young man I already started to doubt teachers"

"युवा होते ही मुझे शिक्षकों पर संदेह होने लगा था"

"when we lived with the penitents in the forest, I distrusted their teachings"

"जब हम जंगल में प्रायश्चित करने वालों के साथ रहते थे, तो मुझे उनकी शिक्षाओं पर भरोसा नहीं था"

"and I turned my back to them"

"और मैंने उनकी ओर पीठ कर ली"

"I have remained distrustful of teachers"

"मैं शिक्षकों के प्रति अविश्वास रखता रहा हूँ"

"Nevertheless, I have had many teachers since then"

"फिर भी, तब से मेरे कई शिक्षक हुए हैं"

"A beautiful courtesan has been my teacher for a long time"

"एक खूबसूरत वेश्या लंबे समय से मेरी शिक्षिका रही है"

"a rich merchant was my teacher"

"एक अमीर व्यापारी मेरा शिक्षक था"

"and some gamblers with dice taught me"

"और कुछ पासा जुआरियों ने मुझे सिखाया"

"Once, even a follower of Buddha has been my teacher"

"एक बार, बुद्ध का एक अनुयायी भी मेरा गुरु रह चुका है"

"he was travelling on foot, pilgering"

"वह पैदल यात्रा कर रहा था, चोरी कर रहा था"
"and he sat with me when I had fallen asleep in the forest"
"और जब मैं जंगल में सो गया तो वह मेरे साथ बैठा रहा"
"I've also learned from him, for which I'm very grateful"
"मैंने भी उनसे बहुत कुछ सीखा है, जिसके लिए मैं बहुत आभारी हूं"
"But most of all, I have learned from this river"
"लेकिन सबसे अधिक मैंने इस नदी से सीखा है"
"and I have learned most from my predecessor, the ferryman Vasudeva"
"और मैंने सबसे अधिक सीखा है अपने पूर्ववर्ती, मांझी वासुदेव से"
"He was a very simple person, Vasudeva, he was no thinker"
"वह बहुत सरल व्यक्ति थे, वासुदेव, वह कोई विचारक नहीं थे"
"but he knew what is necessary just as well as Gotama"
"लेकिन वह गौतम की तरह ही जानता था कि क्या आवश्यक है"
"he was a perfect man, a saint"
"वह एक आदर्श व्यक्ति, एक संत थे"
"Siddhartha still loves to mock people, it seems to me"
"मुझे लगता है कि सिद्धार्थ को अभी भी लोगों का मज़ाक उड़ाना पसंद है"
"I believe in you and I know that you haven't followed a teacher"
"मुझे तुम पर विश्वास है और मैं जानता हूं कि तुमने किसी गुरु का अनुसरण नहीं किया है"
"But haven't you found something by yourself?"
"लेकिन क्या तुमने स्वयं कुछ नहीं पाया?"

"though you've found no teachings, you still found certain thoughts"
"यद्यपि तुम्हें कोई शिक्षा नहीं मिली, फिर भी तुम्हें कुछ विचार अवश्य मिले"
"certain insights, which are your own"
"कुछ अंतर्दृष्टियाँ, जो आपकी अपनी हैं"
"insights which help you to live"
"अंतर्दृष्टि जो आपको जीने में मदद करती है"
"Haven't you found something like this?"
"क्या तुम्हें ऐसा कुछ नहीं मिला?"
"If you would like to tell me, you would delight my heart"
"अगर तुम मुझे बताना चाहोगी तो मेरा दिल खुश हो जाएगा"
"you are right, I have had thoughts and gained many insights"
"आप सही हैं, मेरे मन में विचार आए हैं और मैंने कई अंतर्दृष्टियां प्राप्त की हैं"
"Sometimes I have felt knowledge in me for an hour"
"कभी-कभी मुझे एक घंटे तक अपने अंदर ज्ञान का एहसास होता है"
"at other times I have felt knowledge in me for an entire day"
"कभी-कभी तो मुझे पूरे दिन अपने अंदर ज्ञान का एहसास होता है"
"the same knowledge one feels when one feels life in one's heart"
"वही ज्ञान जो किसी को तब महसूस होता है जब वह अपने हृदय में जीवन का अनुभव करता है"
"There have been many thoughts"
"बहुत सारे विचार आये हैं"
"but it would be hard for me to convey these thoughts to you"

"लेकिन मेरे लिए ये विचार आप तक पहुंचाना कठिन होगा"
"my dear Govinda, this is one of my thoughts which I have found"
"मेरे प्रिय गोविंदा, यह मेरे विचारों में से एक है जो मैंने पाया है"
"wisdom cannot be passed on"
"ज्ञान आगे नहीं बढ़ाया जा सकता"
"Wisdom which a wise man tries to pass on always sounds like foolishness"
"एक बुद्धिमान व्यक्ति जो ज्ञान दूसरों को देने की कोशिश करता है वह हमेशा मूर्खता जैसा लगता है"
"Are you kidding?" asked Govinda
गोविंदा ने पूछा, "क्या तुम मजाक कर रहे हो?"
"I'm not kidding, I'm telling you what I have found"
"मैं मजाक नहीं कर रहा, मैं आपको बता रहा हूं कि मैंने क्या पाया है"
"Knowledge can be conveyed, but wisdom can't"
"ज्ञान तो दिया जा सकता है, परन्तु बुद्धि नहीं"
"wisdom can be found, it can be lived"
"बुद्धि पाई जा सकती है, उसे जीया जा सकता है"
"it is possible to be carried by wisdom"
"बुद्धि से आगे बढ़ना संभव है"
"miracles can be performed with wisdom"
"बुद्धि से चमत्कार किए जा सकते हैं"
"but wisdom cannot be expressed in words or taught"
"लेकिन ज्ञान को शब्दों में व्यक्त या सिखाया नहीं जा सकता"
"This was what I sometimes suspected, even as a young man"
"यही वह बात थी जिसकी मुझे कभी-कभी आशंका होती थी, यहां तक कि युवावस्था में भी"
"this is what has driven me away from the teachers"

"यही वह बात है जिसने मुझे शिक्षकों से दूर कर दिया है"
"I have found a thought which you'll regard as foolishness"
"मुझे एक विचार मिला है जिसे आप मूर्खता समझेंगे"
"but this thought has been my best"
"लेकिन यह विचार मेरा सर्वोत्तम विचार रहा है"
"The opposite of every truth is just as true!"
"हर सत्य का विपरीत भी उतना ही सत्य है!"
"any truth can only be expressed when it is one-sided"
"कोई भी सत्य तभी व्यक्त किया जा सकता है जब वह एकतरफा हो"
"only one sided things can be put into words"
"केवल एकतरफा बातें ही शब्दों में कही जा सकती हैं"
"Everything which can be thought is one-sided"
"जो कुछ भी सोचा जा सकता है वह एकतरफा है"
"it's all one-sided, so it's just one half"
"यह सब एकतरफा है, इसलिए यह सिर्फ एक आधा है"
"it all lacks completeness, roundness, and oneness"
"इसमें पूर्णता, गोलाकारता और एकता का अभाव है"
"the exalted Gotama spoke in his teachings of the world"
"महान् गौतम ने संसार के विषय में अपने उपदेशों में कहा"
"but he had to divide the world into Sansara and Nirvana"
"लेकिन उसे दुनिया को संसार और निर्वाण में विभाजित करना पड़ा"
"he had divided the world into deception and truth"
"उसने संसार को छल और सत्य में विभाजित कर दिया"
"he had divided the world into suffering and salvation"
"उसने संसार को दुख और मोक्ष में विभाजित किया था"
"the world cannot be explained any other way"
"दुनिया को किसी अन्य तरीके से नहीं समझाया जा सकता"
"there is no other way to explain it, for those who want to teach"

"जो लोग सिखाना चाहते हैं, उनके लिए इसे समझाने का कोई और तरीका नहीं है"
"But the world itself is never one-sided"
"लेकिन दुनिया कभी भी एकतरफा नहीं होती"
"the world exists around us and inside of us"
"दुनिया हमारे चारों ओर और हमारे अंदर मौजूद है"
"A person or an act is never entirely Sansara or entirely Nirvana"
"कोई व्यक्ति या कार्य कभी भी पूर्णतः संसार या पूर्णतः निर्वाण नहीं होता"
"a person is never entirely holy or entirely sinful"
"कोई भी व्यक्ति कभी भी पूर्णतः पवित्र या पूर्णतः पापी नहीं होता"
"It seems like the world can be divided into these opposites"
"ऐसा लगता है जैसे दुनिया को इन विपरीतताओं में विभाजित किया जा सकता है"
"but that's because we are subject to deception"
"लेकिन ऐसा इसलिए है क्योंकि हम धोखे के अधीन हैं"
"it's as if the deception was something real"
"ऐसा लगता है जैसे धोखा सच में हुआ था"
"Time is not real, Govinda"
"समय वास्तविक नहीं है, गोविंदा"
"I have experienced this often and often again"
"मैंने यह अनुभव बार-बार किया है"
"when time is not real, the gap between the world and the eternity is also a deception"
"जब समय वास्तविक नहीं है, तो संसार और अनंत काल के बीच का अंतर भी एक धोखा है"
"the gap between suffering and blissfulness is not real"
"दुख और आनंद के बीच का अंतर वास्तविक नहीं है"

"there is no gap between evil and good"
"बुराई और अच्छाई के बीच कोई अंतर नहीं है"
"all of these gaps are deceptions"
"ये सभी अंतराल धोखे हैं"
"but these gaps appear to us nonetheless"
"लेकिन फिर भी ये अंतराल हमें दिखाई देते हैं"
"How come?" asked Govinda timidly
गोविंदा ने डरते हुए पूछा, "कैसे?"
"Listen well, my dear," answered Siddhartha
"अच्छा सुनो, मेरे प्रिय," सिद्धार्थ ने उत्तर दिया।
"The sinner, which I am and which you are, is a sinner"
"पापी, जो मैं हूँ और जो तुम हो, पापी है"
"but in times to come the sinner will be Brahma again"
"लेकिन आने वाले समय में पापी पुनः ब्रह्मा बन जाएगा"
"he will reach the Nirvana and be Buddha"
"वह निर्वाण तक पहुंच जाएगा और बुद्ध बन जाएगा"
"the times to come are a deception"
"आने वाला समय धोखा है"
"the times to come are only a parable!"
"आने वाला समय तो केवल एक दृष्टान्त है!"
"The sinner is not on his way to become a Buddha"
"पापी बुद्ध बनने की राह पर नहीं है"
"he is not in the process of developing"
"वह विकास की प्रक्रिया में नहीं है"
"our capacity for thinking does not know how else to picture these things"
"हमारी सोचने की क्षमता यह नहीं जानती कि इन चीजों को और किस प्रकार चित्रित किया जाए"
"No, within the sinner there already is the future Buddha"
"नहीं, पापी के भीतर पहले से ही भावी बुद्ध विद्यमान है"
"his future is already all there"

"उसका भविष्य पहले से ही वहां है"
"you have to worship the Buddha in the sinner"
"तुम्हें पापी में बुद्ध की पूजा करनी होगी"
"you have to worship the Buddha hidden in everyone"
"आपको हर किसी में छिपे बुद्ध की पूजा करनी होगी"
"the hidden Buddha which is coming into being the possible"
"छिपा हुआ बुद्ध जो सम्भवतः अस्तित्व में आ रहा है"
"The world, my friend Govinda, is not imperfect"
"मेरे मित्र गोविंदा, यह संसार अपूर्ण नहीं है"
"the world is on no slow path towards perfection"
"दुनिया पूर्णता की ओर धीमी गति से आगे नहीं बढ़ रही है"
"no, the world is perfect in every moment"
"नहीं, दुनिया हर पल परिपूर्ण है"
"all sin already carries the divine forgiveness in itself"
"सभी पाप पहले से ही ईश्वरीय क्षमा से युक्त हैं"
"all small children already have the old person in themselves"
"सभी छोटे बच्चों में पहले से ही एक बूढ़ा व्यक्ति मौजूद होता है"
"all infants already have death in them"
"सभी शिशुओं में पहले से ही मृत्यु विद्यमान है"
"all dying people have the eternal life"
"सभी मरने वाले लोगों को अनन्त जीवन मिलता है"
"we can't see how far another one has already progressed on his path"
"हम यह नहीं देख सकते कि कोई दूसरा व्यक्ति अपने मार्ग पर कितनी दूर तक आगे बढ़ चुका है"
"in the robber and dice-gambler, the Buddha is waiting"
"डाकू और जुआरी में, बुद्ध प्रतीक्षा कर रहे हैं"
"in the Brahman, the robber is waiting"

"ब्राह्मण में डाकू प्रतीक्षा कर रहा है"
"in deep meditation, there is the possibility to put time out of existence"
"गहन ध्यान में, समय को अस्तित्व से बाहर करने की संभावना होती है"
"there is the possibility to see all life simultaneously"
"सभी जीवन को एक साथ देखने की संभावना है"
"it is possible to see all life which was, is, and will be"
"यह संभव है कि हम समस्त जीवन को देख सकें जो था, है और होगा"
"and there everything is good, perfect, and Brahman"
"और वहां सब कुछ अच्छा, परिपूर्ण और ब्रह्म है"
"Therefore, I see whatever exists as good"
"इसलिए, मैं जो कुछ भी मौजूद है उसे अच्छा मानता हूं"
"death is to me like life"
"मृत्यु मेरे लिए जीवन के समान है"
"to me sin is like holiness"
"मेरे लिए पाप पवित्रता के समान है"
"wisdom can be like foolishness"
"बुद्धि मूर्खता के समान हो सकती है"
"everything has to be as it is"
"सब कुछ वैसा ही होना चाहिए जैसा वह है"
"everything only requires my consent and willingness"
"हर चीज के लिए केवल मेरी सहमति और इच्छा की आवश्यकता है"
"all that my view requires is my loving agreement to be good for me"
"मेरे दृष्टिकोण के लिए बस इतना ही आवश्यक है कि मैं अपने प्रति अच्छा होने के लिए प्रेमपूर्वक सहमति व्यक्त करूं"
"my view has to do nothing but work for my benefit"

"मेरे विचार से मेरे लाभ के अलावा और कुछ नहीं होना चाहिए"
"and then my perception is unable to ever harm me"
"और फिर मेरी धारणा मुझे कभी नुकसान नहीं पहुंचा पाएगी"
"I have experienced that I needed sin very much"
"मैंने अनुभव किया है कि मुझे पाप की बहुत आवश्यकता है"
"I have experienced this in my body and in my soul"
"मैंने इसे अपने शरीर और अपनी आत्मा में अनुभव किया है"
"I needed lust, the desire for possessions, and vanity"
"मुझे वासना, सम्पत्ति की इच्छा और घमंड की आवश्यकता थी"
"and I needed the most shameful despair"
"और मुझे सबसे शर्मनाक निराशा की जरूरत थी"
"in order to learn how to give up all resistance"
"ताकि सभी प्रतिरोधों को त्यागना सीखा जा सके"
"in order to learn how to love the world"
"दुनिया से प्यार करना सीखने के लिए"
"in order to stop comparing things to some world I wished for"
"चीजों की तुलना उस दुनिया से करना बंद करने के लिए जिसकी मैं कामना करता हूँ"
"I imagined some kind of perfection I had made up"
"मैंने किसी प्रकार की पूर्णता की कल्पना की थी जो मैंने बनायी थी"
"but I have learned to leave the world as it is"
"लेकिन मैंने दुनिया को जैसी है वैसी ही रहने देना सीख लिया है"
"I have learned to love the world as it is"
"मैंने दुनिया को जैसी है, वैसी ही प्यार करना सीख लिया है"
"and I learned to enjoy being a part of it"

"और मैंने इसका हिस्सा बनकर आनंद लेना सीखा"
"These, oh Govinda, are some of the thoughts which have come into my mind"
"हे गोविंद! ये कुछ विचार हैं जो मेरे मन में आए हैं।"

Siddhartha bent down and picked up a stone from the ground
सिद्धार्थ नीचे झुका और जमीन से एक पत्थर उठा लिया।
he weighed the stone in his hand
उसने पत्थर को हाथ में लेकर तौला
"This here," he said playing with the rock, "is a stone"
"यहाँ यह है," उसने चट्टान से खेलते हुए कहा, "यह एक पत्थर है"
"this stone will, after a certain time, perhaps turn into soil"
"यह पत्थर, एक निश्चित समय के बाद, संभवतः मिट्टी में बदल जाएगा"
"it will turn from soil into a plant or animal or human being"
"यह मिट्टी से पौधे या जानवर या मनुष्य में बदल जाएगा"
"In the past, I would have said this stone is just a stone"
"अतीत में, मैं कहता कि यह पत्थर बस एक पत्थर है"
"I might have said it is worthless"
"मैंने कहा होगा कि यह बेकार है"
"I would have told you this stone belongs to the world of the Maya"
"मैंने तुम्हें बताया होता कि यह पत्थर माया जगत का है"
"but I wouldn't have seen that it has importance"
"लेकिन मुझे नहीं लगता कि इसका कोई महत्व है"
"it might be able to become a spirit in the cycle of transformations"
"यह परिवर्तन के चक्र में एक आत्मा बनने में सक्षम हो सकता है"

"therefore I also grant it importance"
"इसलिए मैं भी इसे महत्व देता हूं"
"Thus, I would perhaps have thought in the past"
"इस प्रकार, मैंने शायद अतीत में सोचा होगा"
"But today I think differently about the stone"
"लेकिन आज मैं पत्थर के बारे में अलग तरह से सोचता हूं"
"this stone is a stone, and it is also animal, god, and Buddha"
"यह पत्थर तो पत्थर है ही, यह जानवर भी है, भगवान भी है, बुद्ध भी है"
"I do not venerate and love it because it could turn into this or that"
"मैं इसका सम्मान और प्यार इसलिए नहीं करता कि यह इस या उस रूप में बदल सकता है"
"I love it because it is those things"
"मुझे यह पसंद है क्योंकि इसमें ऐसी चीजें हैं"
"this stone is already everything"
"यह पत्थर पहले से ही सबकुछ है"
"it appears to me now and today as a stone"
"यह मुझे आज भी एक पत्थर जैसा दिखाई देता है"
"that is why I love this"
"यही कारण है कि मुझे यह पसंद है"
"that is why I see worth and purpose in each of its veins and cavities"
"इसलिए मैं इसकी प्रत्येक नस और गुहा में मूल्य और उद्देश्य देखता हूँ"
"I see value in its yellow, gray, and hardness"
"मैं इसके पीले, भूरे और कठोरता में मूल्य देखता हूँ"
"I appreciated the sound it makes when I knock at it"
"जब मैं इसे खटखटाता हूँ तो इसकी आवाज़ मुझे बहुत पसंद आती है"
"I love the dryness or wetness of its surface"

"मुझे इसकी सतह का सूखापन या नमी पसंद है"
"There are stones which feel like oil or soap"
"कुछ पत्थर ऐसे भी होते हैं जो तेल या साबुन जैसे लगते हैं"
"and other stones feel like leaves or sand"
"और अन्य पत्थर पत्तियों या रेत की तरह महसूस होते हैं"
"and every stone is special and prays the Om in its own way"
"और हर पत्थर विशेष है और अपने तरीके से ओम का जाप करता है"
"each stone is Brahman"
"प्रत्येक पत्थर ब्रह्म है"
"but simultaneously, and just as much, it is a stone"
"लेकिन साथ ही, और उतना ही, यह एक पत्थर है"
"it is a stone regardless of whether it's oily or juicy"
"यह एक पत्थर है चाहे यह तेलयुक्त हो या रसदार"
"and this why I like and regard this stone"
"और यही कारण है कि मैं इस पत्थर को पसंद करता हूँ और इसका सम्मान करता हूँ"
"it is wonderful and worthy of worship"
"यह अद्भुत और पूजा के योग्य है"
"But let me speak no more of this"
"लेकिन मुझे इस विषय पर और कुछ नहीं बोलना है"
"words are not good for transmitting the secret meaning"
"शब्द गुप्त अर्थ को व्यक्त करने के लिए अच्छे नहीं हैं"
"everything always becomes a bit different, as soon as it is put into words"
"हर चीज़ हमेशा कुछ अलग हो जाती है, जैसे ही उसे शब्दों में व्यक्त किया जाता है"
"everything gets distorted a little by words"
"शब्दों से सब कुछ थोड़ा विकृत हो जाता है"
"and then the explanation becomes a bit silly"

"और फिर स्पष्टीकरण थोड़ा मूर्खतापूर्ण हो जाता है"
"yes, and this is also very good, and I like it a lot"
"हाँ, और यह भी बहुत अच्छा है, और मुझे यह बहुत पसंद है"
"I also very much agree with this"
"मैं भी इससे बहुत सहमत हूं"
"one man's treasure and wisdom always sounds like foolishness to another person"
"एक व्यक्ति का खजाना और ज्ञान हमेशा दूसरे व्यक्ति को मूर्खता जैसा लगता है"
Govinda listened silently to what Siddhartha was saying
गोविंदा चुपचाप सुनते रहे सिद्धार्थ क्या कह रहे थे
there was a pause and Govinda hesitantly asked a question
एक क्षण का विराम हुआ और गोविंदा ने झिझकते हुए प्रश्न पूछा
"Why have you told me this about the stone?"
"तुमने मुझे पत्थर के बारे में यह क्यों बताया?"
"I did it without any specific intention"
"मैंने यह बिना किसी विशेष इरादे के किया"
"perhaps what I meant was, that I love this stone and the river"
"शायद मेरा मतलब यह था कि मुझे यह पत्थर और नदी बहुत पसंद है"
"and I love all these things we are looking at"
"और मुझे ये सभी चीजें बहुत पसंद हैं जिन्हें हम देख रहे हैं"
"and we can learn from all these things"
"और हम इन सभी चीजों से सीख सकते हैं"
"I can love a stone, Govinda"
"मैं पत्थर से भी प्रेम कर सकता हूँ, गोविंदा"
"and I can also love a tree or a piece of bark"
"और मैं एक पेड़ या छाल के टुकड़े से भी प्यार कर सकता हूँ"
"These are things, and things can be loved"

"ये चीज़ें हैं, और चीज़ों से प्यार किया जा सकता है"
"but I cannot love words"
"लेकिन मैं शब्दों से प्यार नहीं कर सकता"
"therefore, teachings are no good for me"
"इसलिए, शिक्षाएँ मेरे लिए अच्छी नहीं हैं"
"teachings have no hardness, softness, colours, edges, smell, or taste"
"शिक्षाओं में कोई कठोरता, कोमलता, रंग, किनारा, गंध या स्वाद नहीं होता"
"teachings have nothing but words"
"शिक्षाओं में शब्दों के अलावा कुछ नहीं होता"
"perhaps it is words which keep you from finding peace"
"शायद ये शब्द ही हैं जो आपको शांति पाने से रोकते हैं"
"because salvation and virtue are mere words"
"क्योंकि मोक्ष और पुण्य मात्र शब्द हैं"
"Sansara and Nirvana are also just mere words, Govinda"
"संसार और निर्वाण भी केवल शब्द हैं, गोविंदा"
"there is no thing which would be Nirvana"
"ऐसी कोई चीज़ नहीं है जो निर्वाण हो"
"therefore Nirvana is just the word"
" इसलिए निर्वाण सिर्फ शब्द है"
Govinda objected, "Nirvana is not just a word, my friend"
गोविंदा ने आपत्ति जताते हुए कहा, "निर्वाण सिर्फ एक शब्द नहीं है, मेरे दोस्त"
"Nirvana is a word, but also it is a thought"
"निर्वाण एक शब्द है, लेकिन यह एक विचार भी है"
Siddhartha continued, "it might be a thought"
सिद्धार्थ ने आगे कहा, "यह एक विचार हो सकता है"
"I must confess, I don't differentiate much between thoughts and words"

"मुझे स्वीकार करना होगा कि मैं विचारों और शब्दों में ज्यादा अंतर नहीं कर पाता हूं"
"to be honest, I also have no high opinion of thoughts"
"ईमानदारी से कहूँ तो मेरे भी कोई उच्च विचार नहीं हैं"
"I have a better opinion of things than thoughts"
"मेरे पास विचारों की तुलना में चीजों के बारे में बेहतर राय है"
"Here on this ferry-boat, for instance, a man has been my predecessor"
"उदाहरण के लिए, इस नौका पर एक व्यक्ति मेरा पूर्ववर्ती रह चुका है"
"he was also one of my teachers"
"वह भी मेरे शिक्षकों में से एक थे"
"a holy man, who has for many years simply believed in the river"
"एक पवित्र व्यक्ति, जो कई वर्षों से नदी में विश्वास करता रहा है"
"and he believed in nothing else"
"और वह किसी और चीज़ पर विश्वास नहीं करता था"
"He had noticed that the river spoke to him"
"उसने देखा कि नदी उससे बात कर रही थी"
"he learned from the river"
"उसने नदी से सीखा"
"the river educated and taught him"
"नदी ने उसे शिक्षित और प्रशिक्षित किया"
"the river seemed to be a god to him"
"नदी उसे भगवान लगती थी"
"for many years he did not know that everything was as divine as the river"

"कई वर्षों तक उसे यह पता ही नहीं चला कि सब कुछ नदी की तरह दिव्य है"
"the wind, every cloud, every bird, every beetle"
"हवा, हर बादल, हर पक्षी, हर भृंग"
"they can teach just as much as the river"
"वे नदी जितना ही सिखा सकते हैं"
"But when this holy man went into the forests, he knew everything"
"लेकिन जब यह पवित्र व्यक्ति जंगलों में गया, तो उसे सब कुछ पता चल गया"
"he knew more than you and me, without teachers or books"
"वह आप और मुझसे भी अधिक जानता था, बिना किसी शिक्षक या पुस्तक के"
"he knew more than us only because he had believed in the river"
"वह हमसे अधिक जानता था क्योंकि उसे नदी पर विश्वास था"

Govinda still had doubts and questions
गोविंदा के मन में अभी भी संदेह और सवाल थे
"But is that what you call things actually something real?"
"लेकिन क्या जिसे आप चीजें कहते हैं वह वास्तव में वास्तविक है?"
"do these things have existence?"
"क्या इन चीजों का अस्तित्व है?"
"Isn't it just a deception of the Maya"
"क्या यह माया का धोखा मात्र नहीं है?"
"aren't all these things an image and illusion?"
"क्या ये सभी चीजें छवि और भ्रम नहीं हैं?"
"Your stone, your tree, your river"

"आपका पत्थर, आपका पेड़, आपकी नदी"
"are they actually a reality?"
"क्या वे वास्तव में वास्तविकता हैं?"
"This too," spoke Siddhartha, "I do not care very much about"
"इसकी भी मुझे कोई परवाह नहीं है," सिद्धार्थ बोला।
"Let the things be illusions or not"
"बातें भ्रम ही रहें या न रहें"
"after all, I would then also be an illusion"
"आखिरकार, मैं भी एक भ्रम हो जाऊंगा"
"and if these things are illusions then they are like me"
"और अगर ये चीज़ें भ्रम हैं तो वे मेरे जैसे हैं"
"This is what makes them so dear and worthy of veneration for me"
"यही बात उन्हें मेरे लिए इतना प्रिय और आदर के योग्य बनाती है"
"these things are like me and that is how I can love them"
"ये चीज़ें मेरे जैसी हैं और इसी तरह मैं उनसे प्यार कर सकता हूँ"
"this is a teaching you will laugh about"
"यह एक ऐसी शिक्षा है जिस पर आप हंसेंगे"
"love, oh Govinda, seems to me to be the most important thing of all"
"हे गोविंदा, प्रेम ही मुझे सबसे महत्वपूर्ण चीज़ लगती है"
"to thoroughly understand the world may be what great thinkers do"
"दुनिया को पूरी तरह से समझना शायद वही है जो महान विचारक करते हैं"
"they explain the world and despise it"
"वे संसार को समझाते हैं और उसका तिरस्कार करते हैं"
"But I'm only interested in being able to love the world"

"लेकिन मैं केवल दुनिया से प्रेम करने में ही रुचि रखता हूँ"
"I am not interested in despising the world"
"मुझे संसार का तिरस्कार करने में कोई रुचि नहीं है"
"I don't want to hate the world"
"मैं दुनिया से नफरत नहीं करना चाहता"
"and I don't want the world to hate me"
"और मैं नहीं चाहता कि दुनिया मुझसे नफरत करे"
"I want to be able to look upon the world and myself with love"
"मैं दुनिया और खुद को प्यार से देखना चाहता हूँ"
"I want to look upon all beings with admiration"
"मैं सभी प्राणियों को प्रशंसा की दृष्टि से देखना चाहता हूँ"
"I want to have a great respect for everything"
"मैं हर चीज़ के प्रति बहुत सम्मान रखना चाहता हूँ"
"This I understand," spoke Govinda
गोविंदा बोले, "यह मैं समझता हूं।"
"But this very thing was discovered by the exalted one to be a deception"
"परन्तु यह बात परमप्रधान ने धोखा पाई।"
"He commands benevolence, clemency, sympathy, tolerance"
"वह परोपकार, दया, सहानुभूति, सहिष्णुता का आदेश देता है"
"but he does not command love"
"परन्तु वह प्रेम का आदेश नहीं देता"
"he forbade us to tie our heart in love to earthly things"
"उसने हमें सांसारिक चीज़ों से अपने दिल को प्यार से बांधने से मना किया"
"I know it, Govinda," said Siddhartha, and his smile shone golden
"मुझे मालूम है, गोविंदा," सिद्धार्थ ने कहा और उसकी मुस्कान सुनहरी चमक उठी।

"And behold, with this we are right in the thicket of opinions"
"और देखो, इस बात से हम विचारों के दलदल में फंस गए हैं"
"now we are in the dispute about words"
"अब हम शब्दों को लेकर विवाद में हैं"
"For I cannot deny, my words of love are a contradiction"
"क्योंकि मैं इनकार नहीं कर सकता, मेरे प्रेम के शब्द एक विरोधाभास हैं"
"they seem to be in contradiction with Gotama's words"
"वे गौतम के शब्दों के विरोधाभास में प्रतीत होते हैं"
"For this very reason, I distrust words so much"
"इसी कारण से, मैं शब्दों पर इतना अविश्वास करता हूँ"
"because I know this contradiction is a deception"
"क्योंकि मैं जानता हूं कि यह विरोधाभास एक धोखा है"
"I know that I am in agreement with Gotama"
"मैं जानता हूं कि मैं गौतम से सहमत हूं"
"How could he not know love when he has discovered all elements of human existence"
"जब उसने मानव अस्तित्व के सभी तत्वों की खोज कर ली है तो वह प्रेम को कैसे नहीं जान सकता?"
"he has discovered their transitoriness and their meaninglessness"
"उसने उनकी क्षणभंगुरता और निरर्थकता को खोज लिया है"
"and yet he loved people very much"
"और फिर भी वह लोगों से बहुत प्यार करता था"
"he used a long, laborious life only to help and teach them!"
"उन्होंने अपना लम्बा, परिश्रमपूर्ण जीवन केवल उनकी सहायता करने और उन्हें सिखाने में बिताया!"
"Even with your great teacher, I prefer things over the words"

"अपने महान शिक्षक के साथ भी, मैं शब्दों की अपेक्षा वस्तुओं को अधिक तरजीह देता हूँ"
"I place more importance on his acts and life than on his speeches"
"मैं उनके भाषणों की अपेक्षा उनके कार्यों और जीवन को अधिक महत्व देता हूँ"
"I value the gestures of his hand more than his opinions"
"मैं उनके विचारों से अधिक उनके हाथों के इशारों को महत्व देता हूँ"
"for me there was nothing in his speech and thoughts"
"मेरे लिए उनके भाषण और विचारों में कुछ भी नहीं था"
"I see his greatness only in his actions and in his life"
"मैं उनकी महानता केवल उनके कार्यों और उनके जीवन में देखता हूँ"

For a long time, the two old men said nothing
बहुत देर तक दोनों बूढ़े कुछ नहीं बोले
Then Govinda spoke, while bowing for a farewell
तभी गोविंदा ने विदाई के लिए झुकते हुए कहा
"I thank you, Siddhartha, for telling me some of your thoughts"
"सिद्धार्थ, मुझे अपने विचार बताने के लिए मैं आपको धन्यवाद देता हूँ"
"These thoughts are partially strange to me"
"ये विचार मेरे लिए आंशिक रूप से अजीब हैं"
"not all of these thoughts have been instantly understandable to me"
"ये सभी विचार मुझे तुरंत समझ में नहीं आये"
"This being as it may, I thank you"
"जैसा भी हो, मैं आपको धन्यवाद देता हूँ"

"and I wish you to have calm days"
"और मैं आपके लिए शांतिपूर्ण दिन की कामना करता हूँ"
But secretly he thought something else to himself
लेकिन मन ही मन वह कुछ और ही सोच रहा था
"This Siddhartha is a bizarre person"
"यह सिद्धार्थ एक विचित्र व्यक्ति है"
"he expresses bizarre thoughts"
"वह विचित्र विचार व्यक्त करता है"
"his teachings sound foolish"
"उसकी शिक्षाएँ मूर्खतापूर्ण लगती हैं"
"the exalted one's pure teachings sound very different"
"परमात्मा की शुद्ध शिक्षाएं बहुत अलग लगती हैं"
"those teachings are clearer, purer, more comprehensible"
"वे शिक्षाएं अधिक स्पष्ट, शुद्ध और अधिक बोधगम्य हैं"
"there is nothing strange, foolish, or silly in those teachings"
"उन शिक्षाओं में कुछ भी अजीब, मूर्खतापूर्ण या मूर्खतापूर्ण नहीं है"
"But Siddhartha's hands seemed different from his thoughts"
"लेकिन सिद्धार्थ के हाथ उसके विचारों से अलग लग रहे थे"
"his feet, his eyes, his forehead, his breath"
"उसके पैर, उसकी आँखें, उसका माथा, उसकी साँस"
"his smile, his greeting, his walk"
"उसकी मुस्कुराहट, उसका अभिवादन, उसका चलना"
"I haven't met another man like him since Gotama became one with the Nirvana"
"गौतम के निर्वाण में एकाकार होने के बाद से मैंने उनके जैसा कोई दूसरा आदमी नहीं देखा है"
"since then I haven't felt the presence of a holy man"
"तब से मुझे किसी पवित्र व्यक्ति की उपस्थिति का एहसास नहीं हुआ"

"I have only found Siddhartha, who is like this"
"मुझे तो सिर्फ सिद्धार्थ ही मिला है, जो ऐसा ही है"
"his teachings may be strange and his words may sound foolish"
"उसकी शिक्षाएँ अजीब हो सकती हैं और उसके शब्द मूर्खतापूर्ण लग सकते हैं"
"but purity shines out of his gaze and hand"
"परन्तु उसकी दृष्टि और हाथ से पवित्रता चमकती है"
"his skin and his hair radiates purity"
"उसकी त्वचा और बाल पवित्रता बिखेरते हैं"
"purity shines out of every part of him"
"पवित्रता उसके हर अंग से चमकती है"
"a calmness, cheerfulness, mildness and holiness shines from him"
"उसमें से शांति, प्रसन्नता, नम्रता और पवित्रता चमकती है"
"something which I have seen in no other person"
"ऐसा कुछ जो मैंने किसी अन्य व्यक्ति में नहीं देखा"
"I have not seen it since the final death of our exalted teacher"
"हमारे महान शिक्षक की अंतिम मृत्यु के बाद से मैंने इसे नहीं देखा है"
While Govinda thought like this, there was a conflict in his heart
गोविंदा जब ऐसा सोच रहे थे, तो उनके मन में द्वन्द्व चल रहा था।
he once again bowed to Siddhartha
उन्होंने एक बार फिर सिद्धार्थ को प्रणाम किया
he felt he was drawn forward by love
उसे लगा कि वह प्रेम द्वारा आगे खींचा जा रहा है
he bowed deeply to him who was calmly sitting
उसने उसको प्रणाम किया जो शांति से बैठा था

"Siddhartha," he spoke, "we have become old men"
"सिद्धार्थ," उन्होंने कहा, "हम बूढ़े हो गए हैं"
"It is unlikely for one of us to see the other again in this incarnation"
"इस अवतार में हममें से किसी एक का दूसरे को दोबारा देख पाना असंभव है"
"I see, beloved, that you have found peace"
"मैं देख रहा हूँ, प्रिय, कि तुम्हें शांति मिल गयी है"
"I confess that I haven't found it"
"मैं स्वीकार करता हूं कि मुझे यह नहीं मिला है"
"Tell me, oh honourable one, one more word"
"हे माननीय, मुझे एक और शब्द बताओ"
"give me something on my way which I can grasp"
"मुझे रास्ते में कुछ ऐसा दो जिसे मैं पकड़ सकूँ"
"give me something which I can understand!"
"मुझे कुछ ऐसा बताओ जो मैं समझ सकूँ!"
"give me something I can take with me on my path"
"मुझे कुछ ऐसा दो जिसे मैं अपने रास्ते पर अपने साथ ले जा सकूँ"
"my path is often hard and dark, Siddhartha"
"मेरा मार्ग प्रायः कठिन और अंधकारमय है, सिद्धार्थ"
Siddhartha said nothing and looked at him
सिद्धार्थ ने कुछ नहीं कहा और उसकी ओर देखा
he looked at him with his ever unchanged, quiet smile
उसने अपनी हमेशा अपरिवर्तित, शांत मुस्कान के साथ उसकी ओर देखा
Govinda stared at his face with fear
गोविंदा डर से उसके चेहरे की ओर देखने लगे
there was yearning and suffering in his eyes
उसकी आँखों में तड़प और पीड़ा थी
the eternal search was visible in his look

उसकी नज़र में शाश्वत खोज दिखाई दे रही थी
you could see his eternal inability to find
आप उसकी शाश्वत असमर्थता को देख सकते हैं
Siddhartha saw it and smiled
सिद्धार्थ ने यह देखा और मुस्कुराये
"Bend down to me!" he whispered quietly in Govinda's ear
"मेरे सामने झुक जाओ!" उसने गोविंदा के कान में धीरे से फुसफुसाया
"Like this, and come even closer!"
"ऐसे ही, और भी करीब आओ!"
"Kiss my forehead, Govinda!"
"मेरा माथा चूमो, गोविंदा!"
Govinda was astonished, but drawn on by great love and expectation
गोविंदा आश्चर्यचकित थे, लेकिन उनके मन में अगाध प्रेम और आशा थी
he obeyed his words and bent down closely to him
उसने उसकी बात मान ली और उसके करीब झुक गया
and he touched his forehead with his lips
और उसने अपने होंठों से अपना माथा छुआ
when he did this, something miraculous happened to him
जब उसने ऐसा किया तो उसके साथ कुछ चमत्कार हुआ
his thoughts were still dwelling on Siddhartha's wondrous words
उसके विचार अभी भी सिद्धार्थ के अद्भुत शब्दों पर ही केन्द्रित थे
he was still reluctantly struggling to think away time
वह अभी भी अनिच्छा से समय के बारे में सोचने के लिए संघर्ष कर रहा था
he was still trying to imagine Nirvana and Sansara as one

वह अभी भी निर्वाण और संसार को एक मानने की कोशिश कर रहा था
there was still a certain contempt for the words of his friend
उसके मित्र के शब्दों के प्रति अभी भी एक प्रकार की अवमानना थी
those words were still fighting in him
वे शब्द अभी भी उसके भीतर संघर्ष कर रहे थे
those words were still fighting against an immense love and veneration
वे शब्द अभी भी असीम प्रेम और श्रद्धा के विरुद्ध लड़ रहे थे
and during all these thoughts, something else happened to him
और इन सब विचारों के दौरान, उसके साथ कुछ और हुआ
He no longer saw the face of his friend Siddhartha
उसे अपने मित्र सिद्धार्थ का चेहरा अब दिखाई नहीं देता था।
instead of Siddhartha's face, he saw other faces
सिद्धार्थ के चेहरे की जगह उसे दूसरे चेहरे दिखे
he saw a long sequence of faces
उसने चेहरों की एक लंबी शृंखला देखी
he saw a flowing river of faces
उसने चेहरों की बहती नदी देखी
hundreds and thousands of faces, which all came and disappeared
सैकड़ों-हजारों चेहरे, जो आए और गायब हो गए
and yet they all seemed to be there simultaneously
और फिर भी वे सभी एक साथ वहां मौजूद थे
they constantly changed and renewed themselves
वे लगातार खुद को बदलते और नवीनीकृत करते रहे
they were themselves and they were still all Siddhartha's face
वे स्वयं थे और वे अभी भी सिद्धार्थ का चेहरा थे

he saw the face of a fish with an infinitely painfully opened mouth
उसने एक मछली का चेहरा देखा जिसका मुंह बहुत दर्द से खुला हुआ था
the face of a dying fish, with fading eyes
एक मरती हुई मछली का चेहरा, जिसकी आंखें फीकी पड़ गई हैं
he saw the face of a new-born child, red and full of wrinkles
उसने एक नवजात शिशु का चेहरा देखा, लाल और झुर्रियों से भरा
it was distorted from crying
यह रोने से विकृत हो गया था
he saw the face of a murderer
उसने एक हत्यारे का चेहरा देखा
he saw him plunging a knife into the body of another person
उसने उसे एक अन्य व्यक्ति के शरीर में चाकू घोंपते हुए देखा
he saw, in the same moment, this criminal in bondage
उसी क्षण उसने देखा कि यह अपराधी बंधन में है
he saw him kneeling before a crowd
उसने उसे भीड़ के सामने घुटने टेकते देखा
and he saw his head being chopped off by the executioner
और उसने देखा कि जल्लाद ने उसका सिर काट दिया
he saw the bodies of men and women
उसने पुरुषों और महिलाओं के शरीर देखे
they were naked in positions and cramps of frenzied love
वे उन्मत्त प्रेम की स्थितियों और ऐंठन में नग्न थे
he saw corpses stretched out, motionless, cold, void
उसने लाशें फैली देखीं, गतिहीन, ठंडी, शून्य
he saw the heads of animals
उसने जानवरों के सिर देखे

heads of boars, of crocodiles, and of elephants
सूअर, मगरमच्छ और हाथियों के सिर
he saw the heads of bulls and of birds
उसने बैलों और पक्षियों के सिर देखे
he saw gods; Krishna and Agni
उसने देवताओं को देखा; कृष्ण और अग्नि
he saw all of these figures and faces in a thousand relationships with one another
उसने इन सभी आकृतियों और चेहरों को एक दूसरे के साथ हजारों रिश्तों में देखा
each figure was helping the other
प्रत्येक आकृति दूसरे की मदद कर रही थी
each figure was loving their relationship
प्रत्येक आकृति अपने रिश्ते से प्यार कर रही थी
each figure was hating their relationship, destroying it
प्रत्येक व्यक्ति अपने रिश्ते से नफरत कर रहा था, उसे नष्ट कर रहा था
and each figure was giving re-birth to their relationship
और प्रत्येक आकृति उनके रिश्ते को नया जन्म दे रही थी
each figure was a will to die
प्रत्येक आकृति मरने की इच्छा थी
they were passionately painful confessions of transitoriness
वे क्षणभंगुरता की भावुक दर्दनाक स्वीकारोक्ति थीं
and yet none of them died, each one only transformed
और फिर भी उनमें से कोई भी नहीं मरा, प्रत्येक केवल रूपांतरित हुआ
they were always reborn and received more and more new faces
वे हमेशा पुनर्जन्म लेते थे और अधिक से अधिक नए चेहरे प्राप्त करते थे
no time passed between the one face and the other

एक चेहरे से दूसरे चेहरे के बीच कोई समय नहीं बीता
all of these figures and faces rested
ये सभी आकृतियाँ और चेहरे विश्राम पर थे
they flowed and generated themselves
वे बहे और स्वयं उत्पन्न हुए
they floated along and merged with each other
वे एक दूसरे के साथ बहते रहे और एक दूसरे में विलीन हो गए
and they were all constantly covered by something thin
और वे सभी लगातार किसी पतली चीज़ से ढके हुए थे
they had no individuality of their own
उनका अपना कोई व्यक्तित्व नहीं था
but yet they were existing
लेकिन फिर भी वे अस्तित्व में थे
they were like a thin glass or ice
वे पतले कांच या बर्फ की तरह थे
they were like a transparent skin
वे पारदर्शी त्वचा की तरह थे
they were like a shell or mould or mask of water
वे पानी के खोल, साँचे या मुखौटे की तरह थे
and this mask was smiling
और यह मुखौटा मुस्करा रहा था
and this mask was Siddhartha's smiling face
और यह मुखौटा सिद्धार्थ का मुस्कुराता हुआ चेहरा था
the mask which Govinda was touching with his lips
वह मुखौटा जिसे गोविंदा अपने होठों से छू रहे थे
And, Govinda saw it like this
और, गोविंदा ने इसे इस तरह देखा
the smile of the mask
मुखौटे की मुस्कान
the smile of oneness above the flowing forms

बहते रूपों के ऊपर एकता की मुस्कान
the smile of simultaneousness above the thousand births and deaths
हज़ार जन्मों और मृत्युओं के ऊपर एक साथ होने की मुस्कान
the smile of Siddhartha's was precisely the same
सिद्धार्थ की मुस्कान बिल्कुल वैसी ही थी
Siddhartha's smile was the same as the quiet smile of Gotama, the Buddha
सिद्धार्थ की मुस्कान गौतम बुद्ध की शांत मुस्कान के समान थी।
it was delicate and impenetrable smile
यह नाजुक और अभेद्य मुस्कान थी
perhaps it was benevolent and mocking, and wise
शायद यह परोपकारी और मज़ाकिया और बुद्धिमानी भरा था
the thousand-fold smile of Gotama, the Buddha
गौतम बुद्ध की हजार गुना मुस्कान
as he had seen it himself with great respect a hundred times
जैसा कि उसने स्वयं सौ बार बड़े सम्मान के साथ देखा था
Like this, Govinda knew, the perfected ones are smiling
इस प्रकार गोविंदा जानते थे, सिद्धजन मुस्कुरा रहे हैं
he did not know anymore whether time existed
उसे अब यह नहीं मालूम था कि समय का अस्तित्व है या नहीं
he did not know whether the vision had lasted a second or a hundred years
वह नहीं जानता था कि यह दर्शन एक सेकंड तक चला था या सौ साल तक
he did not know whether a Siddhartha or a Gotama existed
वह नहीं जानता था कि सिद्धार्थ या गौतम का अस्तित्व है या नहीं
he did not know if a me or a you existed

उसे नहीं पता था कि मैं या तुम अस्तित्व में हैं
he felt in his as if he had been wounded by a divine arrow
उसे ऐसा महसूस हुआ जैसे उसे किसी दैवी बाण से घायल कर दिया गया हो
the arrow pierced his innermost self
तीर ने उसके अंतरतम को छेद दिया
the injury of the divine arrow tasted sweet
दिव्य बाण की चोट मीठी लगी
Govinda was enchanted and dissolved in his innermost self
गोविंदा मंत्रमुग्ध होकर अपने अंतरतम में विलीन हो गए
he stood still for a little while
वह थोड़ी देर तक स्थिर खड़ा रहा
he bent over Siddhartha's quiet face, which he had just kissed
वह सिद्धार्थ के शांत चेहरे पर झुका, जिसे उसने अभी-अभी चूमा था
the face in which he had just seen the scene of all manifestations
वह चेहरा जिसमें उसने अभी-अभी सभी अभिव्यक्तियों का दृश्य देखा था
the face of all transformations and all existence
सभी परिवर्तनों और समस्त अस्तित्व का चेहरा
the face he was looking at was unchanged
वह जिस चेहरे को देख रहा था वह अपरिवर्तित था
under its surface, the depth of the thousand folds had closed up again
इसकी सतह के नीचे, हज़ार तहों की गहराई फिर से बंद हो गई थी
he smiled silently, quietly, and softly
वह चुपचाप, धीमे से और धीरे से मुस्कुराया
perhaps he smiled very benevolently and mockingly

शायद वह बहुत दयालुता और मज़ाकिया ढंग से मुस्कुराया
precisely this was how the exalted one smiled
ठीक इसी तरह महान व्यक्ति मुस्कुराया था
Deeply, Govinda bowed to Siddhartha
गोविंदा ने सिद्धार्थ को प्रणाम किया
tears he knew nothing of ran down his old face
आँसू जिसके बारे में उसे कुछ भी पता नहीं था उसके बूढ़े चेहरे पर बह रहे थे
his tears burned like a fire of the most intimate love
उसके आँसू अत्यंत अंतरंग प्रेम की आग की तरह जल रहे थे
he felt the humblest veneration in his heart
उसके हृदय में अत्यंत विनम्र श्रद्धा थी
Deeply, he bowed, touching the ground
उसने ज़मीन को छूते हुए गहराई से सिर झुकाया
he bowed before him who was sitting motionlessly
वह उसके सामने झुका जो निश्चल बैठा था
his smile reminded him of everything he had ever loved in his life
उसकी मुस्कुराहट ने उसे वह सब कुछ याद दिला दिया जो उसने अपने जीवन में कभी प्यार किया था
his smile reminded him of everything in his life that he found valuable and holy
उसकी मुस्कुराहट ने उसे अपने जीवन की हर उस चीज़ की याद दिला दी जिसे वह मूल्यवान और पवित्र मानता था